ENCUENTRA TU OPORTUNIDAD

SUKHINDER SINGH CASSIDY

ENCUENTRA TU OPORTUNIDAD

ASUME RIESGOS, TOMA DECISIONES Y
PROSPERA (AUN CUANDO FRACASES)

EMPRESA ACTIVA

Argentina – Chile – Colombia – España
Estados Unidos – México – Perú – Uruguay

Título original: *Choose Possibility*
Editor original: Mariner Books-Harper Collins
Traducción: Daniel Rovassio

1.ª edición Septiembre 2023

ISBN: 978-84-16997-66-4
E-ISBN: 978-84-19413-00-0
Depósito legal: B-13.047-2023

Fotocomposición: Ediciones Urano, S.A.U.
Impreso por Romanyà Valls, S.A. – Verdaguer, 1 – 08786 Capellades (Barcelona)

Impreso en España – *Printed in Spain*

A mis padres, que me enseñaron el poder del amor
y las posibilidades cada día.

Cuando nada es seguro, todo es posible.

Margaret Drabble

Índice

PARTE III
OBTENER UNA RECOMPENSA

Prólogo

En los inicios de mi carrera, cuando una empresa que había cofundado empezó a fracasar, un mentor me transmitió una frase sabia que, a su vez, le habían dicho cuando su empresa quebró. «Hay una línea divisoria —le dijo alguien— entre el éxito y el fracaso. Cuando tengas éxito, nunca pienses que eres tan bueno como todo el mundo te dice que eres. Y cuando fracases, nunca pienses que eres tan malo como todo el mundo te dice que eres».

Estas palabras me han ayudado enormemente, me han servido de anclaje en los buenos momentos y me han reconfortado en los malos. Así que imagínate mi alegría al comprobar que mi amiga Sukhinder Singh ha superado a mi mentor. *Encuentra tu oportunidad* comparte un poderoso marco de asunción de riesgos que Sukhinder ha desarrollado a lo largo de su exitosa carrera en Silicon Valley. En este marco, subyace una comprensión profunda de la línea que separa el éxito del fracaso. Pero Sukhinder no solo observa esta línea y explica por qué existe. También nos ayuda a entender mejor cómo poner en práctica este conocimiento para avanzar en la dirección de nuestros sueños.

La verdad es que rara vez apreciamos las estrechas relaciones entre el éxito y el fracaso. El fracaso es doloroso y amenaza nuestro ego, hasta el punto de que nos resulta imposible recoger de él las semillas de nuestro futuro éxito. No podemos entender qué efectos positivos puede tener para nosotros el examen que hemos suspendido, la *startup* que no se pone en marcha o el puesto de trabajo del que hemos sido despedidos. Por el contrario, entramos en pánico y nos paralizamos. *Encuentra tu oportunidad* te ayuda a recuperarte de tus tropiezos o pasos en falso, para que puedas volver a arriesgarte y seguir creciendo. Sukhinder te muestra cómo «levantarte y sacudirte el polvo, y volver a la carga».

Con verdadera empatía, Sukhinder explora cómo gestionar el «riesgo del ego» en el fracaso. ¿Cómo se puede evitar este miedo tan peligroso? Por ejemplo, cuando acababa de escribir *Radical Candor*, alguien me dijo: «No deberías publicar este libro. Te hace parecer estúpida e insegura». ¡Ay! Tuve que luchar contra mi viejo miedo a hacer el ridículo si quería seguir adelante. Y finalmente lo hice. Aunque la gente pensara que las historias de mi libro me hacían parecer ridícula, yo mantuve lo que había escrito. Sukhinder ofrece una forma de pensar en los riesgos del ego que conlleva el fracaso, y cómo inocularse para poder actuar positivamente con más facilidad. ¡Cómo me gustaría haber tenido su libro entonces!

Por supuesto, el riesgo de fracaso y el rechazo se manifiesta de modo diferente en cada uno de nosotros. Nada más salir de la universidad, tenía un objetivo profesional muy concreto: quería trabajar en Moscú en el tema de la reconversión militar, una forma elegante de decir que quería ayudar a convertir las espadas en arados. No había muchos puestos de trabajo en este ámbito, por no decir ninguno. Acepté un trabajo en un grupo de reflexión ruso para escribir un artículo sobre este tema, pero la paga era mísera: seis dólares al mes. Había exactamente una empresa estadounidense que trabajaba en este tema y las cartas que les enviaba no recibían respuesta. Conseguí la dirección de esta empresa y llamé a su puerta para pedir un trabajo. Para mí no era un riesgo muy grande. Salí por esa puerta con una oferta de trabajo en la mano. El riesgo que corrí fue solo el del ego: había muy poco riesgo de sufrir daños corporales al entrar por la puerta. Eso es un privilegio y es injusto.

Contrasta mi experiencia con la de Shaun Jayachandran, un estadounidense de origen indio. Cuando entró en las oficinas del Banco Mundial para informarse acerca de la posibilidad de realizar una pasantía, los guardias lo apuntaron con sus armas. Décadas después, el recuerdo aún lo hace llorar. Pero esa experiencia le sirvió para profundizar en su compromiso de hacer un mundo más justo. Hoy es fundador y presidente de la Crossover Basketball and Scholars Academy, un programa internacional de baloncesto en la India que proporciona oportunidades educativas para todos los estudiantes, independientemente de su situación socioeconómica. Shaun eligió encontrar su oportunidad. Y su elección ha tenido un impacto positivo en muchas personas.

Espero que la lectura de *Encuentra tu oportunidad* te ayude a ti también a tomar el fracaso con calma. Conoce las herramientas y técnicas de Sukhinder. Absorbe su sabiduría y te dirigirás con más audacia en la dirección de tus sueños, aprendiendo tanto de tus éxitos como de tus fracasos, para que el mundo sea un poco mejor.

KIM SCOTT

Introducción

¿Alguna vez has tenido que sufrir una búsqueda de empleo realmente dura, que te causó múltiples golpes a la confianza en ti mismo? Eso me sucedió a mí durante el otoño de 1992. Tenía veintidós años y me había licenciado en mayo en la Ivey Business School de la Universidad de Western Ontario (Canadá). Todos mis amigos habían conseguido puestos en prestigiosos bancos de inversión y consultorías, pero yo no. Me había ido al extranjero en mi último año como parte de un programa de intercambio, y me perdí la mayor parte de la temporada de contratación en el campus. Al volver, me apresuré a buscar entrevistas y, de las pocas que conseguí, ninguna me llevó a nada. Al graduarme, me vi obligada a aceptar el mismo trabajo temporal que había tenido el verano anterior, vendiendo espacios para conferencias en un hotel de nuestra pequeña ciudad universitaria de London, Ontario. Mientras tanto, mis amigos empezaban carreras impresionantes.

Decidí que necesitaba otra oportunidad de reclutamiento, así que me quedé en London para participar en la temporada de reclutamiento del otoño en el campus, acechando las bolsas de trabajo justo al lado de los estudiantes del año inferior al mío, que aún no se habían graduado. Conseguí varias entrevistas «prestigiosas» —Goldman,

McKinsey, Monitor—, pero no recibí ninguna oferta. En el instituto había tenido un rendimiento sobresaliente y me había ido bien en mis clases de la universidad sin demasiados problemas. En ese momento, por primera vez en mi vida, el éxito se me escapaba. Llevaba nueve meses buscando trabajo y me escondía sola en mi habitación alquilada, me sentía ansiosa y abatida mientras revivía en mi cabeza cada uno de los fracasos en las solicitudes de empleo.

Como no sabía qué otra cosa hacer, no dejaba de consultar obsesivamente las bolsas de trabajo y de solicitar nuevas oportunidades. Un día, vi que una empresa de inversión privada, llamada Claridge Investment, Ltd., buscaba contratar a un estudiante de MBA para un puesto de asociado. No tenía ningún interés en solicitar este trabajo: carecía de un MBA, apenas tenía experiencia laboral, era al menos cuatro años más joven que la mayoría de los estudiantes de posgrado y solo sabía vagamente lo que era el capital privado. Claridge, por su parte, era una gran empresa. Con sede en Montreal, era el brazo inversor de la familia Bronfman, una de las dinastías más ricas y poderosas de Canadá.

Aun así, sin nada que perder, me presenté. Envié mi currículum, llamé al director de contratación (un socio de la empresa) y le dejé un mensaje de voz. Pasó una semana. Luego otra. Para mi gran sorpresa, la oficina del socio me llamó para preguntarme si volaría a Montreal para una entrevista. «Claro, me encantaría —alcancé a decir—. Por dentro pensaba: ¿Qué acaba de pasar?».

Al llegar a Montreal, me impresionó el bullicio de esta gran ciudad cosmopolita. Las oficinas de Claridge también me impresionaron: paneles de madera, una colección de arte multimillonaria y unas vistas increíbles de la ciudad. La entrevista con el socio salió bien y no podía creerlo cuando me invitó a volver para pasar nuevas entrevistas. Cuando me iba, no pude evitar decirle: «¿Por qué me ha vuelto a llamar para este puesto? No tengo todas las calificaciones». Sonrió. «Cuando escuché tu buzón de voz, me gustó el sonido de tu voz y la forma en que te presentaste. Pensé en darte una oportunidad».

Volví a hacer varias entrevistas más y participé en un riguroso proceso de selección de seis semanas junto a estudiantes de MBA, con estudios de casos y ejercicios simulados. Al final, no conseguí el puesto, ya que decidieron dárselo a un graduado del MBA. Me sentí profundamente decepcionada (no es una sorpresa, dada mi intensidad natural), pero también extrañamente fortalecida. Mi proceso de búsqueda siguió siendo agotador, pero mi «casi victoria» en una oportunidad realmente ambiciosa fue un punto culminante y sorprendente en comparación con los fracasos cotidianos en la búsqueda de empleo habitual. El pequeño riesgo que había asumido fracasó en un sentido, pero me proporcionó una recompensa diferente y más significativa, que me dio una muy necesaria inyección de confianza y me mantuvo en el juego. Meses más tarde, después de varios giros y vueltas (más información más adelante), conseguí el trabajo «soñado» en Merrill Lynch, en Nueva York. Estaba en el camino.

Hoy soy una ejecutiva de tecnología, empresaria e inversora en Silicon Valley, el centro mundial del espíritu empresarial y la creación de riqueza. En los últimos veintitrés años, he creado tres empresas, he sido directora general de otras dos y he contribuido al crecimiento de dos de los mayores gigantes tecnológicos del mundo (Google y Amazon). He participado como empleada, líder, inversora o miembro del consejo de administración en más de una docena de empresas, que van desde marcas globales como TripAdvisor, Ericsson, Urban Outfitters y J.Crew hasta servicios digitales de éxito como Stitch Fix, Upstart y Sun Basket, pasando por *startups* poco conocidas que se quedaron sin dinero y cayeron. He tenido la suerte de ver cómo una empresa que creé (Yodlee) salía a bolsa y de llevar a otra empresa (StubHub) a una venta multimillonaria. Se me rompió el corazón al ver fracasar una empresa en la que lo había invertido todo (Joyus) y he sido lo suficientemente ingenua como para unirme a dos organizaciones en las que no encajaba (OpenTV y Polyvore).

En resumen, he puesto las manos en el volante y he apretado el acelerador para impulsar mi crecimiento, a veces, con éxito y otras, no, durante casi toda mi carrera. He asumido innumerables riesgos de todas las formas y tamaños, y he ayudado a otros a hacer lo mismo. A pesar de algunos fracasos significativos y dolorosos, asumir riesgos me ha proporcionado enormes beneficios en mi carrera en todas las dimensiones: financiera, emocional y de reputación. También me ha enseñado una cosa que me gustaría que todo el mundo supiera: el riesgo no es lo que uno cree que es.

ASUMIR RIESGOS: LOS MITOS QUE NOS ASUSTAN

Para muchos de nosotros, el riesgo es intrínsecamente aterrador, lo que es comprensible: por definición, un riesgo es una situación peligrosa en la que uno se enfrenta a una «posibilidad de pérdida o daño». Por supuesto, evitar el riesgo es bueno para nosotros si nos evita un peligro grave o un daño irreparable. Aun así, sabemos que, para crecer más rápido y alcanzar el éxito, debemos estar dispuestos a experimentar y asumir nuevos retos. La perspectiva de arriesgarse enfrenta, pues, nuestras esperanzas de progreso y logro con nuestra necesidad de autopreservación. La mayoría de las veces, la necesidad de autopreservarse gana.

Ciertos mitos que rodean la asunción de riesgos y el éxito no hacen sino aumentar nuestra ansiedad. Fundamentalmente y de forma problemática, tendemos a concebir la asunción de riesgos como una acción discreta, monumental y francamente descabellada que una persona emprende y de la que no puede retractarse fácilmente, como saltar de un avión, agotar tu plan de pensiones para iniciar un negocio o casarte con alguien que conociste hace tres semanas en Tinder. Por un lado, esta concepción cotidiana del riesgo parece legítima: desde afuera, las personas con éxito parecen hacer grandes movimientos no lineales todo el tiempo. Sin embargo, los problemas surgen cuando pensamos que asumir riesgos se resume solo a eso. Concebimos —equivocadamente— que asumir riesgos consiste en un único salto que tiene el poder de salvarnos o arruinarnos. Más vale que ese salto sea grande; de lo contrario, no veremos mucha recompensa. Si no caminamos por la cuerda floja sobre el Gran Cañón, mejor nos quedamos en casa y renunciamos al viaje. Como dijo Helen Keller: «La vida es una aventura audaz o nada».

Este mito de la única opción, como yo lo llamo, nos presiona enormemente para que tomemos la decisión correcta en un tiro directo a la gloria. También da lugar a otros mitos de apoyo que, en mi opinión, son igualmente malsanos. Como parece que hay mucho en juego, creemos que debemos prepararnos con ahínco, ya que, al hacerlo, podemos moderar el riesgo o incluso eliminarlo por completo. Nos esforzamos por diseñar el «plan perfecto», que, por supuesto, rara vez se materializa. Para ayudarnos a sobrellevar la situación, nos decimos a nosotros mismos que, si somos lo suficientemente pasivos, trabajadores y perfectos en nuestra ejecución, seguramente podremos encontrar la manera de controlar el resultado. Si fracasamos, sufrimos un gran golpe en nuestra autoestima, convencidos de que todo ha sido culpa nuestra. Nos hacemos un ovillo y es menos probable que corramos otro riesgo. Cuando tenemos éxito, los demás nos dan todo el crédito, tratándonos como valientes conquistadores. Al fin y al cabo, solo hay sitio para una persona en la cima de la montaña y esperamos ser nosotros.

La mayoría de las veces, estas creencias nos impiden asumir cualquier riesgo. Al ver el enorme abismo de incertidumbre entre la gloria o la derrota épica, pensamos que lo más seguro es sentarse y no hacer nada esta vez. Cuando surja la siguiente oportunidad de asumir un riesgo, entraremos en acción. Pero no lo hacemos, porque volvemos a enfrentarnos a otro ciclo de ansiedad, alimentado por el mito. Las historias de asunción de riesgos masivos y redención de lugares como Silicon Valley no ayudan. En lugar de disipar nuestro miedo al riesgo, los titulares del tamaño de un tuit refuerzan la naturaleza mítica y singular de la asunción de riesgos. Cuanto más celebre el mundo la asunción de riesgos, menos accesible nos parecerá a todos.

ENCUENTRA TU OPORTUNIDAD

Es hora de liberarnos de nuestra percepción de «todo o nada» a la hora de asumir riesgos. En realidad, la asunción de riesgos está al alcance de todo el mundo, al igual que sus riesgos. La decisión que tomé hace décadas de presentarme a un puesto de trabajo que no correspondía que solicitara no fue un riesgo épico. Fue una pequeña apuesta entre las muchas que hice para conseguir un trabajo «de verdad». Aunque la apuesta no dio los frutos esperados, tuvo un impacto positivo enorme que no había previsto. Obtuve una inyección de confianza que me animó a seguir arriesgándome hasta que otro riesgo que asumí funcionó. Mirando hacia atrás, todo el proceso de búsqueda de empleo fue un largo y tortuoso viaje de éxitos y fracasos. Aunque me esforcé mucho, mis momentos de victoria no siempre estuvieron en relación con los mayores esfuerzos o la planificación. A veces, simplemente, tuve suerte.

La asunción de riesgos es intrínsecamente incierta y cualquier elección que hagamos puede no funcionar como queríamos. El poder de la asunción de riesgos radica en encadenar muchas elecciones a lo largo del tiempo, algunas pequeñas, otras grandes, pero cada una de ellas produce un impacto y una percepción que le dan forma a nuestras elecciones futuras. Como observó una vez Ralph Waldo Emerson, «Toda la vida es un experimento. Cuantos más experimentos hagas, mejor». Con la seguridad de que cada elección nos ofrece otra oportunidad de ganar o aprender de los resultados, podemos dejar de lado el miedo a que un solo acontecimiento tenga el poder de hacernos triunfar o fracasar. Correr riesgos no es el único y épico roce con el peligro que imaginamos. Es un proceso continuo que abrazamos con humildad pero con esperanza, sabiendo que las oportunidades individuales pueden fracasar, pero que nuestra probabilidad de éxito general aumentará a medida que iteremos.

Yo llamo a este proceso *encontrar la oportunidad*. En lugar de paralizarnos evaluando grandes decisiones individuales, nos centramos en el acto de elegir constantemente pequeños o grandes riesgos para alcanzar nuestros objetivos. No nos engañamos pensando que podemos alcanzar nuestras últimas ambiciones de un solo golpe monumental. Simplemente tratamos de empezar y mantenernos en movimiento reflexivo, sabiendo que cada elección que hacemos nos ayuda a desbloquear la siguiente oportunidad. Tenemos éxito a largo plazo si viramos hacia nuestros sueños, como barcos de vela a merced de un viento cambiante. Aunque es probable que tengamos más fracasos que otras personas de nuestro entorno que se arriesgan menos, también advertiremos muchas más posibilidades para elegir.

Como verás en este libro, cuando piensas en la asunción de riesgos como un proceso de elección de posibilidades, pierdes el miedo al fracaso. Si nos convertimos en expertos en este proceso, podemos lograr una temporada ganadora en lugar de preocuparnos demasiado por un solo partido o un solo resultado. Incluso, cuando se pierde, se obtienen importantes beneficios, y, aunque se sufra una serie de pérdidas, al final se gana.

PERMANECER EN EL MOVIMIENTO REFLEXIVO

A muchos de nosotros no nos cuesta entender la asunción de riesgos como un proceso de iteración gradual hacia el éxito cuando se trata de tecnología. Aceptamos que empresas como Apple lancen productos de forma incompleta y, luego, añadan nuevas funciones y elementos de diseño en una serie de versiones posteriores. Aceptamos que una empresa como Uber haya tenido que pivotar para lograr un mayor éxito como servicio de transporte compartido que como aplicación de transporte de limusinas, o que un vendedor en línea como Amazon haya evolucionado tantas veces a lo largo de veinte años y que hoy disfrutemos de sus servicios como vendedor nacional de comestibles y como estudio cinematográfico galardonado.

Sin embargo, nuestra visión de la asunción de riesgos a nivel individual ha permanecido obstinadamente estática. Si queremos ampliar nuestras posibilidades de lograr un impacto a largo plazo, debemos adoptar un nuevo enfoque. Podemos aprender a encontrar la oportunidad, infravalorando nuestro miedo a cada elección y sobrevalorando nuestra capacidad de seguir eligiendo. Dominar esta habilidad no solo es esencial para acelerar nuestro éxito personal, sino también para encontrar una forma de prosperar en tiempos cada vez más dinámicos e inciertos. Aunque elijamos no asumir riesgos, de todos modos, los riesgos continuarán existiendo.

Los psicólogos han observado que todos tenemos creencias sobre las fuerzas que controlan nuestras vidas, lo que llaman «locus de control». Las investigaciones sugieren que tenemos más éxito y salud, y una mayor sensación de bienestar cuando creemos que tenemos más control frente a las fuerzas externas o el destino. Aprender a elegir la posibilidad nos da una mayor sensación de control sobre nuestras vidas, incluso, en condiciones dinámicas, lo que nos hace sentirnos más estables y capacitados. «La libertad y la autonomía son fundamentales para nuestro bienestar. Y la elección es fundamental para la libertad y la autonomía», observa el psicólogo Barry Schwartz. A medida que el ritmo de cambio que nos rodea sigue aumentando y que las viejas formas de trabajar, comportarse y pensar desaparecen, quedarse anclado en un lugar resultará cada vez más costoso para nuestra psique y para nuestras carreras. Tenemos que ponernos en movimiento de forma reflexiva, ser cada vez más flexibles y resistentes, y estar en sintonía con la toma de decisiones.

He escrito este libro para ayudarte a hacerlo. Me ha frustrado la mística que parece existir en torno a la asunción de riesgos, especialmente en entornos de grandes burbujas, como la industria tecnológica. Al observar esta expansión desde afuera, cualquier persona ambiciosa puede llegar a creer que solo los mayores y más destacados perfiles de asunción de riesgos del mundo cosechan los beneficios de arriesgarse. Nada más lejos de la realidad. Mirando mi carrera de manera retrospectiva, he extrapolado una serie de lecciones clave sobre cómo tomar riesgos de forma consistente para el crecimiento, que incluyen estrategias específicas que puedes utilizar para empezar a asumir riesgos desde el principio, hacer apuestas calculadas más grandes y, luego, seguir eligiendo con el tiempo para maximizar tu impacto. Tanto si quieres aumentar tus contribuciones en el trabajo aprendiendo a asumir más riesgos como si estás evaluando un movimiento mayor en tu carrera y tienes miedo de dar el salto, los consejos de este libro pueden ayudarte. Aprenderás a ponerte en marcha, a ser más inteligente y a obtener recompensas a lo largo de tu carrera. Solo tienes que entender que tener opciones en la vida es un privilegio y, si somos lo suficientemente afortunados como para tenerlas, debemos ejercerlas.

A veces buscamos el crecimiento de forma proactiva a través de nuestras elecciones. Otras veces reaccionamos ante los sistemas y las fuerzas que nos rodean (incluidas las situaciones desafiantes de prejuicio y desigualdad). En cualquier caso, podemos elegir entre una serie de respuestas. Si tenemos la suerte de encontrarnos con que las posibilidades son abundantes, nuestro trabajo es no desperdiciarlas dejando de elegir, sabiendo que muchas personas carecen de esa abundancia. Si el acceso a la oportunidad parece difícil hoy, nuestro trabajo es seguir adelante, ya que la más pequeña de las elecciones abrirá nuevos caminos.

Durante demasiado tiempo, hemos idealizado el riesgo como si fuera una montaña mítica, que nos ofrece una ruta directa a la cumbre, pero, que, para escalarla, se requiere de toda nuestra valentía. En lugar de ayudarnos a empezar, esta visión hace que la mayoría de nosotros quiera quedarse en el campamento base. Lo que mi propio viaje me ha enseñado es algo muy diferente. Asumir riesgos no es solo para los buscadores de emociones de este mundo. Es para todos nosotros. Si has estado luchando por avanzar, ahora es el momento de hacer un balance de cómo piensas en el riesgo.

Deja de imaginar que haces una gran y peligrosa elección y, en cambio, ponte simplemente en movimiento. No tenemos que ser poderosos ni perfectos en nuestras elecciones. Simplemente tenemos que seguir eligiendo nuestro camino a través de las posibilidades. Solicita esa improbable oportunidad de trabajo. Entra en el juego y empieza a esforzarte. Cuando empecé, tenía enormes ambiciones profesionales, pero muy poco conocimiento de cómo conseguirlas. Resulta que no necesitaba el más grandioso de los planes, ni asumir un único riesgo perfectamente orquestado. Simplemente empecé a tomar pequeñas decisiones y otras más grandes y, con el tiempo, seguí eligiendo mi camino de forma imperfecta a través de las posibilidades. Tú también puedes hacerlo.

SUKHINDER SINGH CASSIDY
Otoño de 2020

PARTE I
Ponerse en marcha

Nunca se intentará nada si primero se deben superar todas las objeciones posibles.

SAMUEL JOHNSON

1

Deja de lado el mito del héroe

¿Has llegado a un punto de inflexión en tu vida o en tu carrera y has sentido una terrible presión para tomar una decisión? Mi hermana mayor, Nicky, lo ha experimentado. En 2010, ella dirigía su propia consulta de optometría en un centro comercial de la periferia. Atenta y generosa por naturaleza, le encantaba atender a los pacientes y se sentía muy orgullosa de su consulta y de su personal, poco numeroso, al que trataba como a una familia. Durante una década, su negocio prosperó, pero, luego, tuvo problemas debido a las condiciones macroeconómicas. Año tras año, la circulación de público en el centro comercial disminuía, la competencia local se había intensificado y más clientes optaban por comprar gafas en línea.

Al no poder reducir sus costes financieros, la consulta de Nicky generaba menos beneficios cada año y ahorrar dinero para el futuro le resultaba cada vez más difícil. Además, su contrato de alquiler le exigía mantener la consulta abierta hasta que el centro comercial cerrara a las nueve de la noche. El marido de Nicky era un ejecutivo de una empresa internacional que pasaba gran parte de su tiempo viajando y, entre los deportes y la escuela de sus dos hijos, tenían horarios

muy apretados. La mayoría de las noches, mi hermana llega-
ba a casa sobre las diez, preparaba la cena para sus dos ham-
brientos hijos, los perseguía para que hicieran los deberes y
se acostaba sobre la una o las dos de la madrugada.

Preocupada por su bienestar, presioné a Nicky para
que considerara sus opciones, que incluían cerrar o vender
su consulta, ir a trabajar para otra persona, combinar su
consulta con la de otro médico, o mantenerla, pero buscar
una nueva ubicación. A pesar de estar agotada y estresada,
Nicky no se atrevía a cambiar de lugar. Lo único que sabía
era llevar su propia consulta en su forma actual y en ese
centro comercial. Había creado una gran base de pacientes, había invertido capital en el inventario y el equipo, y
había formado un equipo de personas que le servían de
sustento. «Corrí un gran riesgo al comprar y construir esta
consulta —dijo—. Claro que podría cambiar, pero ir a trabajar para otra persona podría ser un error aún mayor.
Estaría renunciando a todo lo que he construido». Le daba
demasiado miedo pensar en hacer algo diferente.

Nicky se sentía agobiada por la sensación de que todo
dependía de la elección que tenía ante sí, que era decisiva.
Sin darse cuenta, se había entregado al mito de la elección
única (figura 1). Muchos de nosotros caemos en esta trampa. Nos debatimos ante la decisión de iniciar un nuevo camino, porque sentimos que estamos frente a una única e
importante decisión. Creemos que la asunción de riesgos se
reduce a un gran movimiento y tememos que una mala elección resulte desastrosa. Nuestra ansiedad aumenta cuando
lidiamos con una situación difícil, pero también es bastante
grave, incluso cuando nos sentimos estables y con éxito: no
queremos renunciar a la posición que hemos conseguido.

Así que nos retorcemos las manos y sufrimos noches sin dormir, devanándonos los sesos sobre qué hacer. Decidimos quedarnos quietos aunque nuestra situación actual se deteriore, o nos presionamos a nosotros mismos para tomar una decisión perfecta que evite la ruina. Asumir riesgos se convierte en algo mucho más difícil de lo que tiene que ser cuando suscribimos el mito de la única oportunidad.

LA IMAGEN DEL VIAJE DEL HÉROE

¿Por qué solemos agigantar el riesgo de esta manera? A menudo percibimos a las personas de éxito como héroes que asumen riesgos enormes y vencen a los enemigos en un viaje épico hacia la grandeza. Trasladando este pensamiento a nuestras propias vidas, pensamos que debemos asumir un riesgo enorme para lograr un éxito extraordinario.

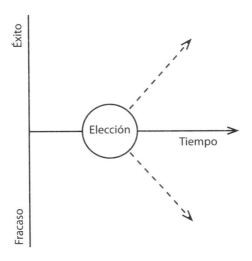

Figura 1

A su vez, tememos los inconvenientes más de lo que deberíamos. Cuanto mayor sea el éxito potencial, pensamos, mayor será nuestra caída si tomamos la decisión equivocada. Las historias que encontramos a lo largo de nuestra vida refuerzan esta idea. Los estudiosos han detectado narraciones de búsquedas heroicas en los mitos antiguos y en los cuentos populares, y han observado que siguen influyendo en las narraciones que hoy en día se tejen en las novelas, la televisión y el cine. «En todo el mundo habitado —escribe Joseph Campbell en su libro clásico *El héroe de las mil caras*—, en todos los tiempos y bajo todas las circunstancias, los mitos del hombre han florecido; y han sido la inspiración viva de todo lo que haya podido surgir de las actividades del cuerpo y la mente humanos». Campbell interpreta el viaje del héroe como un pasaje épico hacia el autodescubrimiento y la transformación, que conlleva un roce con el peligro mientras el héroe descubre su verdadero yo. «El héroe se aventura desde el mundo cotidiano hacia una región de prodigios sobrenaturales: allí enfrenta fuerzas fabulosas y obtiene una victoria decisiva; regresa de esta misteriosa aventura con el poder de otorgar favores a sus semejantes». En un nivel más amplio, toda la búsqueda constituye un reto monumental o un peligro que el héroe acepta con la esperanza de alcanzar la grandeza.

Sin embargo, si nos fijamos bien, veremos que el viaje del héroe no consiste en un solo gran riesgo. De hecho, según Campbell, los héroes asumen numerosos riesgos, grandes y pequeños, a lo largo del camino. Se embarcan en sus viajes, abandonan el mundo ordinario, entran en uno especial desconocido para ellos, confían en mentores, se someten a una serie de retos para poner a prueba sus habilidades, y muchas otras cosas. Pero, en nuestros relatos cotidianos del viaje del héroe, a menudo, no reconocemos ni procesamos este nivel de detalle. Seguimos percibiendo el viaje como algo que abarca un único y enorme riesgo. El ser humano se siente aterrado ante la perspectiva de la incertidumbre. «La incertidumbre actúa como el combustible que dispara la preocupación», escribe un observador, refiriéndose a numerosos estudios científicos sobre el tema. «Hace que la gente vea amenazas allá donde mire y, al mismo tiempo, aumenta la probabilidad de que reaccione emocionalmente en respuesta a esas amenazas». Los psicólogos afirman que el miedo a lo desconocido podría ser nuestro miedo más básico o, como dice un experto: «Un miedo que nos gobierna a todos». Algunos sospechan que la incertidumbre nos perturba porque nos obliga a tomar decisiones más complejas.

Cualquier riesgo conlleva incertidumbre, pero, si crees que todo depende de una única y decisiva elección, la perspectiva de la incertidumbre aumenta tu malestar. Nicky se sentía profundamente insegura sobre su futuro: no tenía forma de saber cuál de los riesgos que asumiera funcionaría y, tal como ella lo veía, su futuro dependía de su decisión.

Un factor psicológico que intensifica los efectos del mito de la única oportunidad se relaciona con nuestra percepción de la pérdida. Como el economista conductual Daniel Kahneman y el psicólogo cognitivo Amos Tversky afirman, nuestro miedo a perder lo que ya tenemos nos parece más convincente que el impulso que podríamos sentir de obtener una ganancia potencial, pero incierta. Si además se considera la asunción de riesgos como una apuesta única y extremadamente peligrosa, la desventaja potencial parece enorme. Si a esto le añadimos nuestra aversión a la pérdida, la desventaja puede parecer tan abrumadora que nos resulte imposible asumir cualquier riesgo.

MUCHAS OPCIONES IMPULSAN UNA CARRERA

A pesar de que el mito de la única oportunidad puede resultar agobiante, en realidad se puede disipar con bastante facilidad. La próxima vez que veas una película cuyo argumento se base en el periplo del héroe, tómate un momento para analizar los riesgos que asume el héroe en el camino. Verás que el héroe se enfrenta a muchos obstáculos, grandes y pequeños, a veces con éxito y otras, fracasa. Del mismo modo, si escudriñas las carreras de las personas de éxito, descubrirás que el éxito suele desarrollarse progresivamente como resultado de diversos riesgos asumidos, de diferente magnitud. También se descubre que el éxito general de una persona suele surgir de múltiples fracasos y victorias a lo largo del camino. Las personas de éxito tienden a repetir su camino hacia el éxito acumulado a través de fracasos y logros en igual medida.

Alcanzar un sueño es encadenar una larga serie de elecciones, grandes y pequeñas, prudentes o no. Puedo contar al menos veintitrés elecciones que hice a lo largo de una carrera que abarca casi tres décadas. La figura 2 resume las diez elecciones más importantes que me han llevado a mi situación actual. Como verás, algunas de estas decisiones funcionaron, otras no, pero mi carrera en general floreció. Con el tiempo, he conseguido alcanzar muchos más sueños de los que habría conseguido si hubiera asumido menos riesgos.

ELECCIONES CLAVE DE MI CARRERA

Elecciones clave de carrera	Magnitud global del riesgo	Año
Analista Merril Lynch British Sky Broadcasting	★	1993 - 1997
Desempleada Silicon Valley	★★	1997
Gerente Open TV	★	1997
Gerente Junglee / Amazon	★	1998 - 1999
Fundadora / Vicepresidenta sénior Yodlee	★★★	1999 - 2003
Directora / Vicepresidenta / Presidenta Google	★	2003 - 2009
Renuncia Google	★★★	2009
Directora ejecutiva Polyvore	★★★	2010
Fundadora / Directora ejecutiva Joyus	★★★	2011 - 2017
Fundadora / Presidenta TheBoardlist	★★	2015 - presente
Inversora ángel	★★	2011 - presente
Presidenta StubHub	★	2018 - 2020

Figura 2

Si te sientes aterrorizado por un riesgo aparentemente grande, haz un análisis similar de tu propia vida o carrera hasta la fecha. Probablemente verás que tu éxito hasta la fecha no se debe a haber asumido un único gran riesgo, sino muchos de ellos, con un número mucho mayor de pequeños riesgos intercalados. Al registrar la complejidad de tu trayectoria profesional o la de las personas que conoces o admiras, observarás que cualquier número de permutaciones podría haber desbloqueado tu nivel de éxito actual o el de ellos. Tendemos a idealizar «caminos» claros y seguros hacia el éxito. Si quieres convertirte en un abogado corporativo de éxito, debes entrar en una de las mejores facultades de Derecho, luego obtener un puesto de verano en un importante despacho de Nueva York, después conseguir un trabajo permanente en uno de estos despachos, y luego trabajar hasta llegar a ser socio. Si quieres ser director general de una gran empresa, debes tener alguna experiencia empresarial al comienzo, luego obtienes un MBA, consigues un trabajo en una gran empresa y sigues ascendiendo. Aunque estas «recetas» tradicionales pueden reconfortarnos, también nos asustan, porque todo parece depender de una o varias «importantes» decisiones que tomas: dónde vas a estudiar Derecho, o el trabajo que consigues al graduarte, o si aceptas o no el nuevo puesto más arriesgado que te ofrece tu empresa actual.

Hace una o dos generaciones, estas llamadas *opciones clave* podrían haber sido de vital importancia. Pero la buena noticia es que, hoy en día, las vías de acceso al éxito no son tan importantes como antes. Los *millennials* y la generación Z están diseñando trayectorias profesionales individualizadas y no tradicionales: trabajan en «actividades secundarias» o saltan de un sector a otro. En un estudio sobre mujeres líderes empresariales, una abrumadora mayoría, el 86 %, consideró que los movimientos no tradicionales eran importantes para su éxito. Si te estresa dar un paso concreto en el camino hacia tu objetivo, no te preocupes tanto. Podría haberme convertido en directora general y líder tecnológica a través de mis veintitrés decisiones, o mediante una secuencia totalmente diferente.

Algunos directores generales ascienden siguiendo el trillado camino de «experiencia laboral, MBA de lujo, oferta de trabajo increíble, trabajar para ascender». Pero esto es cada vez menos frecuente. Anjali Sud, llamada por un observador «maestra de la carrera no lineal», experimentó una serie de éxitos y fracasos en su camino para convertirse en directora general de Vimeo, a pesar de tener una trayectoria académica que incluye títulos de la Escuela de Negocios de Harvard y Wharton. Como ella misma cuenta, «hice de todo, desde banca de inversión hasta ser compradora de juguetes, pasando por la comercialización de pañales en línea, hasta llegar a Vimeo para hacer marketing y acabar en el trabajo de mis sueños, ahora como directora general». Por el camino, aprovechó las oportunidades para crear otras nuevas. Por ejemplo, cuando Amazon la contrató como becaria en el área de desarrollo de negocios, aprovechó esa oportunidad para trabajar en *merchandising*, lo que a su vez la llevó a un puesto de marketing. Aconseja que la gente tenga «fe en que puedes influir en tu trayectoria profesional en cualquier momento», ya que «las oportunidades llegan de lugares que nunca podrías haber imaginado. Ojalá lo hubiera sabido. Creo que habría estado más tranquila».

La investigación confirma la conveniencia de adoptar un enfoque más fluido a la hora de diseñar una carrera. Como señalan los autores de un estudio de una década sobre directores generales, los líderes que llegan a la cima más rápidamente que otros «no llegan a la cima por tener los antecedentes óptimos. Lo hacen dando pasos audaces a lo largo de su carrera que los catapultan a la cima». Estos movimientos incluyen aceptar un trabajo de menor importancia para adquirir nuevas habilidades o experiencia, aceptar un trabajo para el que no se sentían preparados o firmar para abordar un problema empresarial grande y poco atractivo. Otras investigaciones, entre ellas un amplio estudio de LinkedIn sobre cientos de miles de personas que trabajaban en consultoría de gestión, descubrieron que las personas con experiencias laborales diversas avanzan más rápidamente que las que se afanan en una única especialidad o función empresarial. Como decía un artículo del *New York Times*, «el camino más rápido es el más sinuoso» cuando se trata de aquellos que buscan convertirse en directores generales.

En mi caso, los riesgos que asumí durante mi viaje al éxito profesional se desarrollaron a lo largo de diferentes capítulos (figura 3), cada uno de ellos definido por sus propias ambiciones generales. En cada capítulo, tomé una serie de decisiones que me ayudaron a avanzar hacia la concreción del objetivo en cuestión y, a su vez, generaron una serie de resultados. A medida que pasaba el tiempo, cada capítulo se basaba en los anteriores de una forma que ahora parece lógica y premeditada, pero que no estaba tan clara en el momento en que se desarrollaban los acontecimientos.

¿POR QUÉ ASUMÍ RIESGOS?

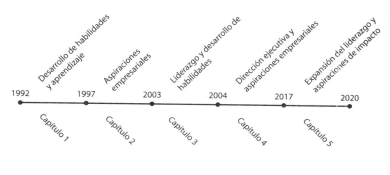

Figura 3

CRECER O DESAPARECER

Siempre que un riesgo profesional que asumas tenga algún tipo de impacto positivo (más adelante se hablará de este tema), te hará avanzar, mejorará tus habilidades y abrirá más oportunidades potenciales de las que hubieras podido tener anteriormente. Incluso, cuando una elección determinada conlleva un fracaso, es probable que siga iluminando nuevos caminos que te lleven a donde quieres ir. De hecho, la elección profesional más arriesgada de todas puede ser la que parece más «segura»: no moverse. El poeta alemán Goethe lo expresó muy bien cuando dijo: «Los peligros de la vida son infinitos y, entre ellos, está la seguridad».

Si tu situación actual ya se está deteriorando, quedarte quieto solo hará que empeore. La vida también puede crear situaciones en las que no tenemos más remedio que correr riesgos, aunque no los hayamos buscado. Por otro lado, si acabas de obtener un éxito y prevés un objetivo aún mayor, quedarte quieto conlleva un coste para las oportunidades cada vez mayor. Si te quedas quieto, no consigues desarrollar nuevas habilidades y capacidades tan rápidamente como tus compañeros, lo que causará que sea cada vez más difícil competir en el futuro. Como he comprobado muchas veces, arriesgarse, aunque no resulte, suele permitir aprender más rápido que quedarse en una situación más cómoda, que ya no supone ningún desafío.

Cuando entrevisto a candidatos para un puesto de trabajo, suelo pedirles que expliquen cuál fue, a nivel profesional, su mayor arrepentimiento. Curiosamente, la mayoría de los candidatos no señalan sus fracasos, sino el negocio que no crearon, la oportunidad laboral que no aprovecharon, el servicio que dudaron en lanzar, el empleado al que no dejaron marchar, etcétera. Hay una importante lección que aprender de esto.

Incluso a nivel organizativo, los estudios demuestran que, a largo plazo, las empresas que permanecen relativamente estáticas son mucho más propensas al fracaso que las que toman múltiples decisiones, sean o no exitosas. En la investigación de su libro *Estrategia más allá del palo de hockey*, los asociados de McKinsey, Chris Bradley, Martin Hirt y Sven Smit, estudiaron empresas durante un período de diez años para determinar cuáles lograban un éxito no lineal a largo plazo. Según descubrieron, el mayor indicador del éxito a largo plazo de una empresa era su capacidad constante de crecer y evolucionar a través de movimientos como fusiones, iniciativas para mejorar la productividad y similares. Como señalan los autores: «No moverse es probablemente la estrategia más arriesgada de todas». La lección general para las empresas y, de hecho, para todos nosotros es: o creces o desapareces.

ABANDONA EL MITO Y TODO PUEDE EMPEZAR

A lo largo de 2010 y 2011, los ingresos mensuales de Nicky disminuyeron. El dueño del local, a pesar del creciente cierre de tiendas en el centro comercial, se negó a bajar el alquiler y la presionó para que renovara el contrato por otros tres años. En diciembre de 2012, después de numerosas conversaciones telefónicas, Nicky y yo acordamos pasar un fin de semana juntas para analizar sus finanzas, identificar nuevas opciones de negocio con gran detalle y las volcamos en una hoja de cálculo. Finalmente, Nicky comprendió cuánto le estaba «costando» su elección actual desde el punto de vista financiero y emocional y cómo se acumulaban las otras opciones posibles, al menos en teoría. Nos pusimos de acuerdo en los numerosos pasos que podía dar paralelamente para seguir explorando estas opciones.

En los años siguientes, Nicky dio algunos de esos pasos a trompicones. Empezó a investigar otras ubicaciones para la consulta, pero llegó a la conclusión de que esta opción no funcionaría bien para ella ni para sus pacientes. Buscar una nueva ubicación conllevaría muchos riesgos y le supondría una carga de costosos gastos de instalación. Mientras tanto, seguiría sintiendo el estrés de ser empresaria. Nicky, a veces, oía hablar de consultas en la zona que tenían espacio para incorporar a otro profesional, pero no se adaptaban bien a su negocio. En 2015, Nicky se dirigió al propietario del local y se negó a firmar un nuevo contrato de alquiler a largo plazo. Renegoció un contrato de arrendamiento a corto plazo con opciones de pagar mes a mes, lo que le permitía flexibilidad para hacer una futura mudanza. El propietario aceptó y, por primera vez en los últimos años, Nicky empezó a elaborar una estrategia de salida del *statu quo*.

A principios de 2017, mantuvimos una conversación que la sacudió por completo. Más preocupada que nunca por el declive de las perspectivas del centro comercial, Nicky tomó una decisión audaz: en lugar de esperar más tiempo para decidir su próximo paso, suspendió su trabajo por un periodo, para tener tiempo de dar un paso atrás y dedicar toda su energía a determinar las mejores opciones para ella y sus pacientes. Quedarse temporalmente sin ingresos y comunicarles a sus pacientes que no los recibiría por un tiempo era una idea desalentadora. Pero Nicky comprendió que una nueva posibilidad solo comenzaría a desarrollarse cuando dejara de lado la opción con la que había vivido durante tanto tiempo. Su alivio al salir de su situación actual era palpable.

Poco a poco, empezó a entusiasmarse con lo que podría venir después. También hizo saber a otros miembros de su red que estaba decidida a seguir adelante. La serendipia intervino para ayudarla: un amigo le habló de la apertura de una nueva clínica médica mucho más cerca de su casa, que formaba parte de una empresa médica de gran envergadura y que estaba abriendo centros médicos en toda la región. Cada centro ofrecía servicios combinados de medicina y optometría, y la empresa buscaba optometristas para ampliar estas consultas.

Nicky acudió y, durante la entrevista, le transmitió a la empresa las numerosas y sólidas relaciones con los pacientes que había construido a lo largo de sus diecisiete años de trabajo. Impresionados, Nicky y los directores de la clínica acordaron un contrato mutuamente beneficioso y muy lucrativo para que ella trabajara con ellos. El acuerdo, que Nicky aceptó, era económicamente convincente y le permitía trabajar más cerca de su casa, mantener un horario semanal más razonable y seguir atendiendo a sus pacientes actuales (con servicios más completos, además). Solo al arriesgarse y cerrar su consulta del centro comercial, Nicky abrió un camino para que se materializaran nuevas posibilidades. Afortunadamente, una de ellas se concretó, una oportunidad que nunca había imaginado, tras años de estrés y dificultades.

El éxito de Nicky no se produjo de la noche a la mañana. Más bien, fue encadenando pequeñas y, luego, grandes elecciones a lo largo de varios años, que le permitieron desbloquear una posibilidad profesional totalmente nueva, que aprovechaba su experiencia como empresaria y optometrista de una forma totalmente nueva. Al dejar de lado su miedo a la elección única, Nicky adquirió el valor, la flexibilidad y el momento que necesitaba para iniciar su próximo viaje.

Si has estado luchando por avanzar, ahora es el momento de hacer un balance de cómo piensas en el riesgo. El mito de la única oportunidad nos impide avanzar tanto en situaciones difíciles como en momentos en los que las oportunidades abundan. Nos convence falsamente de que es mejor no hacer nada, cuando en realidad esa es probablemente nuestra jugada más arriesgada. Nos mantiene aferrados al viaje del héroe de nuestra imaginación y nos aleja de la vida tal y como es en realidad. Por suerte para nosotros, el número de opciones y combinaciones de opciones que pueden hacernos avanzar hacia nuestros objetivos es prácticamente infinito siempre que estemos dispuestos a ponernos en movimiento. Cuando abandonamos el mito, todo puede empezar de verdad.

IDEAS CLAVE

- Muchos de nosotros creemos que una única gran elección determina nuestro éxito o fracaso (el mito de la única oportunidad).
- En realidad, las carreras se desarrollan a lo largo de una larga serie de riesgos asumidos y elecciones, grandes y pequeñas. Las múltiples combinaciones de movimientos permiten alcanzar el éxito.
- Nuestro mayor riesgo es la inacción. O crecemos o desaparecemos.

2

Ponte en forma frente al riesgo

Si quieres aprender los fundamentos de la asunción de riesgos, no hay nada mejor que aprender a vender. Mi propia educación comenzó en el verano de 1989, cuando, tras terminar mi primer año de universidad, volví a mi ciudad natal de St. Catharines, Ontario, Canadá, para conseguir un trabajo de verano. Siempre había trabajado en el consultorio médico de mis padres, y lo único que quería mi padre era que continuara, pero yo tenía otras ideas. Ese verano quería valerme por mí misma y conseguir un trabajo de oficina fuera del ámbito familiar. Buscando en los anuncios de empleo del periódico local, me presenté a trabajos de secretaria en pequeñas empresas. La franquicia local Filter Queen me contrató para contestar el teléfono. Yo ya estaba en marcha.

Si no has oído hablar de Filter Queen, no te culpo, yo tampoco lo había hecho. En la década de 1980, era el Rolls-Royce de las aspiradoras, con su «sistema patentado de acción ciclónica» y sus ingeniosos accesorios capaces de limpiar cualquier rincón de la casa. Aunque muchas amas de casa conocían estos aparatos, muchas otras no, y tampoco entendían por qué debían pagar muchos cientos de dólares por el privilegio de tener uno. Para ayudarlas a entenderlo, los vendedores hacían demostraciones del producto en las casas y convencían a la gente de que su vida sería mucho peor sin una Filter Queen.

El primer día de trabajo resultó ser bastante revelador. Entré en un edificio anodino, sin el logotipo de la empresa a la vista y me dirigí hacia las sillas y el escritorio de la oficina principal donde me sentaría. John, el propietario de la franquicia, que conducía un bonito Jaguar verde, tenía su despacho justo detrás de mi mesa. Sin ninguna introducción ni entrenamiento, me pidió que empezara a atender los teléfonos. No tardé mucho en comprender dónde se desarrollaba la verdadera acción: a la derecha, en otra sala pequeña e igualmente desnuda, con algunas mesas y escritorios, un montón de directorios de páginas amarillas y cuatro o cinco vendedores que se esforzaban por hacer algo de magia.

Allí estaban Gary y Sarah, el equipo de marido y mujer que a menudo llevaba a su nuevo bebé al trabajo. Sarah se pasaba horas llamando para conseguir citas por teléfono y luego enviaba a Gary a hacer la demostración y a cerrar la venta en persona. También estaba Donny, un joven vendedor engreído con ojos azules, una gran sonrisa y mucho encanto. Él podía cerrar ventas como nadie. Y cada semana había en la oficina un número de nuevos reclutas de ventas, que intentaban ganarse la vida marcando números para ganar dólares. Algunos lo conseguían, pero muchos no.

El método de venta en sí mismo era básico. A partir de las nueve de la mañana, cada representante abría la guía telefónica y llamaba directamente a desconocidos, para tratar de convencerlos de que dedicaran cuarenta y cinco minutos de su día a presenciar la magia de Filter Queen en sus casas. Marcaban un número y les colgaban antes de decir unas pocas frases. Marcaban otro número y se enteraban de que la línea estaba desconectada. Marcaban el siguiente número, daban su discurso completo y luego les colgaban. Marcaban otro número, más daban su discurso, encontraban resistencia, daban otro discurso, y otro, y luego les colgaban.

Fui testigo de una serie de tácticas dudosas, y también tuve que lidiar con un buen número de clientes insatisfechos que pensaban que habían pagado demasiado por sus Filter Queens. Pero al final del verano, había recuperado el sentido y el aprecio por esta peculiar tribu de la que había formado parte. Cada día, esta gente arriesga su ego para ganarse la vida, aguantando el rechazo una y otra vez para alcanzar el éxito final. Mientras que muchas personas temen enfrentarse a un solo fracaso, estos individuos estaban dispuestos a correr muchos pequeños riesgos cada día y habían aprendido a dejar atrás los pequeños fracasos. La vida en la oficina de Filter Queen, más que un trabajo duro, era muy divertida.

La lección sobre el valor de aprender a vender se me quedó grabada y, durante la universidad, seguí haciendo una pequeña carrera en ventas. Empecé a vender al por menor en el centro comercial local mientras estudiaba y, durante el verano siguiente, empecé a vender salas de conferencias a empresas para un hotel de London, Ontario (donde asistía a la universidad). Llamaba en frío, hacía ofertas y cerraba, arriesgándome cada día para conseguir algo. Al igual que mis viejos amigos de Filter Queen, desarrollé algunos músculos frente al riesgo, sobre todo a la hora de superar el miedo a vender y al rechazo, y me sentí bastante cómoda arriesgándome una y otra vez; aunque fracasaba la mayoría de las veces, tuve el éxito suficiente como para convertirme en una vendedora bastante buena.

Si quieres acabar con el mito de la única opción, una buena forma de empezar es crearte el hábito de asumir pequeños riesgos en tu vida diaria. Antes de correr riesgos más grandes y atrevidos, practica un poco cuando lo que esté en juego es menor. No hace falta que aceptes un trabajo de ventas, pero sí que busques conscientemente razones para arriesgarte y, así, sentirte más cómodo con ello. Eleanor Roosevelt nos aconsejó: «Haz cada día una cosa que te dé miedo». Creo que arriesgarse un poco cada vez —pero hacerlo muchas veces— es una forma estupenda de desarrollar los músculos de la asunción de riesgos.

REFORMULAR EL RIESGO

Como hemos visto, la definición de riesgo invoca el fantasma de la pérdida. Creo que la mayoría de la gente piensa en el riesgo de forma similar, como un coqueteo con el peligro. Curiosamente, la asunción de riesgos se define de forma mucho más equilibrada: «el acto o el hecho de hacer algo que implica un peligro o un riesgo para conseguir un objetivo». Aunque reconoce la incertidumbre de cualquier movimiento, esta sencilla definición dirige la atención por igual a los objetivos positivos de la mayoría de las tomas de riesgo. Sugiere que todos los días tenemos la oportunidad de correr riesgos, grandes y pequeños, para avanzar en nuestros objetivos.

No importa en qué punto de la vida nos encontremos, asumir microrriesgos puede capacitarnos para asumir más y mayores riesgos, y conseguir más. No necesitamos empezar el viaje hacia la oportunidad imaginando un peligro inminente o una gran pérdida. Y, aún peor, no debemos esperar hasta el desafortunado día en que nos enfrentemos a una decisión que pueda cambiar nuestra vida para asumir nuestro primer riesgo. Podemos empezar ahora y empezar poco a poco a perseguir la más simple de las metas positivas.

Mirando hacia atrás, tengo la sensación de haber estado expuesta a una visión muy «normalizada» y positiva de la asunción de riesgos cuando era niña, mucho antes de mi primera incursión en las ventas. Tengo que agradecérselo a mis padres. A primera vista, sería difícil decir que los doctores Singh y Ahluwalia son arriesgados. Sin duda, corrieron un gran riesgo antes de que yo naciera, al trasladarse a Canadá desde África. En África, habían disfrutado de una exitosa práctica médica conjunta y de un gran estilo de vida. Después de su traslado, tuvieron que volver a certificar su formación médica y empezar de nuevo también desde el punto de vista económico en un nuevo país. Sin embargo, una vez instalados en Canadá, llevaron una vida bastante convencional como propietarios de una modesta consulta médica. Yo crecí en una sólida familia de clase media en la pequeña ciudad de St. Catharines, Ontario, donde la principal misión de mis padres era proporcionar un excelente nivel de educación a cada uno de sus hijos.

Sin embargo, entre bastidores, mi padre era un emprendedor y un soñador de posibilidades, que me dio una educación temprana sobre la asunción de riesgos y sus beneficios. Desde el momento en que me enseñó por primera vez a hacer la declaración de la renta (sí, has leído bien), a partir de los ocho años más o menos, entendí que dirigir una pequeña empresa no era una actividad intrínsecamente arriesgada y misteriosa, sino un proceso repetible, que implicaba dosis continuas de asunción de riesgos. Algunos de estos riesgos eran pequeños, como cuando trató de crear una marca para su consultorio médico llamándolo HealthCare ServiceCenter mucho antes de que los consumidores entendieran siquiera lo que significaba tener servicios sanitarios de marca. Otros fueron mayores, como cuando pidió una hipoteca para comprar un nuevo edificio que pudiera albergar a varios médicos con la esperanza de establecer la primera clínica sin cita previa de la zona. (Lo hizo unos diez años antes de que esta innovación se impusiera y se convirtiera en la base de muchas nuevas y grandes empresas médicas).

A nivel macro, varios de estos riesgos no funcionaron como él había imaginado (mi padre nunca alcanzó sus sueños de éxito empresarial). Pero el recuerdo que guardo de mi padre es el de un hombre que se sentía realizado y que se alegraba de asumir riesgos grandes y pequeños en busca de posibilidades empresariales. Nunca me habló de asumir riesgos, no tuvo que hacerlo, porque era simplemente lo que hacía cada día como emprendedor y propietario de una pequeña empresa. Era pragmático y ambicioso a partes iguales a la hora de arriesgarse, y eso también influyó en mi visión del mundo.

ARRIESGAR PARA GANAR

Aun cuando tentamos una vida perfecta, existen oportunidades para correr pequeños riesgos y acelerar nuestro crecimiento y desarrollar nuestra capacidad para enfrentarlo. Reflexionando sobre mis experiencias de la infancia y mi carrera desde entonces, he identificado cuatro sencillas razones por las que la mayoría de nosotros corremos riesgos (figura 4).

RAZONES PARA ASUMIR RIESGOS

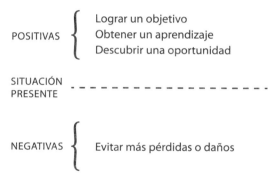

Figura 4

Cuando nos encontramos en un lugar estable o positivo, la asunción de riesgos sirve de acelerador que podemos utilizar para descubrir nuevas oportunidades, desbloquear nuevos aprendizajes o alcanzar un objetivo ambicioso. Yo llamo a esto asumir riesgos en positivo, y puede ayudarnos a conseguir mayores beneficios en nuestra carrera tengamos o no un gran plan.

Digamos que estás en un trabajo aceptable o bueno. Tienes una vaga idea de tus próximas opciones profesionales, pero no estás seguro de lo que realmente suponen. Aprovechar pequeñas oportunidades para descubrir nuevas posibilidades es una forma sencilla de empezar. Intenta hablar con alguien que pueda ayudarte. Cuando trabajaba en ventas, mantenía conversaciones exploratorias con grupos o empresas, y hacía prospecciones para maximizar mis posibilidades de éxito. Podemos hacer algo parecido con nuestras carreras, desde pedir asistir a reuniones en áreas que queremos aprender hasta pedir a alguien en LinkedIn una breve conversación para descubrir lo que es interesante o posible.

Una segunda razón para asumir riesgos cuando la vida es relativamente buena es aprender y crecer. Se nos ha enseñado a pensar que toda asunción de riesgos tiene que ver con la búsqueda de una gran ambición específica. Pero correr pequeños riesgos para acelerar nuestro aprendizaje merece la pena como objetivo en sí mismo, y podría abrir caminos hacia un éxito mayor. Vi a mi padre experimentar continuamente en su vida personal, quien invertía pequeñas cantidades de tiempo y dinero para satisfacer su curiosidad natural. Fascinado por la inversión, los mercados financieros y la innovación, estudiaba detenidamente las cotizaciones de las acciones en el periódico y llamaba a su agente de bolsa, Tom, para «comprar algo de AOL» mucho antes de que yo supiera lo que era la industria tecnológica. A menudo nos involucrábamos en su trabajo, ya fuera desmontando la secadora para mostrarnos cómo funcionaba y ver si podía volver a montarla, o ayudándome a construir un modelo funcional del ojo humano para mi feria de ciencias de segundo grado en nuestro garaje rural (puedes adivinar quién hacía la mayor parte de la construcción).

En cualquier caso, el mensaje que interioricé al crecer fue el mismo: el principal beneficio de probar algo nuevo era simplemente aumentar tus conocimientos. Lo bien que hicieras algo importaba menos que tu capacidad para salir, intentarlo y aprender algo. Como dijo el teólogo John Henry Newman: «Un hombre no haría nada si esperara a hacerlo tan bien que nadie pudiera encontrar una falla». Yo me he tomado muy en serio esta lección como adulta, asumiendo funciones para aprender nuevas habilidades o industrias, a menudo como movimientos laterales sin la promesa de más salario o un mejor título. Estas experiencias no solo han reforzado mi capacidad de liderazgo, sino que, en muchos casos, me han llevado a nuevas oportunidades profesionales que nunca había contemplado.

Por último, puedes convertir en un hábito la asunción de pequeños riesgos para alcanzar grandes objetivos específicos que ya tengas en mente. Mi amigo Adam Zbar, cofundador y director general del servicio de comida por suscripción Sun Basket, me habló de una decisión vital que tomó a los veinte años. Después de completar un programa de analista de dos años en la empresa de consultoría McKinsey & Company, la empresa le ofreció pagar su MBA y contratarlo en un puesto bien remunerado después de graduarse. Ya había sido admitido en la Escuela de Negocios de la Universidad de Chicago, así que lo más fácil fue decir que sí a la oferta de McKinsey. Sin embargo, a pesar de haber aprendido mucho de su experiencia en McKinsey, Adam se dio cuenta de que «aunque muchas cosas en la vida son difíciles, pocas son interesantes» y quiso seguir un camino diferente, relacionado con su amor por la narración y el cine. Rechazó las generosas ofertas de McKinsey para poder seguir sus sueños y perseguir su objetivo de ir a la escuela de cine.

A pesar de que esta decisión era importante, Adam siguió adelante con su objetivo asumiendo una serie de pequeños riesgos. Al carecer de una base académica en cine, se dio cuenta de que nunca entraría en una escuela si se presentaba de inmediato, así que decidió tomar algunas clases como estudiante no matriculado y construir un *portfolio* en un periodo de uno o dos años. Al volver a Utah, donde había pasado parte de su infancia, se matriculó en clases de escritura creativa en la Universidad de Utah para adquirir una sólida formación en narrativa. A continuación, Adam se trasladó dos veces: primero a Minneapolis para estudiar escritura dramática en el Playwrights' Center y, luego, a Nueva York para tomar clases de posgrado como estudiante no matriculado en la Universidad de Nueva York. Durante todo este tiempo, se mantuvo trabajando a tiempo parcial como consultor de gestión. Cuando sintió que había adquirido suficiente experiencia, solicitó el ingreso en la Escuela de Teatro, Cine y Televisión de la UCLA, una de las mejores escuelas de cine de Estados Unidos, donde obtuvo una maestría en producción cinematográfica. Esta serie de pequeños riesgos contribuiría a aumentar la confianza de Adam y lo prepararon para asumir riesgos mucho mayores en el futuro.

Por supuesto, no toda la asunción de riesgos se produce por razones positivas. Como descubrió mi hermana Nicky, a veces, necesitamos arriesgarnos para escapar de situaciones difíciles o de deterioro, y reconocer que quedarnos con el *statu quo* nos causaría más dolor o una pérdida mayor. También en estos casos, correr pequeños riesgos en lugar de saltar directamente a un riesgo gigantesco puede resultar menos desalentador. Otras veces, una situación puede parecer tan negativa que arriesgarse parece solo tener ventajas, lo que nos lleva a empezar sin temer más pérdidas. Irónicamente, las situaciones difíciles tienden a impulsar la asunción de riesgos de cualquier tipo mucho más que las estables, lo que lleva al adagio popular de que nunca debemos «desperdiciar una buena crisis».

TEMPRANO Y CON CONTINUIDAD: EL EFECTO MULTIPLICADOR

Una vez que empieces a correr muchos riesgos pequeños de forma continuada, te darás cuenta de que te resulta cada vez más fácil a medida que desarrollas tu capacidad de asumir retos. No es necesario que seamos arriesgados por naturaleza para llegar a ser competentes en el proceso de experimentar en nuestra vida diaria. Algunos de nuestros intentos tendrán éxito y otros no. Cuando nos arriesgamos para aprender o descubrir, podemos incluso aprender a sentir menos nuestros fracasos, lo que nos ayuda a tenerles menos miedo. Cuando era niña, los pequeños fracasos, como que me rechazaran en clase después de atreverme a hablar, me hicieron sufrir durante un tiempo. Pero, más tarde, cuando empecé a correr con más continuidad pequeños riesgos, mi preocupación por el vituperio personal ante el fracaso disminuyó. Cuando empecé a llamar en frío, mi tolerancia al rechazo aumentó aún más. Al enseñarnos a relativizar el fracaso, la asunción de riesgos temprana y habitual nos prepara para asumir más y mayores riesgos con el tiempo.

Asumir riesgos de forma temprana y habitual también facilita que podamos mantener este hábito a lo largo del tiempo, ya que nos ayuda a ser sucesivamente más inteligentes sobre el tema en cuestión. Al perseguir cualquier objetivo, especialmente los ambiciosos, nuestros segundos, terceros, y cuartos intentos tienen más posibilidades de éxito, ya que están formados y moldeados por los resultados de los esfuerzos anteriores. Llegamos a pensar que nuestros primeros intentos pequeños son señales positivas o negativas que procesamos cuando hacemos nuestros siguientes movimientos hacia algo complejo o audaz. Cuando perseguimos objetivos sencillos, los pequeños intentos pueden dar respuestas rápidas a nuestras preguntas y permitirnos avanzar eficazmente hacia otras áreas de interés. Pero, si nos quedamos quietos, no aprendemos nada.

LAS VIRTUDES DEL FRACASO TOTAL

Aunque podemos y debemos correr pequeños riesgos positivos para crear el hábito de asumirlos, un único gran fracaso también puede poner en marcha el desarrollo de este hábito. Una amiga mía, a la que llamaré Gina, cofundadora y directora general de una empresa de *software* de gran éxito, se enfrentó exactamente a esa situación cuando abandonó el instituto en décimo curso. No lo hizo para crear una empresa de *software* y hacerse multimillonaria. Fue un fracaso rotundo, su expediente académico se pobló de suspensos y de insuficientes, por no hablar de la fuerte oposición de sus padres. Durante los meses posteriores al abandono de sus estudios, Gina pasó el tiempo jugando a videojuegos en su habitación, leyendo libros y preguntándose qué hacer con su vida. Según recuerda, se sentía asfixiada por la intensa presión que sus padres ejercían sobre ella para que rindiera académicamente. Llegó a un punto en el que no pudo aguantar más. «Sentí, en cierto modo, que había tocado fondo —recuerda—. No sería capaz de recuperarme y solicitar el ingreso en la universidad con un buen promedio».

Los aterrorizados padres de Gina la convencieron para que se inscribiera en un internado en Europa. Después de pasar dos años allí y volver a comprometerse con los estudios, regresó a casa para terminar el instituto. Se presentó a las universidades y fue rechazada por prácticamente todas las grandes, excepto una. Allí le fue bien, se licenció en Informática e incluso entró en el equipo de baloncesto femenino como jugadora no becada. Después de graduarse, se unió a algunos de sus amigos de la universidad en una *startup* tecnológica, donde trabajó como ingeniera de *software*. Pasó dos años y medio allí, aprendiendo los fundamentos del emprendimiento tecnológico. En 2008, renunció a su trabajo para crear una empresa con un amigo de la universidad y, finalmente, alcanzó el éxito.

Los problemas de Gina en el instituto y su estancia en un internado no prepararon el terreno para su posterior éxito al exponerla a la informática, las matemáticas y la codificación: ella ya se inclinaba por estas materias. Lo que la llevó al éxito fue la desmitificación del fracaso, que, a su vez, aumentó su tolerancia a la hora de asumir riesgos.

Ahora, a ella, cada fracaso le parece una ventana a un futuro éxito. «Creo que siempre estoy pensando en cómo tomar una situación y convertirla en lo mejor que podría haber pasado —dice—. Puede que me lleve treinta años replantearme una situación, pero hay un reencuadre, que es un punto de inflexión, y ese hecho se convierte en un hito». Sus experiencias como empresaria no han hecho más que confirmar el valor de esta actitud hacia el fracaso. «Hemos tenido muchos roces con el fracaso que hemos superado y de los que hemos aprendido, y con los que nos hemos hecho más fuertes». Los fracasos de Gina en el instituto no la hicieron retroceder a la hora de asumir riesgos. De hecho, todo lo contrario: la animaron a correr más riesgos, grandes y pequeños.

Con el tiempo, la desmitificación del fracaso también ayudó a Gina a sentirse más cómoda en equipos repletos de personas más preparadas. Hablando de su carrera en el baloncesto, señala que, en todos los niveles de la competición, «siempre ha sido, del promedio, una jugadora de nivel bajo» en todos los equipos en los que ha jugado. Cuando alcanzaba un cierto nivel de competencia, se arriesgaba y saltaba al siguiente nivel, de modo que, volvía a bajar su nivel en relación con sus compañeras de equipo. En su universidad, uno de los principales programas de baloncesto universitario de la NCAA, era una de las jugadoras más débiles y se pasaba el tiempo en el banquillo. Pero, al menos estaba en el equipo, y mejoraba sus habilidades y conocimientos al practicar con atletas de élite. Después, cuando jugaba al baloncesto en su tiempo libre, se dio cuenta de que, aunque no tenía madera de profesional del baloncesto, se había convertido en una jugadora excepcionalmente fuerte y experimentada en relación con el público en general. Como había hecho las paces con el fracaso, podía rodearse de mejores jugadoras y mejorar sus propias habilidades. Independientemente de los objetivos que se persigan, hacer de la asunción de riesgos un hábito y desarrollar una actitud sana frente al fracaso puede ayudarte a su vez a asumir más riesgos y a acelerar tu trayectoria de crecimiento.

Si alguna vez te has preguntado cómo los emprendedores de alto nivel pueden arriesgar miles de millones por una sola gran idea, o cómo los profesionales de éxito pueden reunir el coraje necesario para dejar de lado carreras exitosas y probar algo totalmente nuevo, o cómo los escaladores pueden hacer escaladas en solo integral (*free-solo*) en las paredes rocosas más peligrosas del mundo, ahora ya sabes la respuesta. Lo más probable es que su mayor riesgo no haya sido el primero, sino el número cinco o incluso el quinientos. El arriesgado que batea un *grand slam* en su primera y única vez con el bate no es la regla, sino una excepción mayor. La gente que vemos hoy asumiendo grandes riesgos ha estado asumiéndolos todo el tiempo, pequeños, incluso microscópicos. Han desarrollado la asunción de riesgos como un músculo mucho antes de que nadie se diera cuenta.

Si tienes curiosidad por conocer nuevas oportunidades profesionales, acude a cinco nuevos contactos con la esperanza de establecer una conexión. Si trabajas en una empresa, decídete a hablar en una reunión, a riesgo de parecer tonto, haciendo la pregunta que todos los demás están meditando en secreto. Si tienes algunos ahorros y una gran pasión por seguir a determinadas empresas o sectores, invierte un poco de tu dinero en la bolsa y prueba a utilizar tus conocimientos para generar crecientes ganancias financieras.

Mi amiga Reshma Saujani, autora del éxito de superventas *Brave, Not Perfect*, recurre a los deportes y a otras actividades físicas como forma de flexibilizar y desarrollar su resistencia frente al riesgo. Una o dos veces al mes, prueba un nuevo deporte por el mero hecho de experimentarlo. Ha probado el surf, dice, aunque no parecía lo suyo: «No sé nadar, no me gusta el agua fría y no me gusta hacer cosas que no se me dan bien». Ha ido a clases de baile, en las que era la única cuarentona, se lanzaba al vacío entre una multitud de veinteañeros ágiles. La cuestión es seguir asumiendo riesgos, enfrentarse a la sorpresa de lo nuevo o lo desconocido. Como señala Reshma, asumir riesgos no solo es más fácil cuanto más se hace, sino que también puede ser divertido. «Hay algo en el hecho de sentirse vivo y de tener un subidón al asumir un riesgo», dice.

Más importante que cualquier oportunidad que tomemos es el compromiso que asumamos de empezar a correr pequeños riesgos cada día. Si estás en una situación y un ambiente relativamente seguros y positivos, estás en la mejor posición para empezar a aprovechar pequeñas oportunidades para crecer. Pero cualquier momento es bueno. A medida que adquirimos práctica en la construcción de conocimientos de forma iterativa y en la gestión de pequeños fracasos, nos volvemos más adeptos a encontrar la oportunidad. Cuando llegue el momento de tomar una decisión verdaderamente importante, como siempre ocurrirá, estaremos preparados.

IDEAS CLAVE

- Asumir pequeños riesgos desde el principio y con frecuencia te ayuda a desarrollar resistencia frente a la asunción de riesgos, con beneficios acumulativos.
- En lugar de centrarnos únicamente en el potencial de pérdida, podemos volver a enmarcar el riesgo en las decisiones que tomamos y que nos ofrecen un considerable potencial alcista.
- Hay cuatro razones principales por las que podemos asumir riesgos: para descubrir oportunidades, para aprender algo nuevo, para lograr un nuevo objetivo o para evitar más daños.

3

El poder de las vías paralelas

Si crees que debes prepararte sin parar o tener una claridad absoluta sobre tus objetivos antes de poder arriesgarte con eficacia, tengo una historia que contarte. A lo largo de mis años escolares, sabía exactamente lo que había que hacer para triunfar, pero, cuando me acercaba a mi graduación universitaria, me encontré con una sorprendente falta de claridad sobre lo que debía hacer a continuación. Incluso la ambición que identificaba —convertirme en una prestigiosa agente de inversiones o consultora de gestión con poderosos directores generales como clientes y un gran sueldo— era un objetivo copiado. Mis amigos más cercanos buscaban trabajo en estas áreas, al igual que otros compañeros de clase, así que, como no sabía qué hacer, pensé que yo también debía buscar ese tipo de trabajo.

Ojalá pudiera decir que había oído hablar de estas funciones antes y que las había contemplado en profundidad antes de comenzar mi búsqueda de empleo. Ojalá pudiera decirles que había puesto en marcha todos los pasos para lograr este objetivo empezando mucho antes en la universidad, como, por ejemplo, uniéndome al club de economía o al club de debate y, así, reforzar mi currículum con puestos de liderazgo como presidente de la clase, o conseguir unas prácticas de verano en una corporación global. En realidad, entre ser secretaria del Filter Queen local y hacer ventas al por menor y en hoteles, había acumulado pocos de los impresionantes logros universitarios que necesitaría para competir con lo mejor de lo mejor de mis compañeros. Sus movimientos educativos y profesionales parecían perfectamente orquestados y ejecutados. Los míos, no.

Mi ansiedad durante ese otoño de 1993 era enorme y me sentía terriblemente deprimida, ya que no había conseguido un puesto de trabajo durante el mes de junio anterior, cuando me gradué con mis compañeros. La experiencia de las entrevistas en el Claridge aumentó mi confianza temporalmente, pero, a finales de noviembre, todavía no había conseguido el trabajo de mis sueños en la banca de inversión global o en la consultoría, y me sentía de nuevo al borde del fracaso. Mi suerte cambió en diciembre, pero solo un poco: recibí una oferta del TD Bank, un banco de inversión canadiense de Toronto. Acepté, con mucha más reticencia de la que debería. Aunque me alegré de haber conseguido un trabajo, mi yo más joven y menos ilustrado seguía sintiendo que me había quedado corta con respecto a lo que otros habían logrado y a lo que yo presumía que podía lograr también. Hice planes para mudarme a Toronto en unas semanas, pero no estaba contenta.

Por aquel entonces, tuve noticias de mi amigo Bertram, que vivía en Nueva York y trabajaba en Merrill Lynch, uno de los mayores y más agresivos bancos de inversión de Wall Street. Aunque Merrill no reclutaba formalmente en las universidades canadienses, Bertram había realizado una búsqueda de empleo independiente y había conseguido entrar. Al oír el abatimiento en mi voz, me animó a intentar una vez más un trabajo en la banca mundial. «Envíame tu currículum y lo presentaré. No tienes nada que perder», me dijo. Después de mi experiencia en Claridge, sabía que tenía razón, así que no dudé. También sabía que las posibilidades de recibir algún tipo de respuesta eran escasas en el mejor de los casos.

Pasaron una o dos semanas y, a mediados de diciembre, recibí una carta con la clásica respuesta negativa. Merrill me sugirió que, si «alguna vez estaba en Nueva York», sería bienvenida a una entrevista informativa para «saber más sobre la empresa».

Sentada en la mesa del comedor en la casa de mis padres en la zona rural de St. Catharines, suspiré y dije:

—Bueno, ya está.

—¿Qué es lo que ya está? —preguntó mi padre.

—Otro rechazo, esta vez de Merrill —dije y le entregué la carta.

—Eso no es un rechazo —dijo—. Te han invitado a entrar.

—Papá, es solo una cortesía. Están siendo educados. Si me quisieran a mí, ellos me habrían ofrecido una entrevista de verdad y me habrían pedido que volara a Nueva York.

Mi padre me devolvió la carta y dijo:

—Quizá, pero yo digo que compres un billete de tren a Nueva York y aceptes su oferta.

Al igual que Bertram, me recordó que no tenía nada que perder, y no le importó el hecho de que ya hubiera aceptado un trabajo. En resumen, me animaba a arriesgarme.

Dos semanas después, me encontraba en la nueva y reluciente sede mundial de Merrill en el Bajo Manhattan, situada justo enfrente de las Torres Gemelas. A los diez minutos de una entrevista informativa de treinta minutos, la encargada de la contratación me preguntó si quería quedarme más tiempo para reunirme con una de sus colegas. Acepté y, al final del día, recibí una invitación para participar en el supersábado, la agotadora primera ronda del competitivo proceso de selección de Merrill. Los mejores estudiantes de las escuelas de élite de EE. UU. se reunían en la sede de Merrill durante una jornada muy estresante en la que se llevaban a cabo entrevistas y ejercicios. De alguna manera, yo me había saltado el proceso habitual y me había asegurado la codiciada oportunidad de competir con los mejores para conseguir un prestigioso puesto en Wall Street.

El supersábado tendría lugar aproximadamente un mes después. Mientras me preparaba mentalmente, también terminé mi traslado a Toronto y comencé a trabajar en el TD Bank. Dado lo poco entusiasmada que estaba con ese trabajo, decidí buscar varias oportunidades en paralelo, y no me detuve en Merrill. Si no podía cumplir mi sueño de conseguir un trabajo en un banco de inversión líder en el mundo (y después de fracasar tantas veces, me temía que no lo conseguiría), quería perseguir algún otro objetivo igual de ambicioso. Todavía no sabía con exactitud qué tipo de carrera quería, pero, como no me conformaba con tener una sola opción que me entusiasmara, empecé a investigar nuevas oportunidades. Las tres posibilidades que se alzaron a la cabeza de mis reavivadas ambiciones eran tan variadas como cabría imaginar: entrar en el Servicio Exterior Canadiense, asistir a la Facultad de Derecho o matricularme en la Facultad de

Medicina. En secreto, solicité el ingreso en el programa de Medicina de la Universidad McMaster y conseguí una entrevista gracias a mis logros académicos generales, a pesar de no haber hecho nunca el examen de ingreso a la carrera de Medicina ni ningún curso de ciencias en la universidad. Al mismo tiempo, me presenté al Foreign Service, logré aprobar y conseguí una entrevista en persona en Ottawa para el mes de febrero. Y también me presenté al examen de ingreso a la carrera de Derecho, para salir cinco minutos después cuando me di cuenta de que, nunca nunca, querría trabajar como abogada. En retrospectiva, debería haber empezado a explorar metódicamente estas opciones meses antes, al principio de mi búsqueda de empleo y de mi trayectoria, pero más vale tarde que nunca. Me sentí aliviada de tener nuevas opciones que considerar, y el ejercicio también validó mi continuo entusiasmo por Merrill.

A mediados de enero, volví a coger el tren a Nueva York y participé en el supersábado. Aunque me sentía intimidada por el nivel de los demás candidatos, competí de forma agresiva y me sentí bien ese día. Por lo visto, los reclutadores de Merrill tenían una opinión similar sobre mí. Un par de semanas más tarde, en una gélida tarde de invierno que coincidía con mi vigésimo tercer cumpleaños, mi entrevistador original de Merrill me llamó personalmente para ofrecerme un puesto a tiempo completo como analista en la empresa. Empezaría en junio, es decir, si estaba interesada. Apenas pude contenerme. Tras un año de lucha, había conseguido el trabajo de mis sueños. «Me encantaría trabajar en Merrill», logré decir. Estaba preparada para este nuevo y emocionante capítulo de mi carrera, la convicción de mi elección se veía reforzada por las múltiples vías que había perseguido en paralelo.

Cancelé enseguida mis entrevistas con el Foreign Service en Ottawa. Aunque sería mejor contar que también rechacé la escuela de Medicina, la verdad es que nunca entré. Estoy razonablemente segura de que mi búsqueda de respuestas sobre mi pasión por la medicina les hizo buscar candidatos mucho mejores después de nuestra entrevista.

Si el camino hacia el éxito es un proceso continuo de asunción de riesgos, no hay que suponer que solo favorece a quienes tienen los objetivos más ambiciosos o más claros. Una de las formas más útiles de empezar a asumir riesgos, incluso antes de estar seguros de lo que queremos, es buscar varias opciones a la vez e investigarlas. Los vendedores suelen iniciar un proceso de ventas creando el «embudo» más amplio de clientes potenciales que puedan, aprovechan múltiples oportunidades al mismo tiempo para explorar las posibilidades. Puedes hacer algo parecido en tu vida y tomar una serie de pequeños riesgos en múltiples direcciones simultáneamente. Al seguir deliberadamente un camino del descubrimiento para experimentar con todo el espectro de oportunidades y riesgos, podrás identificar y esclarecer tus objetivos y, finalmente, tener más opciones de las que había previsto, así como más información para utilizar cuando llegue el momento de tomar una decisión importante. Si ya has determinado tu objetivo, puedes utilizar este periodo para perseguir la mejor oportunidad de diez, incluso la mejor de cien o de mil, no descartes ninguna opción durante el mayor tiempo posible por si se da el caso de que cualquiera de estos caminos pueda materializarse finalmente. A lo largo de mi carrera he utilizado esta técnica de asunción de riesgos basada en el descubrimiento —o en la exploración de *vías paralelas*, como yo la llamo— para descubrir y esclarecer mis objetivos y, al mismo tiempo, ponerme en marcha pronto para perseguirlos. Al hacer múltiples apuestas simultáneas, me he beneficiado enormemente con este enfoque, que ha maximizado las oportunidades disponibles, minimizado los grandes riesgos y me ha preparado emocionalmente para perseguir mis objetivos. Deja de lado la idea de que la asunción de riesgos solo empieza cuando sabes exactamente lo que quieres hacer. Utiliza la asunción de riesgos para ayudarte a descubrir y validar tus objetivos, y abrir nuevas e imprevistas vías para alcanzarlos.

VÍAS PARALELAS

A primera vista, la táctica de asumir múltiples riesgos de varios tipos a la vez debería parecer familiar. Los profesionales de las finanzas a menudo tratan de ofrecer a los inversores un rendimiento óptimo creando carteras diversas que incluyen clases de activos de mayor y menor riesgo. Al asumir múltiples riesgos, maximizan las oportunidades de inversión a la vez que reducen el riesgo global de la cartera en una sola apuesta. Del mismo modo, cuando los padres investigan sobre las universidades y llevan a sus hijos a visitar los campus, los asesores los animan a que soliciten plaza en muchas escuelas al mismo tiempo, desde las más seguras hasta las más elitistas, para que puedan maximizar sus probabilidades de éxito al mismo tiempo que diversifican sus riesgos. En el trabajo, muchos de nosotros estamos familiarizados con las técnicas de resolución creativa de problemas, que exigen explorar una amplia gama de ideas a la vez, un paso de vital importancia antes de clasificar las posibles soluciones y tomar una decisión eficaz.

A pesar de que esta lógica es omnipresente, la triste verdad es que a menudo la ignoramos cuando planificamos nuestra propia vida profesional y limitamos nuestras opciones demasiado pronto. Los estudios sugieren que tener demasiadas opciones puede resultar abrumador y dificultar nuestra motivación para actuar. Para evitar el malestar, nos centramos en una opción demasiado pronto y ejecutamos con energía un plan único para conseguirla. Los entrenadores de rendimiento, los psicólogos y otras personas que abogan por la concentración pueden reforzar este instinto de mantener nuestra perspectiva muy limitada desde el principio. Si no nos disciplinamos para centrarnos, sugieren, nos dispersaremos y no llegaremos a ninguna parte, sobre todo porque tenemos una fuerza de voluntad limitada para ejecutar nuestros objetivos.

Es importante centrarse en un objetivo y perseguirlo con determinación después de haber elegido un camino de acción. Pero, cuando nos tomamos el tiempo necesario antes de elegir para explorar todas las vías posibles, solemos obtener resultados mucho mejores. Además de permitirnos identificar o validar nuestro objetivo general y descubrir múltiples vías de éxito, la exploración de vías paralelas puede ayudarnos a mitigar el riesgo. Al diversificar nuestros esfuerzos, reducimos el riesgo que habríamos corrido si hubiéramos seguido una sola vía de acción. Es posible que tengamos que recurrir al vendedor que llevamos dentro para hacerlo y perseguir con optimismo las oportunidades de mayor y menor probabilidad con el mismo ímpetu, pero debemos ser lo suficientemente escépticos como para saber que solo tenemos una pequeña posibilidad de que todas esas oportunidades funcionen. No tenemos nada que perder al principio de cualquier nuevo capítulo si hacemos una prospección amplia, y sí mucho que ganar.

En este sentido, la exploración de oportunidades en paralelo nos ayuda a abrir el camino para que la serendipia ayude a nuestros esfuerzos y cree nuevas oportunidades imprevistas para alcanzar nuestros objetivos. Solo recibí la oferta de mis sueños porque no dejé de lanzar la carnada al agua durante mi búsqueda de empleo y porque respondí a los empujones de Bertram y de mi padre a pesar de mi propio escepticismo paralizante.

Por último, el descubrimiento y la exploración de vías paralelas aportan importantes beneficios emocionales. Si buscamos opciones más seguras paralelamente a las más arriesgadas, podemos seguir siendo ambiciosos y esperanzados a la vez que pragmáticos. Cuando llega el momento de tomar una decisión, la información que obtuvimos puede darnos más confianza y convicción a la hora de definir nuestro objetivo y plan.

Asumir pequeños riesgos antes de comprometerse con un camino determinado también nos pone en movimiento antes, lo que nos da una sensación de impulso de cara a la toma de decisiones y a la ejecución. Por último, arriesgarse para aprovechar al máximo las oportunidades puede resultar liberador, por la intensa presión que solemos sentir una vez que hemos tomado una decisión importante y se la hemos comunicado a la gente. Cuando nos tomamos el tiempo para aprender, probar algo nuevo y buscar oportunidades a largo plazo como parte de un proceso de descubrimiento, nos damos cierto permiso para fracasar, ya que aún no nos hemos comprometido con nuestra elección definitiva.

DE CERO A UNO

Veo que los empresarios utilizan la exploración de vías paralelas todo el tiempo para obtener resultados sorprendentes, tanto para sus carreras personales como para sus empresas (en la mayoría de los casos, son la misma cosa). Ashvin Kumar, fundador de la plataforma de compras en línea Tophatter, cuenta que empezó cuando en 2008 él y un amigo dejaron sus trabajos para fundar una empresa de tecnología. Eso ya era un gran riesgo, pero también se enfrentaron a una decisión igualmente importante: qué tecnología utilizar como base de su negocio. En lugar de desarrollar una sola aplicación o función y comercializarla, decidieron crear un montón de ellas para ver qué sucedía y solo entonces elegir una para comercializarla. «No sabíamos realmente qué íbamos a crear —dice—. Solo sabíamos que estábamos comprometidos a desarrollar algo. Disfrutamos tanto construyendo el barco como navegando hacia un destino concreto. Aprovechamos ese placer y dijimos: "Mira, no nos preocupemos demasiado por lo que estamos construyendo exactamente"». Al descubrir que les gustaba el comercio electrónico, los dos pasaron unos ocho meses desarrollando, probando y lanzando entre diez y veinte productos. Se trataba de pequeños riesgos: ninguno de los dos necesitaba mucha capacidad para lanzar rápidamente un producto (algo bueno, porque no tenían mucha). Muchos de estos experimentos no llegaron a nada, pero eso no importaba. A través del proceso de búsqueda de posibilidades, los dos perfeccionaban su habilidad y su propio interés: «Intentábamos encontrar lo que nos gustaba hacer, las montañas que podíamos escalar. Estábamos aprendiendo sobre nosotros mismos en el proceso, y sobre los mercados que nos interesaban. Con cada experimento, mejoramos». Los dos sabían que no iban a experimentar para siempre: en algún momento tendrían que tomar la decisión de apostar por uno de sus productos. Pero, en lugar de fijar una fecha concreta de finalización, siguieron trabajando, comprobando periódicamente cómo se sentían y si estaban preparados para poner fin a su periodo de descubrimiento.

En 2009, uno de sus inventos cobró fuerza. Blippy era una red social que permitía a la gente compartir con sus amigos información sobre sus compras en sitios como Amazon o iTunes, y también ver lo que sus amigos compraban. Los inversores invirtieron millones de dólares en el proyecto, lo que permitió a Ashvin y a su socio contratar un equipo, desarrollar el producto y lanzarlo realmente. Desgraciadamente, Blippy no se puso de moda, así que, al cabo de un año, Ashvin y su socio volvieron al modo de descubrimiento. En esta ocasión, movilizaron todo lo que habían aprendido de Blippy y de los experimentos anteriores. Tras unos nueve meses, lanzaron Tophatter. Desde el principio, el producto «tenía una magia que no tenía ninguna de las otras cosas que habían construido». Había llegado el momento: los dos estaban dispuestos a comprometerse como nunca. Como habían emprendido un periodo de descubrimiento tan prolongado y rico, podían avanzar con confianza.

Es posible que, al oír una historia como esta, tengas temor de no salir nunca del modo de descubrimiento una vez que hayas entrado en él. Año tras año, te dedicarás a investigar otras posibilidades, buscando la opción «perfecta», sin abandonar nunca la actual. Puedes evitar esta trampa definiendo por adelantado un plazo claro para terminar el periodo de descubrimiento. A menudo, la necesidad te pone un límite de tiempo. Yo me di un año para seguir intentando conseguir el trabajo de mis sueños, pero no podía seguir mucho más tiempo, tanto por razones financieras como por mi currículum.

Recuerda también que corres aún más riesgo de no elegir nunca si persigues las oportunidades de modo secuencial que si te mueves en paralelo. Cuando procesas las opciones en serie a lo largo de un periodo prolongado, es más fácil decir que no a cada una de ellas en espera de la siempre esquiva «elección perfecta». Cuando empiezas a explorar vías paralelas activamente y a poner en marcha al mismo tiempo apuestas más seguras y más arriesgadas, unas junto a otras para ver qué pasa, las elecciones y el conocimiento llegan a ti más rápidamente y en oleadas. Como resultado, se crea la convicción de que se ha visto lo suficiente para elegir y se siente un impulso hacia la realización de un cambio.

Cuando mi amigo Jonathan tenía veintitantos años, se licenció en Derecho y se puso a trabajar en un importante bufete de abogados como asociado. Al cabo de unos meses, se dio cuenta de que odiaba el trabajo diario y que no podía imaginarse pasar años ascendiendo en un bufete de abogados. Pensando que su formación jurídica le permitiría negociar con eficacia, exploró oportunidades de desarrollo de negocio en empresas tecnológicas y también estudió la posibilidad de trabajar como agente deportivo (siempre había sido un fan incondicional de los deportes). Jonathan estudió una tercera opción: oportunidades en el desarrollo corporativo y desarrolló una estrategia en torno a las fusiones y adquisiciones. Mientras tanto, una cuarta opción se abrió inesperadamente cuando uno de sus clientes lo llamó para preguntarle si consideraría la posibilidad de unirse al departamento jurídico interno de la empresa.

Después de pasar unos meses investigando estos caminos y las oportunidades específicas que tenía a su alcance, Jonathan decidió dar el salto al desarrollo empresarial. Esta opción no solo le interesaba más que las demás, sino que se dio cuenta de que podía hacer la transición a esta carrera rápidamente y conseguir un buen trabajo sin tener que pasar por años de formación adicional. En cambio, le llevaría años hacer carrera como agente deportivo. Trabajar en una empresa no le exigiría mucha formación adicional, pero tampoco le haría desarrollar su pasión. Al hacer una evaluación en paralelo, pudo comparar distintas oportunidades entre sí. Se sintió suficientemente informado para hacer una buena elección, así que no dudó en dar el salto.

EXPLORAR VÍAS PARALELAS COMO UN EXPERTO

A lo largo de los años, he mejorado en la aplicación de este método, aprendiendo a permanecer abierta a las posibilidades durante más tiempo y resistiendo la inclinación a elegir «lo grande» antes de tener múltiples opciones sobre la mesa. También he desarrollado algunas tácticas que me han ayudado a sacar el máximo provecho del modo de descubrimiento, y que pueden ayudarte a ti también.

En primer lugar, crea tu propio calendario de descubrimientos en lugar de reaccionar al de los demás. Cuando se nos presentan oportunidades, sobre todo las que llegan más rápido de lo que pensamos, a menudo nos sentimos obligados a responder rápida y urgentemente a las personas o empresas que las ofrecen. En lugar de ello, da un paso atrás y pregúntate por qué una determinada oportunidad ha captado tu atención. ¿Se debe a un interés genuino por tu parte y a la sensación de que sirve a tus objetivos más amplios, o a que otra persona te está presionando? Haz todo lo posible por responder a los demás, pero también deja claro (con diplomacia, por supuesto) cuál es tu plazo para explorar las opciones antes de tomar una decisión definitiva. Esto también te ayudará a descubrir tus verdaderos plazos y el grado de flexibilidad que realmente tienen antes de tomar la decisión.

En segundo lugar, si tomar una decisión frente a una oportunidad te parece urgente porque te liberará de una realidad presente desagradable o que se está deteriorando, primero intenta definir claramente la pérdida que sufrirías si no tomaras una decisión en ese momento y continuara el *statu quo*. ¿Qué aspecto tiene este «escenario negativo»? Como segundo paso, piensa en la «oportunidad positiva», es decir, el resultado que te gustaría obtener si te encontraras en una situación «neutral». Si puedes llegar a una definición aproximada del escenario negativo y de la oportunidad positiva, podrás identificar más fácilmente si estás eligiendo algo para satisfacer una o ambas ambiciones.

Distinguiendo tus objetivos de esta manera, puedes evitar confundir las decisiones que estás tomando con múltiples objetivos en mente. Podrás identificar muchos más movimientos posibles que podrías hacer de modo secuencial o en paralelo para impulsarte, incluidos algunos que quizá no habías considerado y que se alinearán detrás de cada objetivo. Usar este proceso te ayudará a identificar al menos una opción que te permita arreglar lo que no funciona en tu situación actual, a la vez que analizas qué opciones podrías considerar para pasar de una situación «neutral» a la realización de tu sueño. Tal vez te des cuenta de que abandonar por completo tus circunstancias actuales en favor de algo nuevo no es el único ni el mejor camino para avanzar.

Otra táctica que puedes adoptar al entrar en la fase de descubrimiento es encontrar un compañero de ideas. Elige a alguien que pueda entender tus ambiciones, que sea experto en generar posibilidades y que te ayude a mantener el optimismo. Esta persona puede no ser tu mejor amigo, tu mayor confidente o tu compañero de vida. Al principio de mi carrera, recurrí a mi padre y a algunos amigos como compañeros de intercambio de ideas, pero a medida que fui avanzando encontré un entrenador ejecutivo y compañeros que estaban pasando por situaciones similares y me reuní con ellos para intercambiar ideas (lo que describiré más adelante como «sacerdotes profesionales»). Todos obtenemos sabiduría de diferentes personas en diversas etapas de nuestro viaje. Busca una tribu de personas que mejore, en lugar de disminuir, tu capacidad de generar ideas en una fase concreta. Asegúrate de que están abiertos a escuchar tu lista de oportunidades de forma imparcial y sin prejuicios, y a contribuir también con esa lista.

Un consejo fiable para llevar la exploración de vías paralelas al siguiente nivel es adoptar el arte de la exploración pasiva. Permanecer en el modo de descubrimiento incluso cuando no se trata de tomar una gran decisión o elección puede resultar enormemente valioso. Puede ayudarte a mantenerte al día sobre las oportunidades que te rodean y a acumular conocimientos que podrías necesitar más adelante. Algunas de las mejores oportunidades profesionales que he recibido no han sido el resultado de un esfuerzo deliberado por mi parte para perseguir un nuevo objetivo, sino simplemente de aceptar invitaciones para conectar con personas y empresas interesantes, independientemente de que pudieran contribuir con mis objetivos actuales.

Cuando he dirigido empresas, siempre he mantenido conversaciones exploratorias con posibles contrataciones inteligentes que me han enviado, incluso si no había puestos vacantes en ese momento. He contratado a varias de estas personas a lo largo del camino, ya sea en esa misma empresa o en la siguiente. (Si te encuentras del otro lado de esta ecuación, asegúrate de decir que sí a una presentación confiable que te hayan ofrecido). Del mismo modo, varias de mis inversiones más exitosas en *startups* se originaron porque estaba pendiente de empresas en mis áreas de especialización que estaban haciendo cosas interesantes, o porque personas en las que confiaba me recomendaron a otras personas o empresas que pensaban que podían encajar con mis intereses o puntos fuertes.

La práctica de asumir pequeños riesgos para maximizar las opciones antes de comprometerte con una gran elección en tu vida solo tiene ventajas. Cuando tenía veintidós años, no poseía en absoluto este conocimiento y me tropecé con este enfoque en un momento de necesidad. Desde luego, no examiné mi obsesiva búsqueda de un prestigioso trabajo en la banca mundial como mi único verdadero norte. También oscilé como un péndulo persiguiendo opciones que me parecían igualmente ambiciosas y dignas mientras no tenía claro lo que realmente quería de mi carrera. Aunque no le desearía a nadie este proceso alimentado por la ansiedad, la táctica de buscar diversas posibilidades a la vez me dio resultados. Tienes la oportunidad de desencadenar este proceso antes y de forma más deliberada que yo.

La exploración de vías paralelas puede ayudarnos a maximizar tanto nuestras oportunidades como nuestros conocimientos al comienzo de un nuevo viaje, lo que nos permitirá tomar una mejor decisión cuando estemos preparados para comprometernos.

IDEAS CLAVE

- No necesitas objetivos perfectos ni claridad para empezar a correr riesgos.
- La exploración de vías paralelas nos permite descubrir nuevas ambiciones, esclarecer nuestras opciones, perseguir apuestas de alta y baja probabilidad, y generar el impulso.

- Para dominar el proceso de descubrimiento a través de la asunción de riesgos, hazte cargo de tu cronograma, busca un compañero para intercambiar ideas y adopta el arte de la exploración pasiva.

4

Por qué la proximidad supera a la planificación

Después de conseguir el trabajo de mis sueños en Merrill en 1993, estaba decidida a demostrar mi valía, por lo que trabajaba muchas horas por la noche y los fines de semana, haciendo todo lo posible para anticiparme y superar las expectativas de mi jefe. Sabía que mi tiempo en la empresa era limitado (el programa de analistas de Merrill solo duraba dos años, después de los cuales los participantes solían dejar la empresa y encontraban nuevos empleos en el sector o volvían a estudiar para obtener un MBA) por lo que tenía poco tiempo para demostrarla. Como analista en el grupo de Servicios Financieros, trabajé duro, y dio sus frutos. Basándose en una excepcional revisión del primer año, Merrill me ofreció una codiciada asignación para mi segundo año: la oportunidad de trasladarme a Londres y cubrir los bancos europeos. Acepté de inmediato, entusiasmada con el próximo gran capítulo de mi carrera. También destaqué en Londres, y cuando terminó mi año allí, opté por correr otro pequeño riesgo y encontrar un gran puesto en una empresa con sede en el Reino Unido. La mayoría de mis compañeros de la banca de inversión seguían el camino tradicional de utilizar su experiencia laboral para conseguir la admisión en una escuela de negocios de élite. En cambio, yo quería aprender a operar y crecer como parte de una gran empresa, no solo formar parte de un equipo que la asesora.

Investigando posibles empresas, me fijé en British Sky Broadcasting (o Sky, como se conoce), una de las principales empresas de entretenimiento de Gran Bretaña. Fundada por el magnate de los medios de comunicación Rupert Murdoch, Sky era una empresa muy innovadora que había provocado una disrupción en la industria del cable al ofrecer películas, deportes y otros programas a través de una antena parabólica. Aunque Sky tuvo dificultades al principio, llegó a perder millones cada semana, creció rápidamente gracias a la agresividad de sus precios y su política de marketing, de modo que, finalmente, se convirtió en la joya de la corona del imperio mundial de Murdoch. Después de centrarme en los bancos y otras instituciones financieras en Merrill, la perspectiva de trabajar en una empresa de medios de comunicación de éxito parecía increíblemente glamorosa. También me intrigaba el dúo directivo de alto nivel de Sky, formado por el consejero delegado, Sam Chisholm, y el director general adjunto, David Chance. Chisholm, australiano de nacimiento, era famoso en Gran Bretaña por su personalidad agresiva y descarada, mientras que Chance era conocido como un operador empresarial mucho más frío y diplomático.

Con la ayuda de una recomendación de Merrill, conseguí un trabajo como analista financiera con el director financiero de Sky. No permanecería mucho tiempo en este puesto. Después de unos seis meses, me encontré en un equipo que presentaba un plan de marketing directamente a Sam, el director general. Un domingo por la noche fuimos a la casa de campo de Sam y, a medida que avanzaba la reunión, me atreví a hablar, arriesgándome un poco para intentar aportar mis opiniones a la conversación. A la mañana siguiente, Sam me llamó a su despacho. «Sukhinder —me dijo con rudeza, pero con un brillo en los ojos—, ¿sabes por qué estás aquí?». Cuando le confesé que no lo sabía, Sam alabó mis comentarios de la noche anterior y me ascendió en el acto: me pidió que fuera a trabajar directamente para David, el director de operaciones de Sky. «Necesita a alguien como tú», proclamó Sam y, sin más, me incorporaron a la planta ejecutiva y me asignaron como la mano derecha de David en proyectos especiales.

Las ventajas de la planta superior eran increíbles: almuerzos completos, servicios, contacto diario con el equipo directivo de la empresa y mucho más. Sin embargo, no pasó mucho tiempo antes de que me sintiera decepcionada y un poco inquieta con mi nuevo y prestigioso trabajo. Aunque esperaba trabajar estrechamente con David en grandes e importantes iniciativas, él estaba acostumbrado a ser un lobo solitario y utilizaba poco mis servicios. Se las había arreglado bastante bien por su cuenta antes de mi llegada y sospecho que también se sorprendió cuando Sam me ascendió y me asignó a él. A medida que los meses transcurrían, los días de trabajo parecían cada vez más vacíos y un poco solitarios, lo que contrastaba con mis ocupados primeros meses en Sky.

También me sentía vacía fuera del trabajo. Cuando llegué a Londres, compartí un piso en Kensington High Street con otras tres mujeres de Estados Unidos y Canadá, que se habían convertido en mis mejores amigas. Cuando todas nos pusimos a trabajar como analistas en distintos bancos, volvieron a su país para hacer un MBA. Desde entonces, había hecho nuevos amigos en Londres, pero empezaba a preguntarme dónde quería vivir a largo plazo. Con tanto tiempo para mí, empecé a pensar en mi posible regreso a Norteamérica y en dejar el mundo empresarial.

A pesar de que tenía veinticinco años, ya había empezado a soñar con crear mi propia empresa. Mi padre siempre ensalzaba las virtudes de «trabajar por cuenta propia», y la escuela de negocios me expuso un caso tras otro de empresarios de éxito. Ahora, cuando la mística de la vida corporativa empezaba a desaparecer, pensaba en si yo también podría crear mi propia empresa. Antes de empezar a trabajar en Sky, mi compañera de piso Laura y yo nos lanzábamos ideas de posibles empresas, solo por diversión. Cuando se fue a Estados Unidos para hacer su MBA, continué con mis reflexiones con mi hermana Nicky, que se había casado con un británico y vivía en Inglaterra en ese momento.

En un momento dado, llegué a diseñar un nuevo producto: unos gemelos de moda que las mujeres pudieran utilizar para añadir glamour y emoción a su vestuario profesional. Teniendo en cuenta los trajes rígidos y conservadores que todas habíamos llevado en Wall Street y la falta de opciones divertidas para adornarlos, pensé que estos gemelos podrían tener éxito y que me apasionaría crear una empresa en torno a ellos. Mi hermana me apoyó con entusiasmo y me animó a intentarlo. Compré algunas telas y creé un prototipo aproximado de gemelos con telas femeninas estampadas. Seguí haciendo maquetas con diferentes nombres y logotipos de empresas en mi ordenador e incluso encontré a alguien que fabricara moldes de gemelos en los que inserté más patrones. Sin embargo, al cabo de unos meses me quedé parada, sin saber qué hacer a continuación ni cómo distribuir o comercializarlos. Guardaría esos moldes en una bolsa de plástico durante otros diez años, y los llevaría conmigo de casa en casa, como un recuerdo de mi primer miniintento empresarial.

Ver a David y Sam en Sky avivó mis ambiciones empresariales; los dos habían construido la empresa como si fuera propia, se habían movido rápida y agresivamente para hacerla prácticamente desde cero hace muchos años y mantenían una cercanía entre los dos que continúa incluso ahora. Envidiaba su historia de éxito y soñaba con crear una propia. Pero no sabía cómo hacerla realidad.

Al no saber cómo poner en marcha un nuevo servicio desde cero, y al no tener una gran idea, empecé a pensar que estar rodeada de empresarios podría ser mi siguiente mejor alternativa para ponerlo en marcha. Cuando otra de nuestras compañeras de piso, Jen, regresó a su estado natal, California, para asistir a la Escuela de Negocios de Stanford (en 1995), aproveché la oportunidad para visitarla casi de inmediato y me enamoré de la zona de la bahía. El ambiente de gente innovadora, que creaba empresas por todas partes, parecía bastante mágico, especialmente cuando se unía a los cielos soleados y al gran estilo de vida.

En una mañana de otoño de octubre de 1996, entré en el lujoso despacho de cristal de David y renuncié a Sky; se quedó sorprendido cuando le expliqué que me sentía infrautilizada, y me ofreció incluirme más. Pero semanas de reflexión me habían decidido a hacer un cambio y a arriesgarme. Le dije que volvía a Norteamérica, y concretamente a California, para buscar mi próximo trabajo.

Aunque renunciar a un trabajo para perseguir un vago sueño puede parecer una locura, yo no lo veía así. Después de tres años de éxito en grandes empresas como Merrill y Sky, además de una dura búsqueda de empleo a la que había sobrevivido al salir de la universidad, me sentía bastante segura de poder encontrar un buen trabajo también en California. Tenía 10.000 dólares ahorrados y unos padres que me ayudarían si lo necesitaba. Así que me puse en marcha, en dirección hacia mis ambiciones. Confiaba en que encontraría mi camino una vez allí.

En poco tiempo, lo hice. Cuatro meses después de renunciar a Sky, llegué al hermoso suburbio de San Francisco, Mill Valley, situado directamente al norte del puente Golden Gate. En el ínterin estuve en Whistler, en la Columbia Británica (donde en un mes aprendí a ser una buena esquiadora) y en Los Ángeles (donde consideré brevemente la posibilidad de trabajar en el sector del entretenimiento). Mi otra compañera de piso del Reino Unido, Laura (con la que había soñado ideas de negocio), también era californiana, y sus padres accedieron generosamente a alojarme gratis en su casa de Mill Valley hasta que encontrara un trabajo. Tardé unos meses, pero, en el verano de 1997, convencí a una empresa de televisión interactiva llamada OpenTV para que me probara como directora de desarrollo empresarial. Así comenzó mi viaje hacia el emprendimiento. Dos años más tarde, tuve la oportunidad de crear mi propia empresa y, desde entonces, he creado otras dos e invertido en muchas otras.

Aunque la planificación general tiene sus ventajas, la cultura popular nos hace creer que no podemos asumir riesgos si no tenemos un plan perfecto y preciso. Pero he descubierto que la proximidad a la oportunidad puede beneficiarnos incluso más que la planificación en muchos casos. Cuando solo tenemos una vaga idea de nuestro objetivo o de cómo alcanzarlo, acercarnos rápidamente a nuestros sueños puede ser mucho más valioso que elaborar un plan preciso, pero abstracto desde la distancia. Las circunstancias de cada persona son diferentes, así que tu versión de «acercarse» no tiene por qué ser la misma que la mía. Dejé mi trabajo y me mudé al otro lado del océano para rodearme de emprendedores. Es probable que puedas acercarte a tus objetivos dando pasos menos drásticos. Aun así, la lección es la misma: cuando todavía no sabemos cómo marcar un tanto, entrar en el campo y acercarnos a los que sí lo hacen (y ya lo han hecho) puede enseñarnos mucho de lo que necesitamos saber, incluso conocimientos que ni siquiera nos dábamos cuenta de que necesitábamos aprender.

EL MITO DE LA PLANIFICACIÓN PERFECTA

Para entender por qué no debemos esperar a tener un objetivo claramente definido para pasar a la acción, vamos a desentrañar el mito más amplio de la planificación perfecta. Un plan es simplemente una teoría de cómo podría desarrollarse nuestro futuro si se asume un determinado punto de partida desafiante. Dado que los planes son un antecedente de la acción, la propia planificación puede parecer una forma de acercarse a nuestros sueños. Pensamos que, cuanto más preciso sea el plan, más probabilidades tendremos de conseguirlo. A la inversa, cuando nuestras ambiciones son toscas y están a medio formar, suponemos que nos falta permiso para actuar. No hemos hecho el trabajo duro de construir nuestro plan y, por lo tanto, no estamos totalmente preparados para afrontar una oportunidad.

También tendemos a suponer que, cuanto más específico sea nuestro plan, más probabilidades tendremos de conseguirlo. Cuando suscribimos inconscientemente esta tesis, nos esforzamos cada vez más en trazar nuestros objetivos, luego nuestras acciones y los resultados esperados; después, la siguiente acción, y así sucesivamente, tratando de predecir perfectamente nuestro futuro antes de hacer cualquier movimiento. Incluso cuando no tenemos claros nuestros objetivos, tenemos la tentación de planificar, ya que crear el plan perfecto puede hacernos sentir de alguna manera muy productivos, e incluso más positivos.

Incluso cuando pasamos a la acción, poner demasiado énfasis en la planificación puede obstaculizar nuestro avance hacia los objetivos, bloqueándonos y previniéndonos de las oportunidades inesperadas. Shea Kelly, líder veterana de recursos humanos en empresas como Citibank, Hewlett Packard, GE, Thomson Sun, Wize Commerce y Sumo Logic, ha visto a muchas personas con talento planificar sus movimientos profesionales años, incluso décadas antes. Estas personas deciden que quieren llegar a ser un líder de alto nivel en alguna función y trazan todos los pasos que deben dar para conseguirlo. «Creo que pueden perderse por el camino oportunidades de aprender y cambiar su perspectiva. Y si están demasiado condicionados, van a perderse eso», dice.

Kelly pone el ejemplo de un ingeniero bien considerado al que se le propuso ser jefe de la división de ingeniería de su empresa. Reconociendo que entendía bien a los clientes y el negocio, los directivos querían que se apartara de la ingeniería a mitad de su carrera para convertirse en director de producto. El ingeniero se resistió, temiendo que eso socavara sus objetivos a largo plazo y sin saber si tendría éxito en una nueva función. Kelly le aconsejó que se arriesgara, argumentó que desviarse de su plan le permitiría adquirir una serie de nuevos conocimientos que podría poner en práctica en un puesto de ingeniería más alto. Después de varias conversaciones, el ingeniero se arriesgó. Lo bueno es que, al cabo de seis meses, se vio que estaba «arrasando» en su nuevo trabajo. Si este ingeniero se hubiera aferrado demasiado a su planificación a largo plazo, no habría hecho lo que resultó ser un movimiento profesional estelar.

Por muy racional que parezca la planificación, los sentimientos personales, más que la lógica, tienden a impulsar el elaborado proceso de trazar el futuro. «Lo que motiva nuestra inversión en objetivos y en la planificación del futuro, la mayoría de las veces, no es ningún reconocimiento sensato de las virtudes de la preparación y la visión de futuro —observa Oliver Burkeman, autor del libro *El antídoto: Felicidad para gente que no soporta el pensamiento positivo*—. Más bien se trata de algo mucho más emocional: lo profundamente incómodos que nos hacen sentir los sentimientos de incertidumbre. Ante la ansiedad de no saber qué nos depara el futuro, invertimos cada vez más en nuestra visión preferida de ese futuro, no necesariamente porque nos ayude a conseguirlo, sino simplemente porque nos ayuda a librarnos de la sensación de incertidumbre en el presente».

EL PODER DE LA PROXIMIDAD

El acto intelectual de planificar en sí mismo no acorta la distancia entre nosotros y nuestras ambiciones poco definidas tanto como creemos. Lo que sí suele reducirla son ciertas acciones que realizamos al servicio de la planificación. Cuando intentamos planificar el futuro, a menudo realizamos una investigación para saber cómo otros han logrado algo similar a lo que queremos. Incluso llegamos a realizar entrevistas informativas, arriesgándonos un poco para averiguar más cosas a las que aspiramos. Por muy importante que sea este trabajo, el siguiente paso importante es insertarnos en un entorno lleno de gente que hace habitualmente lo que nosotros nos esforzamos por imaginar.

Acercarse a estas personas nos beneficia al menos de tres maneras importantes. En primer lugar, nos ayuda a visualizar mejor lo que creemos que queremos al permitirnos verlo en acción. Si sueñas con ser un empresario, puedes leer sobre el espíritu empresarial en un libro, pero puedes también crear un negocio paralelo, encontrar la manera de seguir a un empresario o aceptar un trabajo en una empresa nueva. Cada una de estas experiencias te permitirá comprender mejor cómo es y cómo te sientes respecto de tu objetivo, lo que te ayudará a esclarecer si el objetivo es realmente para ti.

En segundo lugar, si tienes un objetivo relativamente claro, pero careces de un plan para ejecutarlo, puedes aprender más sobre los pasos específicos de ejecución que necesitas dar ayudando a otra persona a ejecutar su plan y aprender observando, copiando y haciendo. Históricamente, llamamos a estas funciones de aprendizaje *prácticas*. En campos como el académico, el artístico y el de los oficios manuales, los jóvenes aspirantes han aprendido tradicionalmente sus oficios sirviendo de mano derecha a los profesionales establecidos y ayudándolos en sus propios proyectos. En los últimos años, los responsables políticos de Estados Unidos han tratado de ampliar los puestos de aprendizaje y las prácticas como medio para ayudar a más jóvenes a desarrollar sus habilidades y carreras, en muchos casos mirando a Europa en busca de inspiración.

La investigación en psicología y neurociencia también señala el valor de aprender ayudando a otra persona. Una escuela de pensamiento denominada Teoría del aprendizaje social sostiene que las personas aprenden copiando los comportamientos de los demás, y los neurocientíficos han descubierto que el aprendizaje social se produce a través de una vía neuronal específica en el cerebro. Un estudio de investigación aporta más matices a la Teoría del aprendizaje social y afirma que las personas aprenden observando a los demás porque esos otros «filtran inadvertidamente la información, de modo que los aprendices aprenden los comportamientos que han tenido éxito». Por tanto, acercarse a las personas que han dominado lo que uno aspira a hacer o llegar a ser puede hacer que el aprendizaje sea más eficiente y permita destilar más rápidamente las ambiciones hasta convertirlas en objetivos claros y factibles, y luego poder concebir planes realistas.

En tercer lugar, cuando nos introducimos en entornos en los que han triunfado personas con ambiciones similares a las nuestras, aumentan las probabilidades de que accedamos a más oportunidades para avanzar en nuestros objetivos simplemente en virtud de nuestra proximidad a ellas. En su libro *Superbosses*, el profesor de la Tuck Business School, Sydney Finkelstein, describe a un grupo de profesionales de gran éxito en distintos sectores que sirven de maestros a los jóvenes que trabajan para ellos. Estos profesionales no solo promueven enérgicamente a sus alumnos y los apoyan cuando están listos para desarrollar sus carreras; crean lo que Finkelstein llama «redes de éxito» formadas por antiguos protegidos, de modo que se abren puertas y se ayudan mutuamente.

Finkelstein desarrolla el ejemplo de la restauradora Alice Waters, creadora del famoso restaurante Chez Panisse de Berkeley (California), cuya red en el mundo culinario es particularmente amplia. Como dijo uno de sus protegidos: «Vas a cualquier sitio y, de alguna manera, alguien conoce a alguien que ha trabajado allí o ha oído hablar de Alice o de alguno de sus libros de cocina. Incluso te abre las puertas cuando quieres ir a cocinar a otros países». Si quieres alcanzar una meta profesional, ponerte en contacto con quienes ven o tienen muchas oportunidades puede ser justo el respiro que necesitas.

EL ARTE DE COMENZAR ANTES DE PLANIFICAR

En enero de 2020, Alyssa Nakken se convirtió en la primera entrenadora de béisbol a tiempo completo de las

Grandes Ligas, y la primera en aparecer en el campo durante un partido (yo había conocido a Alyssa unos meses antes, gracias a nuestra colaboración con los San Francisco Giants en StubHub). ¿Cómo consiguió esta distinción? ¿Se fijó un objetivo claro desde el principio, elaboró un plan brillante y se esforzó por alcanzarlo?

No exactamente.

Durante su infancia en la pequeña ciudad de Woodland (California), a unos 16 kilómetros del centro de Sacramento, Alyssa soñaba con ir a la universidad y jugar al sóftbol de primera división. Consiguió su objetivo y asistió a la Universidad Estatal de California en Sacramento con una beca de sóftbol. Al graduarse en 2012, no sabía qué hacer más que ir a lo seguro y conseguir un trabajo profesional bien remunerado de nueve a cinco en el área local. Consiguió un puesto como planificadora financiera en Sacramento y lo disfrutó bastante, sobre todo por la posibilidad de reunirse con los clientes y forjar relaciones con ellos.

Sin embargo, no pasó mucho tiempo antes de que Alyssa se encontrara suspirando por algo más. Muchos de sus clientes de más edad le contaban historias sobre sus aventuras profesionales, de las ciudades en las que habían vivido, sus inesperados cambios de carrera entre empresas y sectores. Al escucharlos, se dio cuenta de que quería vivir sus propias aventuras profesionales, en lugar de instalarse pasivamente en un trabajo cómodo durante los próximos treinta años. Quería sentir pasión por su carrera y arriesgarse en busca de su pasión. «Me inspiré en estos clientes y en todos los riesgos que asumieron —dice—, ya fuera para crear su propio negocio o para gastar todos sus ahorros en inventar algo. En lugar de ir a lo seguro, empecé a reimaginar cómo podría ser mi vida».

Aunque a Nakken le encantaba el negocio del deporte y trabajar en equipos, no tenía ni idea de qué objetivo concreto perseguir. Así que dio un salto y cambió de dirección. Se arriesgó y, dejando su trabajo, se trasladó a San Francisco y se matriculó en el programa de gestión deportiva de la Universidad de San Francisco con la intención de aprender sobre la industria del deporte y sus oportunidades. Sus padres la apoyaron en su decisión y la animaron a adoptar un enfoque iterativo para aprender a través de la asunción de riesgos. Al recordar sus conversaciones con ellos, dice: «Siempre me decían: "Vale, tienes que probar esto, aprender sobre ello, y, si hay algo que no te gusta, ajústalo, reajústalo y ve por otro camino"».

En su época de estudiante, Alyssa experimentó con algunos aspectos de la industria del deporte haciendo prácticas en los Oakland Raiders (el equipo se trasladó posteriormente a Las Vegas), Stanford y la Universidad de San Francisco. En un principio, pensó que le gustaría ser directora de deportes en una universidad, pero después de estas experiencias y de un ejercicio de visualización en clase, decidió que este objetivo no satisfacía su pasión. Tendría que seguir experimentando para ver si podía encontrar lo que le interesaba, una situación que a veces resultaba estresante. «Llegas a la mitad de la veintena y la gente te pregunta: "Bueno, ¿qué estás haciendo? ¿Qué es lo siguiente?". Y yo contesto: "Oh, no lo sé". Mientras tanto, mi amigo con el que crecí ya casi había terminado la carrera de Medicina».

En 2014, Alyssa consiguió un puesto como becaria en la dirección de operaciones de béisbol en la organización de los Giants de San Francisco. No era un trabajo glamoroso: trabajaba muchas horas y se sumergía en las minucias administrativas de la dirección de un equipo de béisbol. Pero después de haber experimentado con otras organizaciones, se dio cuenta de que le gustaban los Giants y que podría trabajar allí durante algún tiempo. También se propuso aprovechar al máximo las prácticas como experiencia de aprendizaje para poder seguir ideando nuevos movimientos posibles. Para comprender mejor las oportunidades que ofrece una organización como los Giants, utilizó una táctica que había aprendido en la escuela de posgrado. Como parte del ejercicio de visualización que había realizado, tuvo que imaginarse un trabajo ideal y realizar entrevistas informativas con personas que actualmente ocupaban ese puesto de trabajo u otros similares. Tomó la iniciativa y empezó a llamar a las puertas de los despachos de los veteranos ejecutivos de los Giants y a preguntarles por sus carreras. «Enseguida te das cuenta de que ningún camino es igual. Mucha gente piensa que hay que dar este paso para llegar a este otro y luego llegar a esa meta final, pero eso no es la realidad. La realidad es que te lanzan una bola curva, y puedes utilizarla en tu beneficio y aprender, crecer y adaptarte, o bien puedes desmoronarte, fracasar y rendirte».

Cuando terminó sus prácticas, Alyssa terminó su carrera y se tomó un tiempo libre para viajar. Al año siguiente, los Giants la llamaron y le preguntaron si quería ayudar en un proyecto a corto plazo. La cosa fue bien y, ese mismo año, le ofrecieron un trabajo a tiempo completo para ayudarlos a llevar a cabo una serie de iniciativas de salud y bienestar. Alyssa, aficionada a la salud y al *fitness* desde hacía mucho tiempo, aceptó. «La gente habla de proyectos que hace por pasión. Me dije: "Este es un proyecto que haría por pasión, pero, además, me pagan por hacerlo"».

Alyssa permaneció en ese puesto durante cuatro años. Durante todo este tiempo, seguía sin tener un objetivo profesional concreto a largo plazo. Hacia el final de ese periodo, durante el verano de 2019, le picaba el gusanillo de hacer algo nuevo, así que volvió a realizar entrevistas informativas dentro de la organización. En noviembre, el equipo contrató a un nuevo entrenador, Gabe Kapler, y ella llamó a su puerta (literal y metafóricamente) y pidió hablar de su filosofía de entrenamiento y su visión de la organización. Mantuvieron una serie de conversaciones a lo largo de un mes, y Kapler le proponía diversas ideas. Ella no lo sabía, pero en realidad la estaba entrevistando para un puesto en su cuerpo técnico. En enero de 2020, Kapler le ofreció un puesto como asistente de entrenador para trabajar con los jugadores de campo y los corredores de base del equipo, lo que la convirtió en la primera mujer asistente de entrenador en las grandes ligas de béisbol.

Alrededor de seis meses después de comenzar este trabajo, Alyssa estaba encantada con lo que hacía, pero aún no podía identificar un objetivo final específico para su carrera. Tenía «una mentalidad más bien exploratoria», empeñada en seguir aprendiendo sobre las oportunidades que se le presentaban y sin querer encasillarse indebidamente en un objetivo concreto. Su selección se había reducido en cierta medida: a largo plazo, preveía posibles oportunidades en el béisbol y en el entrenamiento en particular. Pero estaba tan contenta como siempre de mantener sus opciones abiertas, de estar atenta a lo que sentía por lo que hacía en cada momento y de recorrer su camino cada vez más cerca de lo que amaba.

Un pequeño porcentaje de nosotros tiene planes claros que se nos presentan durante la infancia o en algún momento de nuestra carrera. Si tú entras en esa categoría, la siguiente sección de este libro te mostrará cómo elegir y asumir riesgos para maximizar tus oportunidades. Pero, si no es así, la historia de Alyssa Nakken evoca todo lo que podemos conseguir identificando la dirección general que queremos seguir, lanzándonos a esa decisión y luego repitiendo nuestro camino lo mejor que podamos, aprendiendo de cada elección. Si Alyssa hubiera esperado a saber con exactitud lo que quería de su carrera, podría haber languidecido durante años o incluso décadas en su poco estimulante trabajo de planificación financiera. En cambio, dio un salto, aceptó correr un cierto riesgo y avanzó poco a poco en la dirección general de sus sueños.

Una de las mejores analogías que he escuchado sobre el movimiento direccional proviene de un colega director ejecutivo y empresario tecnológico que conozco aquí, en la Bay Area. Como observa este veterano que se arriesga, dirigirse a cualquier destino es como estar en un pasamanos en un parque infantil local. Cuando estamos en el recorrido, no necesitamos ver todas las barras con detalle. Podemos empezar a progresar simplemente alcanzando la barra que tenemos delante y soltando la que tenemos detrás. Luego, solo debemos estirar un brazo y el recorrido continuará.

UNA PIZARRA PARA EL FUTURO

Para que quede claro: la idea de avanzar en la dirección correcta no significa que debamos desechar por completo el proceso de planificación. Podemos seguir utilizándolo, solo tenemos que desarrollar el tipo de plan adecuado para la fase del viaje en la que nos encontramos mientras alcanzamos nuestro próximo gran objetivo. No hay mejor herramienta para empezar a planificar que la pizarra blanca. Podemos utilizar una pizarra real, la pantalla de un iPhone, una pizarra de tiza… lo que tengamos a mano, siempre que tengamos la posibilidad de guardar, borrar y editar lo que escribimos. Utiliza la pizarra para esbozar aproximadamente tus planes, incluye tus objetivos generales y algunas viñetas de los pasos que deberías dar para lograrlos. Es probable que tus ambiciones sean tanto extrínsecas (riqueza, por ejemplo, u ocupar una posición de poder) como intrínsecas (alcanzar la plenitud o la alegría personal). Como hemos señalado, el aprendizaje puede ser un objetivo en sí mismo, así como una táctica para alcanzar un objetivo mayor. En una sola sesión de un par de horas, haz lo posible por identificar tus sueños principales y los subordinados.

Una anotación en la pizarra es el borrador «cero» de un plan, unas pocas palabras que dan voz a una ambición general para tu futuro y a unas cuantas hipótesis o ideas diferentes sobre cómo conseguirla. Si has realizado una investigación de antecedentes o entrevistas informativas y has tomado notas detalladas, guárdalas en una carpeta aparte y utilízalas para fundamentar lo mejor posible de las hipótesis que formulaste. Todo lo que necesitas para dar un primer paso es un punto de partida; resiste el impulso de seguir añadiendo un sinfín de detalles, si lo haces, tu pizarra estará tan llena de palabras que será imposible de leer. Un plan más detallado puede venir más tarde, y evolucionará hasta convertirse en un marco completo a medida que se añadan los aprendizajes que has logrado al aproximarte primero a las oportunidades.

Un plan esbozado en una pizarra es algo vivo y en evolución, lo contrario del plan perfecto. Su mera presencia nos recuerda que el plan más relevante es aquel que podemos alterar, modificar, actualizar o borrar por completo a medida que adquirimos más conocimientos. Un plan en la pizarra no es valioso en absoluto. Es simplemente una herramienta, que resulta más útil si la mantenemos actualizada. La pizarra suele identificar la esencia de un marco de acción futuro de forma más rápida y eficaz que los métodos de planificación más largos y complejos, lo que nos ayuda a prepararnos a grandes rasgos y a movernos con rapidez para acercarnos a nuestros objetivos antes de reflexionar con precisión sobre el futuro. Y cuando acabamos de empezar a asumir riesgos, eso es exactamente lo que queremos hacer, movernos en la dirección correcta y ganar precisión a medida que avanzamos. En lugar de desarrollar la precisión como una teoría no probada a través de una planificación perfecta, lo haremos mucho mejor si la obtenemos directamente de la realidad vivida.

IDEAS CLAVE

- Acercarnos a nuestros objetivos nos ayuda mucho más que crear un plan perfecto desde lejos.

- La proximidad nos ayuda a visualizar nuestras ambiciones con mayor claridad, a convertirnos en aprendices y a acceder a oportunidades interesantes.
- Un gran plan es sencillo, eficaz y capaz de evolucionar sobre la marcha. Haz una pizarra para visualizar el futuro.

5

FOMO > FOF = Acción

*Y llegó el día en que el riesgo de permanecer
encerrada en el capullo se volvió más doloroso
que el riesgo de florecer.*

ATRIBUIDO A ANAÏS NIN

Aunque dejar de lado el mito de la única opción y empezar a correr pequeños riesgos para desarrollar nuestra resistencia puede tener sentido desde el punto de vista intelectual, es posible que nos enfrentemos a un reto importante: el miedo.

La razón por la que a menudo no asumimos riesgos, aunque sean pequeños, no es porque no veamos las ventajas potenciales de enfrentarse a una elección. Es porque tememos mucho más el lado negativo. Aunque replantear la asunción de riesgos como una serie continua de movimientos positivos e incrementales puede ser el mejor consejo desde el punto de vista lógico, es posible que no pasemos a la acción si no podemos vencer y controlar nuestra ansiedad.

Un conjunto de ecuaciones sencillas puede ayudarnos a entender si es probable que actuemos o no al evaluar un riesgo (figura 5):

FOMO (por su sigla en inglés, fear of missing out) = miedo a perderse algo importante

FOF (por su sigla en inglés, fear of failure) = miedo a fracasar

$$FOF > FOMO = INACCIÓN$$
$$FOMO > FOF = ACCIÓN$$

Figura 5

Como sugieren estas importantes ecuaciones, si, al intentar algo nuevo, nuestro miedo a perder oportunidades (FOMO) supera nuestro miedo al fracaso (FOF), actuaremos. De lo contrario, simplemente, no lo haremos. Asumir riesgos no consiste en cultivar la intrepidez o negar que nuestros miedos existen. Se trata de aceptar nuestra vulnerabilidad y negociar la relación entre estos dos tipos de ansiedad que podemos sentir en un momento dado. Cuando sentimos un malestar, esta incomodidad se debe tanto a una ansiedad «positiva» (el miedo a perderse un acontecimiento importante) como una «negativa» (el miedo al fracaso). Permaneceremos intranquilos hasta que tomemos una decisión definitiva y, a menudo, experimentaremos estos sentimientos contradictorios durante largos periodos.

Cuando decidí dejar Londres para ir a California, me dirigía hacia una gran oportunidad, que se hizo aún más atractiva dado el descontento que sentía en Sky.

Calculé que el riesgo de no encontrar un buen trabajo al llegar a California era objetivamente muy bajo. También me di cuenta de que era poco probable que fracasara económicamente si tardaba más de lo previsto en encontrar trabajo, ya que tenía algunos ahorros, un lugar libre donde quedarme y a mis padres como último recurso. En general, la urgencia que sentía por llegar a la Costa Oeste superaba con creces mi miedo a abandonar un buen trabajo en el Reino Unido, así que actué. Piensa en una decisión importante que hayas tomado en algún momento de tu vida. ¿Qué miedos sentiste? ¿Cómo o por qué tu miedo a perder algo importante superó tu miedo al fracaso?

La sabiduría convencional sostiene que debemos dedicar todo nuestro tiempo a pensar de forma positiva cuando intentamos alcanzar objetivos. «Soy el más grande», parece que dijo Muhammad Ali. Luego agregó: «Lo decía incluso antes de saber que lo era». Se dice que Winston Churchill señaló: «El pensador positivo ve lo invisible, siente lo intangible y logra lo imposible», sugiriendo que las fuertes creencias positivas son esenciales para perseguir cualquier cosa verdaderamente ambiciosa. Pero la verdad es que el pensamiento positivo por sí solo no nos llevará a donde tenemos que ir si no podemos soportar la idea de fracasar en el camino.

En su libro *Rethinking Positive Thinking*, Gabrielle Oettingen, profesora de Psicología en la Universidad de Nueva York y en la Universidad de Hamburgo, informa sobre una investigación que demuestra que el pensamiento positivo por sí solo a menudo «impedía a la gente avanzar a largo plazo. La gente se soñaba a sí misma, literalmente, hasta que se paralizaba». Cuando uno se propone un objetivo basado en la experiencia pasada, puede obtener mejores resultados si atempera el pensamiento positivo con la conciencia de los principales obstáculos en su camino. Cuando se trata de asumir riesgos, visualizar resultados positivos puede inclinarnos a pasar a la acción haciendo crecer nuestro FOMO, pero no hace nada para vencer la ansiedad que sentimos por sufrir una posible pérdida. Mirar el fracaso directamente a la cara e imaginar a fondo sus consecuencias puede ayudar a aliviar nuestros miedos y aumentar las posibilidades de que actuemos.

Mi *coach* ejecutivo, David Lesser, un veterano profesional entre cuyos clientes se encuentran tanto directores generales de empresas que integran la lista Fortune 50 como de *startups*, sugiere que comprender y respetar nuestros miedos es fundamental para asumir riesgos y ejercer el liderazgo. Cada uno de nosotros tiene lo que él llama un «gestor de riesgos interno», una voz dentro de nuestra cabeza que «siempre está buscando peligros y amenazas, esa parte de ti que, siempre que aspiras a algo, te dice lo que podría salir mal y por qué deberías dudar». Como argumenta Lesser, los emprendedores, en particular, pasan mucho tiempo luchando con sus gestores de riesgos internos o desestimándolos porque se nos ha entrenado para creer que solo debemos visualizar lo positivo. Como resultado, «la mayoría de la gente tiene una relación inmadura con el riesgo... Ser un gestor de riesgos interior de una persona altamente positiva tiene que ser un trabajo duro».

En lugar de antagonizar la voz interior que nos dice «ten cuidado», ganamos si nos comunicamos más abiertamente con nuestros propios gestores de riesgos internos sobre los inconvenientes. De este modo, podemos asumir objetivos ambiciosos y, al mismo tiempo, tomar medidas razonables para mantenernos a salvo en caso de que los acontecimientos no se desarrollen como esperábamos. Tanto si acabas de empezar como si ya has avanzado en tu carrera profesional, procura escuchar con más atención cuando te surjan dudas sobre un curso de acción. Ve aún más lejos y empieza a dialogar con el gestor de riesgos que llevas dentro, pidiéndole que analice el riesgo que ve para poder «hablarlo». Una vez que sacamos los riesgos a la superficie, podemos utilizar las siguientes tácticas para gestionar nuestro miedo al fracaso y conseguir que la ecuación del miedo funcione a favor de la acción.

1. IMAGINAR LA(S) «OPCIÓN(ES) DESPUÉS DE LA ELECCIÓN»

Curiosamente, cuando nos enfrentamos a todo el abanico de posibles escenarios de «fracaso» de cualquier riesgo al que nos enfrentemos, ocurre algo muy poderoso. En lugar de alejarnos de nuestros miedos, nos movemos a través de ellos y empezamos a indentificar *la opción después de la elección*. Es decir, visualizamos lo que haríamos para cubrirnos de la pérdida o minimizar su impacto después de que se produzca un fracaso. Puede ser que nos demos cuenta de que tenemos una buena opción para continuar, o varias. Cuanto más conscientes seamos de que el fracaso no nos va a destruir y de que podemos encontrar múltiples opciones para recuperarnos, menos miedo nos dará el fracaso. En 1997, en una famosa carta a los accionistas, Jeff Bezos, fundador de Amazon, articuló una estrategia similar para disminuir el miedo. Al describir el enfoque de Amazon sobre la toma de decisiones, la asunción de riesgos y el fracaso, observó que existen dos tipos de decisiones: las que no se pueden revertir (a las que Bezos llama decisiones del tipo 1) y las que sí se pueden (tipo 2).

Las decisiones del tipo 1 son «puertas de un solo sentido», por lo que hay que tomarlas «metódicamente, con cuidado, lentamente, con gran deliberación y consultar previamente. Si la atraviesas y no te gusta lo que ves al otro lado, no puedes volver a donde estabas antes». En cambio, como las decisiones del tipo 2 son reversibles, puedes tomarlas más rápidamente y, en consecuencia, preocuparte menos por las consecuencias.

Como reconoce Bezos, la mayoría de las decisiones son del tipo 2. Pero, incluso cuando los movimientos que hacemos no son totalmente reversibles, podemos tener mucho margen de maniobra si fallamos. Por eso es tan importante contemplar la(s) opción(es) después de la elección. Con poco esfuerzo, podemos imaginar los pasos que podríamos dar para no estar peor que al principio, por ejemplo, replegarnos o avanzar en otra dirección.

Supongamos que tienes una carrera exitosa con una función importante en una gran empresa, y estás contemplando la posibilidad de cambiar a un trabajo similar en un sector diferente o en una *startup*. Aunque esperas aprender más o incrementar tu patrimonio ganando capital, el cambio conlleva cierto riesgo. Mientras te imaginas las ventajas, imagina paralelamente un escenario de desastre en el que no logres prosperar en tu nuevo trabajo. Si eso ocurre, en unos pocos meses, es probable que tengas al menos dos opciones, si no más. Es posible que puedas volver a la organización en la que tuviste éxito anteriormente o, dada tu experiencia, podrías encontrar un puesto similar al anterior en otra empresa más grande del sector. Si existen estas opciones después de la elección, es muy probable que lo que en un principio percibías como un riesgo mayor no perjudique demasiado tu trayectoria profesional o tus logros, mientras que la ventaja sigue siendo alta. Cuando nos tomamos el tiempo de analizar las decisiones del tipo 1 (de una sola dirección), es probable que comprobemos que, en realidad, existen dos o tres nuevas acciones que podríamos llevar a cabo en caso de fracaso, aunque sigamos soportando un coste. Tener claros los caminos y los costes nos capacitará más en nuestra elección que si desechamos oportunidades más grandes por considerarlas «demasiado arriesgadas».

2. NOMBRAR TODOS NUESTROS RIESGOS Y MIEDOS

Es muy importante ser específicos sobre los tipos de riesgos que asumimos y los miedos asociados que generan en nosotros. Si podemos nombrarlos y considerarlos en el contexto de nuestras circunstancias actuales, es más probable que los abordemos individualmente, los analicemos de forma más realista y los dimensionemos adecuadamente.

En general, hay tres tipos de riesgos a los que nos enfrentamos en cualquier elección de carrera: financiero, de reputación/ego y personal. Si una de nuestras elecciones profesionales se tuerce, es porque podemos perder dinero, podemos sufrir un golpe en la imagen que tenemos de nosotros mismos o que otros tienen de nosotros, o podemos perder algo que valoramos profundamente a nivel personal (el trabajo que nos da alegría, o el tiempo que pasamos con nuestra familia). Los riesgos personales son a veces más espinosos que los otros dos; en un mundo dominado por la infinita ambición profesional, podemos sentirnos avergonzados de nombrarlos o darles validez. Pero los riesgos personales afectan enormemente nuestra felicidad y, por tanto, es importante evaluarlos.

En general, el riesgo emocional más poderoso al que nos enfrentamos continuamente a lo largo de nuestra vida es el que afecta al ego. Desde la infancia, nos esforzamos por construir nuestra autoestima dominando habilidades, afrontando retos y superándonos a nosotros mismos y a los demás. Cuando fracasamos frente a un reto, lo asumimos como un problema personal, cuestionamos nuestro potencial innato, nuestra personalidad e incluso nuestra alma. Puede que perdamos dinero o el estatus percibido cuando fracasamos en los negocios, pero ¿qué es eso comparado con nuestra identidad y sentido de la autoestima?

Aunque el riesgo que corre el ego es intangible, nos frena constantemente, tanto a pequeña como a gran escala, y nos impide probar cosas nuevas. Sin embargo, los miedos relacionados con el riesgo que corre el ego son quizás los más fáciles de superar, ya que reside por completo en nuestra propia psique. Si podemos encontrar una manera de sentirnos bien con nosotros mismos, incluso cuando fracasamos (¡presta atención!), podemos minimizar nuestro miedo a asumir el riesgo que corre el ego, liberarnos para actuar y florecer. «¡Muéstrame al joven que tenga el suficiente cerebro como para hacer el ridículo!», dijo una vez Robert Louis Stevenson. Puede que no se trate tanto de cerebro como de la capacidad de cambiar el significado que damos a nuestras acciones y sus resultados.

Debemos tener en cuenta que la naturaleza de nuestros miedos cambia con el tiempo, aunque su fuerza no disminuye necesariamente. Por ejemplo, al principio de nuestra carrera, el mayor riesgo al que nos enfrentamos a la hora de tomar decisiones puede ser el financiero: intentamos establecernos y ganar lo suficiente para vivir de forma independiente y ahorrar. A medida que avanzamos en nuestra carrera y ascendemos profesionalmente, el riesgo que corre el ego y que enfrenta la reputación se apoderan de nosotros; podemos empezar a temer perder ese estatus que hemos ganado. Cuando llegamos a la mitad de la carrera, después de habernos establecido y formado una familia, es posible que nos enfrentemos a los tres riesgos y a los temores que los acompañan. Con nuestras parejas e hijos, los costes financieros y personales de nuestras elecciones aumentarán considerablemente.

A medida que avanzaba en mi propia carrera, desentrañar y nombrar estos miedos me ayudó a enfrentarme a ellos. Es demasiado fácil agrupar nuestros miedos al tomar decisiones, lo que los hace parecer más grandes y poderosos. Si los separas, podrás tomar medidas para mitigar algunos de ellos. En mi caso, el riesgo que corren el ego y la reputación pasaron a primer plano cuando me acerqué a la mitad de mi carrera, y se convirtieron en algo tan temible como el riesgo financiero. Además, el destino quiso que me enamorara, me casara y tuviera hijos justo cuando mi vida profesional empezaba a alcanzar su punto álgido, por lo que el riesgo personal de mis decisiones profesionales aumentó (arriesgué el tiempo que pasaba con mi familia y mi sentido de un equilibrio saludable entre la vida laboral y la personal).

En lugar de dejar los riesgos implícitos, negocié en el trabajo y en casa para encontrar soluciones tolerables antes

de tomar cualquier decisión. Por ejemplo, pasé un año evaluando con mi marido cómo podríamos tener un tercer
hijo mientras yo perseguía mi objetivo de convertirme en
directora general de una empresa tecnológica. Estos esfuerzos me permitieron sentirme más cómoda a la hora de tomar decisiones. Cuando dije que sí a una oportunidad,
sabía que había optimizado al máximo la compensación,
aunque ninguna decisión abordaría todos estos riesgos al
mismo tiempo. Sin embargo, mi miedo al fracaso se redujo,
mientras que mi miedo a perder algo importante se mantuvo en gran medida, por lo que finalmente pude pasar a la
acción.

3. DIMENSIONAR NUESTROS RIESGOS

Observar los riesgos de la perspectiva correcta es tan importante como nombrarlos claramente. Esto comienza con
la evaluación honesta de nuestra situación actual y del
margen que tenemos para fracasar, incluidas las opciones
posteriores a la elección y que nos permitirían recuperarnos. Al evaluar las razones por las que asumimos un riesgo,
también podemos identificar nuestra situación actual y
nuestro estado mental, lo que ayuda a determinar el peso
que tienen para nosotros los riesgos que asumimos en ese
momento. Según cuál sea nuestra situación actual, una determinada elección puede afectar nuestra vida más o menos que lo que afectaría la de otra persona. La magnitud
del riesgo no es absoluta, sino que es relativa a nuestras
circunstancias actuales.

Cuando nos encontramos en una posición entre neutra
y positiva, es decir, nuestras carreras van por buen camino

y son aceptables para nosotros, o incluso nos satisfacen, nos arriesgamos para obtener un beneficio positivo. En estas situaciones, podemos fracasar y aun así recuperarnos. Si existen muchas opciones posibles «después de la elección», los riesgos que asumimos son probablemente bastante pequeños. Si las opciones que evaluamos nos dejan en una situación algo peor que la inicial, los riesgos que asumimos son probablemente medianos.

Pero si nos encontramos en una mala situación al asumir un riesgo (nuestro bienestar está empeorando y podríamos sufrir más pérdidas), normalmente tratamos de evitar más pérdidas e intentamos volver a una posición neutral o positiva. En este caso, también podemos considerar que un riesgo es pequeño si promete sobre todo ventajas y no podemos imaginar que las cosas se pongan mucho más difíciles. Cuando una decisión que tomamos puede hundirnos más en una zona negativa, representa un riesgo mayor. Del mismo modo, cuando tomamos una decisión significativa, que es una puerta de un solo sentido, que ofrece pocas o ninguna opción viable después de la elección y que posiblemente nos deje en una situación significativamente peor que la actual, también es un riesgo mayor, ya sea que partamos de un estado positivo, neutral o negativo.

Permítanme darles un ejemplo. Mi amigo Ade Olonoh, fundador de la plataforma para aumentar la productividad en el lugar de trabajo Formstack, asumió «un riesgo bastante grande» en enero de 2006, cuando dejó un trabajo estable y bien remunerado para convertirse en empresario. El momento no era el ideal: la mujer de Ade había dejado su trabajo, ambos esperaban su primer hijo y solo tenían ahorrados entre seis y nueve meses de gastos. Pero Ade se sentía mal en su trabajo y su mujer le animó a «seguir su pasión». Después de la universidad, Ade dirigió una empresa con unos amigos durante un par de años y, aunque la aventura fracasó, disfrutó enormemente de ella y deseaba crear otra empresa.

Podemos clasificar esta situación como muy riesgosa. Sí, Ade estaría peor a corto y medio plazo si su aventura empresarial no funcionaba. Como la familia dependía de sus ingresos, su situación financiera habría sido precaria. Pero Ade tenía algunas opciones que podrían ayudarlo a recuperarse, como realizar algún trabajo de consultoría tecnológica como autónomo o volver a un trabajo similar al que había tenido. Para mitigar el riesgo, Ade decidió hacer de consultor a tiempo parcial mientras creaba su nueva empresa (Formstack). Todo salió bien: Ade construyó Formstack y siguió trabajando como autónomo durante un par de años hasta que pudo conseguir dinero para invertir y dirigir la empresa a tiempo completo.

Nombrar y dimensionar nuestros riesgos nos permite comprender objetivamente hasta qué punto podríamos tolerar un fracaso, teniendo en cuenta nuestra realidad actual, las opciones de que disponemos en caso de que nuestra elección de riesgo fracase y la magnitud de las pérdidas que podríamos experimentar. Siempre que intento evaluar mis opciones, hago este análisis mentalmente (a veces incluso lo convierto en una simple hoja de cálculo).

4. PLANIFICAR MÁS PARA LO MALO QUE PARA LO BUENO

He negociado cientos de contratos a lo largo de mi carrera, tanto acuerdos muy sencillos como otros extremadamente complejos. He comprobado que los negociadores más expertos miran los contratos con un propósito muy claro en mente. Es decir, ponen todo su esfuerzo y energía al principio, antes de firmar un acuerdo, para mitigar el riesgo de un futuro fracaso. Para mí, eso tiene mucho sentido. Todos deberíamos hacer lo mismo cuando planeamos tomar cualquier decisión que conlleve un riesgo importante. En estos casos, aliviamos nuestros temores prestando más atención a la planificación de los aspectos negativos en lugar de los positivos.

A lo largo de los años, también he visto cientos de planes muy ambiciosos en los que se detallan minuciosamente los pasos iniciales que se van a dar, los resultados previstos, los pasos posteriores, etc. Sin embargo, estos planes dicen poco o nada sobre lo que ocurre si las acciones no dan los resultados esperados. Dan por sentado que las acciones siempre funcionan y que lo mejor es planificar todos los pasos sucesivos y exitosos que vamos a dar.

Un enfoque mejor es planificar de modo asimétrico, con mayor peso en las desventajas: prestamos más atención a lo que puede salir mal que a todo lo que haremos si las cosas salen bien el cien por ciento del tiempo. ¿Cuánto esfuerzo debemos invertir en pensar en las contingencias? Cuando se asumen riesgos pequeños o medianos y se parte de un lugar positivo, el simple hecho de identificar mentalmente las opciones después de la elección es probablemente suficiente para permitirnos pasar a la acción. Cuando contemplemos riesgos mayores o partamos de una posición difícil, querrás actuar con rapidez, pero es lógico que te tomes un tiempo para realizar una planificación detallada antes de asumir el riesgo. Querrás evaluar todas las alternativas disponibles, analizar qué variables podrían ser más negativas frente a cada elección y comparar las desventajas de las alternativas entre sí.

Cuando mi hermana Nicky y yo nos enfrentamos a las dificultades que enfrentaba su empresa, en una hoja de cálculo, esbozamos múltiples escenarios, identificamos la gama de resultados financieros, del mejor al peor de los casos, para varias opciones que Nicky podría elegir. La elaboración de un modelo financiero detallado para cada opción puede parecer exagerada, pero dejó muy claro que varias de las opciones que Nicky estaba contemplando, incluida la de reanudar su práctica en una nueva ubicación, estaban plagadas de repercusiones negativas tan malas o incluso peores que las de quedarse.

La planificación de las desventajas impidió a Nicky asumir un nuevo riesgo empresarial que no podía permitirse. Igualmente importante es el hecho de que tener cada alternativa sobre el papel, con sus pros y sus contras y la gama de posibles resultados financieros, alivió sus temores y la preparó mejor para ver qué acciones le reportarían muchas más ventajas que posibles pérdidas. Una vez que sus temores se redujeron y pudo enfrentarlos, Nicky pudo ponerse en marcha, se sentía entusiasmada y totalmente preparada.

A la mayoría de la gente no le gusta perder tiempo y energía mental en los aspectos negativos. Es mucho más divertido pensar en todas las formas en que algo superará nuestras expectativas. Pero si preguntamos a algunos de los mayores y más exitosos negociadores y gestores de riesgos del mundo, nos daremos cuenta de que valoran mucho más la planificación de las desventajas que la de las ventajas, precisamente porque les permite actuar con convicción.

Permíteme darte un ejemplo aún más inusual de asunción de riesgos en el que la desventaja fue grave. El 24 de octubre de 2014, mi amigo y antiguo colega, Alan Eustace, saltó desde la estratosfera para establecer el récord mundial de salto en caída libre a mayor altura. Al conocer a Alan, un informático alegre y con gafas que ocupó el puesto de vicepresidente sénior de ingeniería de Google entre 2002 y 2015, es difícil imaginar a este programador de código como un temerario, del tipo que sea. Pero tras tomarse un año sabático en Google en 2011, en principio para crear un traje de vuelo artificial, Alan se asoció con un grupo de científicos para lograr un salto desde la estratosfera. A diferencia de Felix Baumgartner, que poseía el récord de salto en paracaídas más alto del mundo, Alan no tenía experiencia previa en acrobacias tan arriesgadas. «Me gustó la idea de que un ingeniero estableciera un récord mundial de paracaidismo», comentó Alan más tarde.

Durante los tres años siguientes, Alan y un equipo técnico diseñaron el paracaídas y los sistemas de soporte vital y del globo necesarios para lograr su objetivo. Como señaló Alan, abordó el paracaidismo desde el punto de vista de la ingeniería, creó un plan de pruebas muy detallado y cuidadosamente concebido (Baumgartner, en cambio, había confiado en una capacidad de paracaidismo casi sobrehumana). Durante los tres años que duró el proyecto, «probablemente realizamos doscientas pruebas —dijo—, la gran mayoría de ellas sin tripulación, pero algunas con tripulación. En cada una, nos esforzamos mucho para obtener la máxima información posible y poder reducir el riesgo en todo momento, de modo que, cuando llegáramos a algo que otra persona hubiera considerado arriesgado, pudiéramos mirarlo y decir: "Sí, pero hicimos todas estas otras cosas para poder mitigar ese riesgo o entenderlo"».

Las pruebas fueron tan rigurosas que a Alan le parecieron a veces «agonizantes». En cinco ocasiones, por ejemplo, el equipo puso a prueba el traje de Alan para asegurarse de que podía soportar el frío de la estratosfera, exponiéndole a temperaturas de hasta −84,4 grados Celsius. Según él, «hay que tener una lista de todas las cosas que podrían salir mal, y luego hay que ver cuáles son las medidas que se toman para mitigar cada una de esas cosas». Solo una vez que Alan y su equipo probaron minuciosamente las distintas piezas del equipo individualmente y en combinación, y se prepararon para todas las contingencias imaginables, comenzó su salto desde 135.000 pies, a veinticinco millas por encima de la superficie de la tierra.

Durante el salto en sí, Alan no estaba paralizado por el miedo. Sorprendentemente, su ritmo cardíaco se mantuvo bastante bajo durante todo el tiempo, un poco más de sesenta latidos por minuto. Eso se debe a que él y su equipo habían hecho los deberes. Como él mismo dice: «Los temerarios son personas que intentan hacer cosas locas en las que hay muchas variables que se desconocen y las posibilidades de resultar herido o muerto son realmente altas. A mí me salvó sobre todo la increíble tecnología que diseñó mi equipo. No es cien por cien seguro, pero es lo más parecido a lo que los humanos pueden hacer».

En resumen, Alan había trazado todos los riesgos y los había enfrentado plenamente. Como resultado, se enfrentó a su salto sabiendo que se había preparado completamente para el éxito, no para el fracaso.

CÓMO EL OMG (*OH MY GOD*) DE HOY CURA EL FOF DE MAÑANA

Mientras que imaginar la opción después de la elección, planificar más para la desventaja, o nombrar nuestros riesgos específicos puede minimizar nuestros temores drásticamente, no hay nada como sobrevivir al fracaso para permitirse asumir riesgos en el futuro. La asunción de pequeños riesgos puede aumentar nuestra tolerancia para manejar todo tipo de resultados, inculcarnos una mentalidad de experimentación, pero la gestión de un fracaso mayor puede resultar mucho más positiva y fortalecedora de lo que creemos, ya que puede reducir nuestro FOF en el futuro. Por muy doloroso que sea, experimentar el fracaso nos enseña poderosas lecciones sobre lo capaces que somos realmente para recuperarnos y averiguar qué hacer a continuación.

El empresario Ade Olonoh puede dar fe de nuestra capacidad de aprender a través del fracaso. En un principio, Ade posicionó su empresa, Formstack, como un sistema de gestión de datos que permitía a la gente crear fácilmente formularios en línea para utilizarlos en sus blogs y sitios web. A Formstack le fue bien al principio, pero una parte de su servicio crecía mucho más rápido que las demás. Los blogueros que usaban Formstack utilizaban formularios para plantear preguntas a sus audiencias y pedirles que contribuyeran con temas para los próximos blogs. Pensando que esta era una buena aplicación de Formstack, junto con su equipo, Ade creó una nueva plataforma al que concibió como un experimento y también como un divertido ejercicio de desarrollo en equipo de fin de año. En Formspring, como llamó Ade a la nueva plataforma, otros usuarios podían hacerte preguntas, y tus respuestas se publicaban en tu perfil en el sitio o en otras plataformas de diversas redes sociales.

Ade preveía que tal vez se apuntarían un par de miles de personas. Y vaya si se equivocó. En solo cuarenta y cinco días, un millón de usuarios se unieron a Formspring. La demanda era tan grande que los costes de alojar a tanta gente hacían que la pequeña empresa de Ade corriera el riesgo de quebrar.

Conocí a Ade a principios de 2010 cuando me uní a su junta directiva en Formspring. Por aquel entonces, la empresa era una nueva *startup* de moda, que había recaudado más de 16 millones de dólares de inversores de primer nivel de Silicon Valley para hacerla crecer. Como le resultaba difícil dirigir ambas empresas, Ade contrató a un director general para que dirigiera Formstack y, luego, se trasladó con su mujer y sus dos hijos de Indianápolis a California y se dedicó a tiempo completo a dirigir Formspring. «Fue muy arriesgado —recuerda— hacer las maletas con toda la familia para irnos allí. No conocíamos a mucha gente, así que fue una locura».

Al principio, este riesgo parecía una buena jugada. Formspring creció rápidamente y alcanzó casi 28 millones de usuarios a principios de 2012: la empresa volaba alto. Sin embargo, a finales de ese mismo año, las turbulencias se produjeron cuando aparecieron en el sitio memes de acoso a adolescentes, lo que perjudicó a la reputación de la empresa de un modo que Ade nunca imaginó. Además, Facebook cambió su algoritmo para restar importancia a los contenidos de sitios de terceros, como Formspring.

Casi de la noche a la mañana, el crecimiento de la empresa se estancó; el tráfico generado por Facebook —que representaba aproximadamente un tercio del tráfico total de Formspring— desapareció. Para hacer frente al acoso, Ade modificó algunas características de los usuarios (como el anonimato), pero, al hacerlo, también disminuyó su crecimiento.

En diciembre de 2012, Ade despidió a toda su plantilla. En mayo, unos cuatro años después de su gran apuesta por Formspring, Ade vendió la empresa por unos céntimos. Estaba destrozado, sentía que había defraudado a todo el mundo. Afortunadamente, su mujer lo apoyó. «Ella estaba muy preocupada por cómo lo estaba llevando y quería que fuera feliz. Combatió la idea de que el fracaso de Formspring significaba que yo era un fracaso».

En 2013, Ade volvió a trabajar en su empresa original, Formstack, lo hacía a distancia incluso antes de volver a mudarse a Indianápolis. Por suerte, esa puerta de doble sentido seguía abierta para él, lo que le permitió reencontrarse con sus raíces originales en la empresa. En la actualidad, Formstack es rentable, da servicio a más de 500.000 usuarios en 112 países y Ade continúa su viaje como inversor en serie y empresario.

Ade recuerda a Formspring y su traslado a Silicon Valley como el mayor fracaso de su carrera. Pero, al mismo tiempo, también lo considera uno de sus mayores éxitos. En un momento dado, señala, Formspring fue la plataforma de redes sociales de mayor crecimiento de la historia. «Es bastante raro y no sé si alguna vez podré repetirlo personalmente», dice. Además, la actitud de Ade hacia el riesgo cambió fundamentalmente al sobrevivir a este fracaso y a otros menores en su carrera. Ahora se siente «mucho más cómodo con el riesgo» que antes, y reconoce que eso viene con la experiencia: «El horizonte temporal es realmente largo, mientras que al principio de mi carrera probablemente sentía que cada decisión que tomaba y que acababa en fracaso iba a arruinar el resto de mi carrera».

UTILIZA LA FÓRMULA DEL MIEDO EN TU BENEFICIO

Por mucha experiencia que tengas en asumir riesgos, tienes que entender y aceptar que el miedo nunca desaparece del todo. Pero puedes aprender a encontrar la oportunidad, abordando ambos lados de la ecuación del miedo. Reconoce los miedos que te impulsan, como el FOMO, y gestiona activamente las emociones más negativas, como el FOF. Abraza tus ambiciones y, al mismo tiempo, observa el fracaso e identifica formas de mitigarlo. Si lo haces, es probable que salgas con un sentimiento más positivo sobre tus posibilidades que si no lo hicieras.

Mucha gente considera que el optimismo y la fe son mentalidades que debemos incluir al asumir riesgos, pero en realidad suelen surgir como subproductos de la elección de las oportunidades una vez que hemos identificado estrategias de recuperación para nosotros mismos. Puedes convertirte en un optimista realista, ser realista a corto plazo y optimista a largo plazo, ya que reconoces que también puedes seguir encontrando oportunidades en tu camino a través de los fracasos. No hay nada como la experiencia ganada a pulso para enseñarnos esta y otras lecciones relacionadas. Si experimentamos un gran fracaso y aprendemos a aceptarlo, en el futuro, tendremos menos miedo al fracaso. Antes de eso, la gestión de nuestra ecuación del miedo al evaluar una elección aumentará drásticamente las probabilidades de que actuemos.

IDEAS CLAVE

- Actuamos cuando nuestro FOMO supera a nuestro FOF.
- Aceptar al gestor de riesgos que llevamos dentro nos ayuda a enfrentarnos a nuestros miedos en lugar de evitarlos.
- Imaginar la opción después de la elección, nombrar y dimensionar los riesgos, y planificar más los inconvenientes son formas poderosas de gestionar la ecuación del miedo y ponerse en movimiento.

PARTE II
Ser más inteligente

*Asumir riesgos calculados es muy distinto
a ser imprudente.*

General George Paton

6

Anteponer el quién antes del qué al asumir un riesgo

Volvamos al verano de 1997 cuando empecé a trabajar en Silicon Valley. Tenía veintisiete años y había asumido un riesgo considerable al dejar mi trabajo en el Reino Unido y trasladarme sin más a California. Parecía que ese riesgo iba a valer la pena. Conseguí un trabajo como directora de desarrollo de negocio en una empresa de televisión interactiva llamada OpenTV. Me había contratado Shea Kelly, la carismática ejecutiva de recursos humanos que mencioné antes y que se convertiría en una de mis más queridas amigas y compañeras. Ansiosa por conocer una parte nueva y apasionante de la industria de la televisión (que me seguía pareciendo muy glamorosa), llegué llena de entusiasmo y estaba lista para arrasar el primer día.

Ese entusiasmo no duró. Al segundo día, mi nuevo jefe, uno de los directivos masculinos de la empresa, me apartó para decirme medio en serio que estaba «asustando a las secretarias». No sabía qué significaba eso. ¿Cómo podía haberlas puesto tan nerviosas en solo cuarenta y ocho horas? Venía de dos empresas, Merrill Lynch y British Sky

Broadcasting, ambas con culturas agresivas y dominadas por los hombres, y en ambos casos mis jefes me habían elogiado y ascendido. Ahora que había llegado al Valle, el primer comentario que recibí fue que podría ser demasiado franca o dura para mi entorno.

Mi experiencia se deterioró a partir de ahí. En lugar de recibir más responsabilidad de la que indicaba mi cargo, obtuve menos. OpenTV me había contratado para forjar asociaciones con otras empresas y, así, colaborar con el crecimiento de su plataforma. En lugar de asignarme ese trabajo, mi jefe se lo dio a un colega masculino con un estilo volátil, y me pidió que realizara tareas más mundanas en su lugar. Al parecer, yo era «demasiado temible» para su cultura, pero este colega masculino no lo era. Me pareció injusto.

Frustrada, luché por saber qué hacer. Una noche, mientras mi jefe y yo nos dirigíamos al aparcamiento, me sinceré y compartí mis preocupaciones. Intentó apaciguarme, me dijo sonriendo que yo era la «novata del equipo y que necesitaba entrenamiento». Le contesté que durante los últimos años de mi carrera había sido recompensada y ascendida en dos empresas globales de gran éxito y se me habían asignado cada vez más responsabilidades con poca supervisión.

Después de esa conversación, mi desesperación no hizo más que aumentar. Empecé a preguntarme si realmente estaba hecha para Silicon Valley, para un puesto de desarrollo empresarial o para ambos. Cuando un proveedor externo vino a OpenTV para ofrecer formación sobre discriminación de género, me arriesgué y me armé de valor para solicitar una conversación privada con la formadora. Le describí mi experiencia y le pregunté si me enfrentaba a prejuicios de género. La formadora se mostró reticente a darme una respuesta directa. Al final, la etiqueta que le pusimos no cambió el problema de fondo. Mi jefe y yo diferíamos mucho en nuestras expectativas sobre mi trabajo, y yo tenía poca confianza en que pudiera prosperar en la empresa mientras trabajara para él. Él no se iba a ir a ninguna parte, así que sentí que tenía que hacerlo yo. Mientras reflexionaba sobre las opciones y los riesgos, recibí una llamada de un cazatalentos tecnológico que buscaba personas para trabajar como gestores de productos en una empresa emergente llamada Junglee. No me atreví a responder; el eslogan de la empresa, *Internet es la base de datos*, no podía sonar más extraño para mí, ni más aburrido. La visión de Junglee sobre la tecnología era más friki que todo lo que había oído. Mediante la construcción de pequeñas «arañas» (*bots*) que pudieran aventurarse por Internet y copiar o «raspar» (*scarping bits*, proceso que utiliza *bots* para obtener datos de un sitio web) trozos de información de cualquier página web, Junglee podría crear nuevos servicios en línea que agregaran toda esta información en un solo lugar. En la primera utilización de esta tecnología, Junglee tomó fragmentos de ofertas de empleo de miles de sitios web de empresas de todo Internet y los reunió en un único servicio de bolsa de trabajo en el sitio de Yahoo.com. De este modo, los solicitantes de empleo podían buscar y encontrar oportunidades con mayor facilidad.

No sabía nada de la función de gestor de productos que describía el cazatalentos, y nunca había imaginado nada parecido para mí. Los gestores de productos son personas que ayudan a diseñar y determinar qué características debe tener un servicio o producto en línea para que resulte atractivo para los clientes. También trabajan estrechamente con los ingenieros que escriben el código real y los ayudan a entender estos requisitos. Aunque muchas empresas tecnológicas no exigen a los jefes de producto que sean codificadores, otras sí lo hacen, ya que los conocimientos técnicos pueden facilitar el trabajo con los ingenieros. Este reclutador me convenció de que no necesitaba saber codificar, solo tenía que ser lo suficientemente inteligente como para saber cómo hablar con los ingenieros en su idioma (lo cual era bueno, ya que no sabía ni una pizca de codificación). A pesar de mis reservas iniciales, acepté una entrevista en Junglee. Quedé impresionada. En una diminuta sala de conferencias de Sunnyvale, California, a casi una hora al sur de San Francisco, me reuní con Venky Harinarayan, uno de los fundadores de Junglee. Se había doctorado en el prestigioso Programa de Ciencias Informáticas de Stanford, conocido por producir emprendedores de éxito. Antes, se había graduado en una de las mejores escuelas de tecnología de la India. Además de su inteligencia, admiré su franqueza y su estilo discreto.

También me entusiasmé varios días después cuando conocí a sus cofundadores, Ashish, Anand y Rakesh, y aún más cuando supe que habían conseguido reclutar a Ram Shiriram, un exitoso exejecutivo de ventas de Netscape, la primera empresa de Internet, como presidente de la compañía. En conjunto, estos líderes eran muy inteligentes y también hablaban claro; en comparación con mi actual jefe, parecían mucho más creíbles, directos y con ganas de trabajar. Recibí una oferta y rápidamente firmé como directora de producto para el servicio de empleo de Junglee y dejé mi trabajo en OpenTV con un enorme suspiro de alivio.

Durante el segundo día, mi experiencia en Junglee fue lo contrario de lo que había experimentado en OpenTV, casi de forma cómica. Cuando entré en nuestras oficinas de Sunnyvale, ansiosa por aprender los fundamentos de la gestión de productos, Venky y Rakesh me preguntaron si me sentiría cómoda haciendo un cambio de última hora en mi trabajo.

Junglee estaba a punto de lanzar un nuevo servicio de comercio electrónico en el sitio de Yahoo, que ayudaba a los consumidores a comparar precios de artículos en docenas de sitios de compras. Los fundadores se apresuraban a poner en marcha el servicio lo antes posible y querían que yo ocupara el puesto de director de desarrollo comercial. Mi trabajo consistiría en tomar el teléfono y convencer a los sitios de compras que se asociaran formalmente con nosotros y nos pagaran si les enviábamos un nuevo cliente a través de nuestro servicio. Olvídate de la preparación, la formación o la supervisión de la gestión: Venky confiaba en que yo podría desempeñar esta nueva función y ayudar a la empresa a crecer. Los fundadores no solo no me pidieron que «bajara el tono», sino que querían que aprovechara mi capacidad de venta y diera un paso adelante lo antes posible. Así fue como, sin quererlo, volví a un trabajo de desarrollo de negocio en el sector tecnológico.

A lo largo de los meses siguientes, me esforcé, hice llamadas en frío y ayudé a Junglee a contratar a casi un centenar de comerciantes en línea como socios del nuevo servicio. Nuestros esfuerzos llamaron la atención de Amazon, a quien también llamé en frío, y que en aquel momento vendía principalmente libros, música y cintas de vídeo en línea, pero tenía ambiciones mucho mayores. Jeff Bezos, por aquel entonces un joven y carismático fundador y consejero delegado, imaginó un día en el que Amazon ayudaría a encontrar productos de cualquier vendedor de la web, independientemente de que Amazon tuviera existencias de esos productos. Junglee parecía tener la tecnología necesaria para ayudar a lograr esta visión.

Durante el verano de 1998, seis meses después de que me incorporara a la empresa, Amazon adquirió Junglee por 280 millones de dólares como primer paso para construir Amazon Marketplace. Las asociaciones de comerciantes en línea que yo había creado fueron una parte clave de la adquisición, y Amazon me ofreció un trabajo para persuadir a más vendedores en línea de que incluyeran y vendieran sus productos en Amazon. Junto con casi todos los demás empleados a tiempo completo de Junglee, me trasladé de San Francisco a Seattle para trabajar para nuestra nueva empresa matriz. Las acciones de Amazon que recibí como parte de nuestra venta me hicieron ganar un millón de dólares, una cantidad asombrosa para cualquiera, y más aún para una veinteañera como yo.

Mi decisión de pasar de OpenTV a Junglee me enseñó una importante lección temprana sobre cómo asumir riesgos inteligentes, que se ha reafirmado varias veces en mi carrera: cuando tomamos decisiones críticas en nuestra carrera, no podemos dejar de estimar el valor y la importancia del factor «personas». En un principio, me incorporé a Sky y OpenTV porque me encantaba la idea de formar parte de la industria de la televisión y el entretenimiento. Como consumidor apasionado de entretenimiento, veía estos trabajos como algo divertido y emocionante. Junglee me apasionaba mucho menos (aunque en poco tiempo me apasionaron los servicios que estaba creando). Eso no importaba: tuve éxito porque me rodeé de gente a la que respetaba y de la que podía aprender, al tiempo que prosperaba en la cultura que creaban. Cuando reflexiones sobre los riesgos que debes asumir en tu carrera, ten presente siempre que el «con quién» nos alineemos influye en nuestro éxito final mucho más que el «qué». No estés tan seguro de que enamorarte de un determinado campo, tipo de trabajo o industria te llevará más rápidamente a la cima de la montaña. Presta mucha más atención a las personas que te acompañarán en el viaje.

EL PROBLEMA DEL «QUÉ»

Ya sea en la escuela o en el trabajo, todos aspiramos a trabajar en temas que consideramos interesantes o intrigantes. Suponemos que nos sentiremos más motivados para trabajar duro cuando nos dediquemos a temas que nos gusten o nos emocionen: nuestras «pasiones» (más adelante se hablará de esto). A menudo nos sometemos a un examen de conciencia y a maquinaciones para alinear nuestro trabajo con nuestros deseos más profundos. Aunque este enfoque es lógico, pasamos la mayor parte de nuestro tiempo en el trabajo en equipo con compañeros, subordinados directos, líderes y, a veces, socios externos. Estos otros influirán en lo que realmente hacemos, y también en cómo trabajamos. Un factor importante en nuestra capacidad de éxito es si el proceso de trabajo es divertido, satisfactorio o inspirador, o si es excesivamente ineficiente, no colaborativo o agotador.

Si todos trabajáramos solos, quizá el «qué» de un trabajo marcaría la diferencia entre el éxito o el fracaso, pero no es así. En cambio, el «quién» en nuestra ecuación de riesgo-recompensa influye significativamente en nuestras interacciones y mecanismos cotidianos. Las personas valiosas que nos rodean pueden aumentar activamente nuestro compromiso y entusiasmo por cualquier objetivo y despertar nuestra curiosidad sobre el tema que tratamos. Incluso si al principio no nos parece interesante una determinada línea de trabajo, puede resultarnos más interesante si nos rodeamos de personas comprometidas, motivadas e inspiradas.

CÓMO LAS PERSONAS VALIOSAS CAMBIAN NUESTRAS OPORTUNIDADES

En el capítulo 4, hablamos de cómo rodear la portería cuando no se sabe cómo marcar, simplemente acercándose a las personas y oportunidades adecuadas. Cuando nos rodeamos de personas que tienen la experiencia de la que carecemos, ellas pueden ayudarnos a mejorar nuestro juego más rápidamente que si tratáramos de averiguar todo por nuestra cuenta mediante el método de ensayo y error. Este aprendizaje acelerado se produce al menos de cuatro maneras distintas: por ósmosis, los desafíos activos, el *coaching* y el aprendizaje social.

Cuando aprendemos por ósmosis, simplemente observamos y emulamos a personas con habilidades y capacidades deseables. Los jefes también pueden desafiarnos a intentar algo que nunca hemos hecho antes, poniendo a prueba nuestras capacidades y arriesgando nuestro ego, aunque con el inmenso valor de una red de seguridad. Cuando trabajamos con líderes que nos piden que asumamos nuevos retos, obtenemos lo mejor de ambos mundos: la oportunidad de intentar algo ambicioso y, al mismo tiempo, hacer preguntas o pedir apoyo cuando nos sentimos perdidos. A menudo creemos que los jefes que nos empujan a un nuevo territorio nos están haciendo fracasar a corto plazo. La mayoría de las veces, en realidad, nos están preparando para tener éxito a largo plazo, acelerando el desarrollo de nuestras habilidades de resolución de problemas y nuestra agilidad.

Cuando aprendemos a través del *coaching*, nos beneficiamos porque trabajamos con líderes que prestan atención a nuestro desarrollo y a nuestros objetivos, que nos dan un *feedback* consistente, y que a veces ralentizan las actividades diarias para llevarnos o ayudarnos a desarrollar una habilidad en el momento. Cuando aprendemos socialmente, nos beneficiamos de líderes que atraen por sí mismos a equipos hábiles y diversos, lo que nos da la oportunidad de aprender más rápido a través de mucha discusión, debate y otras interacciones con nuestros compañeros.

Sea como sea el aprendizaje, el beneficio más importante que obtenemos cuando seguimos a personas valiosas es la oportunidad de desarrollarnos más rápidamente de lo que no hubiéramos desarrollado de otro modo. Mientras nosotros nos esforzamos por seguir el ritmo, ellos nos enseñan a trabajar de forma más inteligente. No nos damos cuenta de todo lo que hemos absorbido hasta que lo recordamos mucho más tarde. La oportunidad de trabajar con personas valiosas o líderes es a menudo la mejor razón para unirse a cualquier oportunidad de innovación o a una *startup*: estas empresas atraen a personas que pueden soñar con algo más grande y pensar de forma completamente diferente a como lo hacemos nosotros. Incluso si la empresa fracasa, estamos seguros de que desarrollaremos nuestras habilidades más rápidamente y ampliaremos nuestra propia capacidad de pensamiento.

Las personas valiosas con las que trabajamos también se convierten en nuestra mejor fuente de oportunidades, siempre que hagamos un buen trabajo. Cuando dirigía Joyus, un empleado escribió una vez en una encuesta sobre la satisfacción de los empleados: «La recompensa por hacer un excelente trabajo en Joyus es más trabajo». Aunque estoy razonablemente segura de que este comentario no se ofreció como un elogio, no pude evitar estar de acuerdo. Como líder, tiendo a dar más trabajo (y, en mi opinión, más oportunidades) a la gente de mi equipo que se ha ganado mi respeto, así se forja la confianza y la responsabilidad a un ritmo más rápido.

De este modo, he detectado a personas con talento que quiero que se desarrollen más, y esta es mi forma de hacerlo. Tendemos a creer que la retroalimentación positiva siempre adopta la forma de elogios verbales, pero he descubierto que las personas que siguen superando a los demás y acumulando silenciosamente una cantidad cada vez mayor de responsabilidad son las que reciben la forma más elevada de reconocimiento verdadero.

TU MEJOR RED PROFESIONAL

Las personas valiosas también tienden a convertirse en imanes de oportunidades, reciben nuevas ofertas de otras empresas a un ritmo acelerado. No pueden aprovechar todas estas oportunidades, así que suelen pasar estos contactos a personas de su propia red que han tenido un buen rendimiento. Por eso considero que los jefes, los colegas y los asociados constituyen nuestra mejor red profesional.

Los libros de negocios suelen aconsejar que hagamos una red agresiva en eventos de negocios o en situaciones sociales, para tratar de conocer o acercarse a personas que han logrado alcanzar sueños cercanos a los nuestros. Comprendo el mérito de estas llamadas en frío: nos arriesgamos un poco para causar una buena impresión y recibimos como recompensa una nueva oportunidad que, de otro modo, nunca habría surgido. Pero, a pesar de toda la presión que ejercemos sobre nosotros mismos para hacer conexiones de cóctel, nuestra mayor posibilidad de encontrar una nueva oportunidad profesional proviene de nuestras propias conexiones profesionales más profundas. Si hemos sido discípulos de alguien, hemos aprendido rápidamente y hemos demostrado nuestra disposición a trabajar más duro para ellos, es más probable que pongan en juego su propia reputación para avalar nuestras capacidades. Como dice el profesor de gestión David Burkus: «Tus viejos amigos son mejores que tus nuevos amigos» cuando se trata de generar oportunidades.

Los fundadores de Junglee me abrieron las puertas y me ofrecieron oportunidades que nunca hubiera imaginado. Utilizaron su nueva riqueza tras la adquisición de

Amazon y empezaron a invertir en otras empresas emergentes. Cuando conocieron a un entusiasta profesor de Informática de la Universidad de California en San Diego, que estaba poniendo en marcha su siguiente empresa con una tecnología similar a la de Junglee, se apresuraron a financiarla. Cuando el fundador pidió ayuda a sus nuevos inversores para encontrar al primer empresario que se uniera a él como cofundador, tuve la oportunidad de crear mi propia empresa: Yodlee.

Cinco años más tarde, cuando empecé a contemplar mi vida futura después de Yodlee, el equipo ejecutivo de Junglee volvió a estar encantado de ayudar. El presidente de Junglee, Ram Shriram (el ejecutivo de Netscape que mencioné antes), fue el primer inversor ángel de Google y miembro de su consejo. Cuando se enteró de que estaba buscando mi próximo trabajo, se apresuró a sugerirme que volviera a ponerme en contacto con los fundadores de Google (a los que había conocido en eventos relacionados con *startups*) y con el principal ejecutivo de la empresa. Poco después, fui a almorzar con Omid Kordestani, director de negocios de Google. Le hablé de mi interés por fundar una *startup* en lugar de entrar en una empresa como Google, que, con sus casi mil empleados de entonces, me parecía enorme.

Ocho meses después de aquella reunión, seguía en Yodlee reflexionando sobre mi siguiente paso. Omid volvió a llamarme y me describió una nueva oportunidad dentro de Google para crear un negocio completamente nuevo, un producto que compitiera con Yahoo Maps, los servicios Mapquest de AOL y el tradicional y multimillonario sector de las páginas amarillas. (¿Recuerdas aquellos gruesos

directorios comerciales amarillos que te dejaban en la puerta de casa?). Investigando un poco, me di cuenta de lo masivo que podía llegar a ser un negocio como este y acepté
una entrevista. En dos semanas, recibí una oferta para convertirme en la primera directora general de Mapas y Búsqueda Local de Google y, sorprendida de mí misma, acepté
el trabajo. Tengo que dar las gracias a Ram por haber invertido en Yodlee, pero también en gran parte por este nuevo e
increíble capítulo de mi carrera.

Aunque mi propia red se ha ampliado enormemente
desde aquellos primeros días (ahora incluye a colegas de
Yodlee, Google, Joyus, StubHub y otros), sigo contando
con los fundadores de Junglee entre mis mejores mentores
en Silicon Valley. Siempre que me he enfrentado a crisis
profesionales importantes, he llamado a Venky para que
me aconsejara. Al mismo tiempo, cuando he tenido la
oportunidad de hacer un favor a alguno de ellos, he estado encantada de decir que sí. Espero que ahora también
me incluyan en sus mejores redes, simplemente porque
tuve la oportunidad de trabajar estrechamente con ellos
como líderes y emprendedores al principio de sus propias
trayectorias profesionales.

A medida que mi carrera ha ido creciendo, he llegado a
pensar que mi propia red está compuesta por tres anillos. El
anillo más externo está formado por personas que no conozco personalmente, pero a las que siempre agradezco que
tengan la valentía de llamarme a través de LinkedIn, hacerme una pregunta en Twitter o tratar de involucrarme mientras se esfuerzan en desarrollar sus propias carreras. Intento
responder a la mayoría de los mensajes que recibo, aunque
no pueda decir que sí a todos. En el anillo intermedio, se

encuentran conocidos míos, por ejemplo, colegas de negocios o personas asociadas a individuos en los que confío. También intento ayudar a estos miembros de mi red cuando me lo piden, si puedo hacerlo con relativa rapidez y eficacia. He pasado currículos a miembros de mi red profesional y he asistido a reuniones con gente de esta red cuando me lo han pedido. Elegir la oportunidad me ha enseñado el poder de la serendipia, y me siento feliz si puedo servir de catalizador de alguna manera para las personas de mis redes profesionales más amplias.

Reservo mi apoyo más directo a las personas de mi anillo más íntimo, a las que conozco bien y profundamente: mi primer orden o lo que yo llamo mi «mejor» red. Coloco a las personas en esta red no por su rango o prominencia, sino porque hemos trabajado juntos de forma profunda y significativa. Pongo en juego mi propia credibilidad para ayudarlas a tener éxito porque realmente puedo dar fe del trabajo que han realizado, tengo una idea de sus puntos fuertes y de las áreas que deben desarrollar, y puedo dar fe de su potencial para llegar aún más lejos. Al haber vivido juntos los éxitos y los fracasos, y forjado una conexión auténtica, tu red más cercana también será tu apoyo.

LOS «DIMES Y DIRETES» DE LOS GRANDES LÍDERES

Los líderes que pueden impulsar tu carrera son personas especiales y vienen en paquetes bastante sorprendentes. En *Superbosses*, Sydney Finkelstein describe una clase de élite de jefes que tienen una capacidad inusual para desarrollar el talento. Estos superjefes son increíblemente variados, con personalidades diferentes, procedentes de distintos países y lugares, y operan en sectores dispares. «Aparte de su humanidad —escribe Finkelstein—, y de su asombrosa capacidad para innovar al mismo tiempo que desarrollan a los mejores profesionales, podríamos preguntarnos si los superjefes tienen algo en común».

Cuando pienso en mi primera experiencia laboral, muy positiva, en Merrill Lynch, no habría calificado a mi nuevo jefe, un joven y excéntrico director general llamado Henry Michaels, como un líder de estilo superjefe que, de alguna manera, podría impulsar mi trayectoria profesional. Pero sí aceleró mi trayectoria profesional de un modo que todavía le agradezco.

Conocí a Henry «Hank the Crank» Michaels cuando me asignaron como analista en el Grupo de Instituciones Financieras, cariñosamente conocido como FIG. Fumador de pipa, neoyorquino intenso y amante de las *lucites* (los hermosos trofeos de escritorio pequeños que se otorgan cada vez que el banco asesora una oferta pública inicial o una fusión exitosa), Henry ascendió rápidamente en el rango de asociado al de director general (el puesto más alto en la banca de inversión). Se encargaba de tratar con empresas de ahorro y préstamo —o cajas de ahorro, como se conocía a estos bancos— y de intentar ayudarlas a salir a bolsa o a adquirir otras entidades.

Al principio, me decepcionó estar en el grupo de FIG. No me interesaba estudiar el funcionamiento de los bancos y las empresas de corretaje, y mucho menos de instituciones financieras oscuras como las entidades de ahorro. Pero, como me sentía muy agradecida por haber conseguido el trabajo de mis sueños en Wall Street, acepté el encargo y estaba decidida a trabajar duro y demostrar mi valía.

Henry resultó ser meticuloso y muy detallista, y esperaba que yo fuera igual. Mi trabajo principal era preparar sus libros de presentación (*pitch book*), los gruesos tomos que llevaba a las reuniones con clientes potenciales. Estos libros presentaban las ideas de Henry sobre el sector, la empresa, sus competidores y, por último, sus credenciales y las de Merrill Lynch como posibles asesores del cliente en su estrategia de financiación o de fusiones y adquisiciones. Mis compañeros analistas y yo pasábamos la mayor parte de los días y las noches preparando estos libros, trabajando con grupos de procesamiento de textos y diseño gráfico sentados en las entrañas de los rascacielos de Wall Street. Éramos los encargados del PowerPoint y nos esforzábamos por presentar el libro perfecto para cada reunión.

Sabía que Henry se aseguraría de que el color, el tamaño y la letra de cada página fueran correctos, y que comprobaría mis cálculos de los parámetros financieros de una empresa para asegurarse de que no solo fueran perfectos, sino que mostraran el número correcto de decimales en cada columna. Me esforcé por cumplir sus expectativas de precisión, y así fue como aprendí las cifras y ratios clave del sector de las cajas de ahorro y los préstamos y de sus empresas individuales, libro de presentación por libro de presentación.

En poco tiempo, llegué a anticipar lo que a Henry le gustaba y quería para estos libros. A su vez, él no tenía que dedicar tanto tiempo a instruirme en los aspectos básicos, lo que agradecía. También se alegraba de instruirme personalmente en el negocio, así que se saltaba la tradicional jerarquía de la oficina que ponía al menos dos niveles de personas entre nosotros. Me contaba la historia de este o aquel ahorro mientras fumaba su pipa, describía qué empresa y por qué, y me llevaba a las reuniones con clientes clave para que pudiera escuchar y aprender. Como todo buen analista, se esperaba que yo llevara todos los pesados libros de presentación, pero aprecié la exposición que me dio tanto frente a él como a los directores generales de las grandes empresas con las que se reunía.

Poco después de empezar, Henry consiguió como cliente a una gran entidad de ahorro y préstamo de Long Island que quería salir a bolsa y necesitaba un asesor. En esta ocasión, pidió a Merrill Lynch que me contratara directamente para el proyecto (una rareza para los jóvenes analistas, que a menudo pasaban un año más o menos con los libros de presentación antes de participar en una «operación real»). También estaba asignada al equipo una asociada (una licenciada en Administración de Empresas que trabajaba en la empresa de forma permanente y que tenía unos años más que yo), y no parecía muy contenta cuando Henry me asignaba tareas directamente y me llevaba a las reuniones, pasándola por alto a veces y, en otras, tratándonos de igual a igual. Cuanto más me exponía, más me esforzaba y más rápido aprendía. Al final de mi primer año, no solo había ayudado a sacar a bolsa una empresa, sino que me había convertido en uno de los analistas mejor clasificados de todos los grupos del banco. Esto, a su vez, me llevó a la oportunidad de trasladarme a Londres que he descrito anteriormente.

No era fácil trabajar para Henry, pero siempre me daba más oportunidades de experimentar y aprender, de asumir más responsabilidades y de sentir que mi trabajo tenía impacto. No podría haber pedido una experiencia y un modelo de liderazgo mejores al comenzar mi carrera.

Entonces, si los líderes como Henry son tan diversos y extravagantes, ¿cómo se los puede detectar? Como señala Finkelstein, los superjefes tienden a mostrar algunos rasgos de personalidad comunes, como la autenticidad, la confianza, la integridad y la imaginación. Según mi experiencia, y basándome también en otras partes de la investigación de Finkelstein, hay tres signos adicionales que yo destacaría como distintivos de los líderes que merece la pena seguir.

La primera tiene que ver con la compañía de la que se rodean estos líderes. Los buenos líderes atraen a personas inteligentes y pueden vender una visión que los atraiga. Los grandes líderes son verdaderos imanes de talento y se rodean de personas igualmente inteligentes, seguras de sí mismas y con diversas capacidades. Además, los grandes líderes pueden retener a estas personas y aprovechar su experiencia. Cuando se ve un equipo fuerte de personas que debaten, discrepan, pero se reúnen repetidamente con buen ánimo, puedes estar seguro de que su líder sabe cómo desarrollar, aprovechar y movilizar sus habilidades.

La segunda señal reveladora de que merece la pena seguir a alguien tiene que ver con sus puntos fuertes, habilidades y capacidades en relación con las nuestras. Los líderes no tienen por qué ser perfectos, pero, cuando nos encontramos con personas que piensan de forma diferente a la nuestra y que tienen estilos y capacidades que admiramos, pero de los que carecemos, podemos estar seguros de que podrán enseñarnos cosas nuevas. Desde mi padre, pasando por Venky en Junglee, hasta mi jefe Omid en Google, los líderes a los que he seguido han tenido cualidades diferentes a las mías, como una gran paciencia y diplomacia, un estilo discreto y la capacidad de hacer que los demás se sientan escuchados (para bien y para mal, tiendo a ser intensa, a compartir las opiniones antes de tiempo y a aportar mucha energía a cualquier situación). Al complementar mis propias tendencias, estos líderes me han ayudado a ejercitar mis mayores puntos fuertes en un entorno seguro y de confianza, a la vez que me han enseñado nuevas formas de manejar las situaciones de forma más productiva.

Para saber si merece la pena seguir a un jefe, yo también evaluaría si sus valores parecen coincidir en gran medida con los nuestros. Si un líder comparte valores subyacentes con nosotros, es más probable que lo entendamos y lo respetemos. A su vez, será más probable que nos quedemos el tiempo suficiente para hacer contribuciones significativas, lidiar con sus peculiaridades y seguir aprendiendo lo máximo. Es difícil discernir si una persona comparte nuestros valores cuando la conocemos por primera vez, pero podemos investigar su historial (incluida la forma en que ha manejado situaciones difíciles), obtener información acerca de su reputación de sus colegas actuales y anteriores o de sus subordinados directos. También podemos preguntarle directamente sobre sus valores y comparar sus respuestas con lo que nuestra investigación ha revelado para hacernos una idea de su propia conciencia.

La antigua directora general de TaskRabbit, Stacy Brown-Philpot, pasó una fase importante de su carrera desempeñando funciones de liderazgo en Google. Al describir su decisión de incorporarse a la empresa, cuenta cómo se sometió a una serie de entrevistas de un día de duración con los líderes de Google y quedó sorprendida no solo por la inteligencia de las personas que había conocido, sino por su «coincidencia de valores» con ella. A ella le interesaba hacer más cosas con su trabajo que solo ganar dinero, y descubrió que la gente de Google estaba igualmente centrada en una misión superior. Como ella recuerda:

> Todas las personas habían alcanzado ya muchos logros, pero hablaban con un sentido de humildad y también querían algo más grande que ellos mismos. Querían algo mejor que ellos mismos… Les importaba mucho la misión [de Google], era más grande que ellos. Iban a trabajar con muchas otras personas para hacer realidad esta misión. Y eso me atrajo. Me atrajo la gente que se preocupa por algo más grande que ellos mismos y que quiere trabajar con otros para hacer realidad algo así.

Uno de los puntos álgidos del día llegó al final, cuando se reunió con Sheryl Sandberg, la líder que sería su jefa. También en este caso, Brown-Philpot detectó una fuerte coincidencia de valores, esta vez relacionados no solo con el enfoque de la misión, sino con su enfoque de la gestión. Brown-Philpot señala que Sandberg no dedicó mucho tiempo a preguntarle sobre sus capacidades o su experiencia anterior. En cambio, se centró en las razones por las que Brown-Philpot deseaba trabajar en Google. «Demostró que estaba más interesada en mis motivaciones que en mis competencias. Creo que eso es lo que caracteriza a un buen líder, no solo entender lo inteligente que es alguien, sino lo que lo impulsa y lo motiva».

Al recordar mi propia carrera, creo que la alineación de valores me motivó a hacer algunos de mis mejores trabajos, mientras que, en algunos casos, la falta de correspondencia me llevó a la lucha. Dos de mis valores más importantes —la autenticidad y el afán de superación— aparecieron en los líderes y las culturas que encontré en Merrill Lynch, British Sky Broadcasting, Junglee, Google y Yodlee, entre otros. En OpenTV, luché por trabajar con un líder cuyos valores (más tarde) juzgué diferentes a los míos. Más adelante en mi carrera, cometí otro doloroso error en torno a la alineación de valores que resultó más costoso (después se hablará de ello).

Si vas a seguir a alguien y asumir un riesgo importante, asegúrate de que merece la pena. Como escribe Finkelstein: «Los superjefes son los grandes entrenadores, despiertan el talento y son maestros del liderazgo en la mayoría de los sectores. En efecto, los superjefes han dominado algo que la mayoría de los jefes pasan por alto: un camino hacia un extraordinario éxito, basado en hacer que otras personas tengan éxito». Tanto si somos un verdadero superjefe, como si solo somos un superjefe, nuestra principal tarea a la hora de asumir riesgos inteligentes es asegurarnos de que valoramos con quién trabajamos tanto como lo que hacemos.

QUIÉN + QUÉ = ASOMBROSO

Al sopesar si debemos arriesgarnos teniendo en cuenta el quién o el qué de una elección que estamos contemplando, debemos tener en cuenta que a menudo no tenemos que hacer un sacrificio. Podemos hacer un trabajo que sea interesante en sí mismo y hacerlo con personas que potencien nuestro propio aprendizaje e impacto. Cuando la gente me pregunta sobre mi propia trayectoria profesional, suelo decirles que «hacer un gran trabajo con grandes personas» me ha permitido realizarme profesionalmente y progresar rápidamente. Pero si damos prioridad a la búsqueda de personas que nos enseñen, nos complementen, nos desafíen y nos motiven a aprender de forma casi desmesurada, es probable que nos sintamos más comprometidos y estimulados por aquello en lo que decidamos centrarnos.

IDEAS CLAVE

- Para asumir riesgos más inteligentes, sobrevalora el «factor humano» en tus elecciones.
- Las grandes personas nos ayudan a aprender por ósmosis, con los desafíos activos, el *coaching* y el aprendizaje social.
- Para detectar a tus propios superjefes potenciales, fíjate en los talentos que traen, en sus puntos fuertes y habilidades en relación con los suyos, y en el grado de coincidencia de tus valores.

7

No depende solo de ti

Durante la década que siguió a mi arriesgado traslado a California, mi carrera floreció. Pasé de ser una joven directora de desarrollo de negocios en una empresa tecnológica a convertirme en una de las más altas ejecutivas de Google. Por el camino, ayudé a crear otra empresa que se vendió con éxito a Amazon, lancé mi primera empresa tecnológica y ayudé a Google a lanzar y ampliar varios negocios, entre ellos, su operación internacional y Google Maps.

Me han dado mucho crédito por haber convertido mi carrera en un cohete de oportunidades y crecimiento. Es cierto que me sumergí en el proceso de encontrar oportunidades, trabajar sin descanso, acumular éxitos y fracasos, y desarrollar capacidades y habilidades de liderazgo. Pero, en un nivel básico, tuve mucha suerte.

En 1997, cuando llegué a California, Internet empezaba a explotar.

Lanzada apenas tres años antes, Amazon salió a bolsa ese año como una librería en línea. Google, el actual gigante de las búsquedas, recién se fundaría en septiembre de 1998. (Yahoo.com, basado en la idea de que un único portal podía reunir todas las noticias del día, el entretenimiento deportivo y las cotizaciones bursátiles para el usuario en un solo lugar, era el gigante de la época). Los inversores de capital de riesgo invertían dinero en los nuevos servicios que los consumidores querían tener en línea, mientras los empresarios soñaban con lo que pronto se podría hacer en dispositivos móviles más pequeños. En aquel momento, el dispositivo móvil más popular de trasmisión de datos era el BlackBerry, un dispositivo portátil con un teclado completo que utilizaban los ejecutivos más ocupados para enviar y recibir correos electrónicos. En 1997, la *startup* Unwired Planet trabajó con las tres mayores empresas de telefonía móvil de la época —Nokia, Ericsson y Motorola— para identificar un estándar llamado WAP que permitiera a las empresas transmitir mejor los datos a través de las redes para que el sector pudiera crecer.

Me gustaría poder decir que fui un genio que previó el ritmo y la magnitud del crecimiento de Internet y que sabía qué segmentos de la industria tecnológica se expandirían más rápidamente, pero prefiero no mentir. Aunque como consumidora conocía los nombres tecnológicos más importantes, como AOL o Yahoo, no tenía información privilegiada. Me centré sobre todo en conseguir una oportunidad empresarial para mí. No importaba: todo el sector se estaba acelerando, y me arrastró frente a una enorme oportunidad. Mirando hacia atrás, comparo mi viaje con el de Nemo en la corriente de Australia Oriental hasta llegar a las orillas de un nuevo y vasto continente. La verdad es que simplemente me monté en uno de los mayores vientos de cola imaginables, el crecimiento de Internet.

Los individuos más hábiles a la hora de correr riesgos saben que se trata solamente de ellos y están más atentos que la mayoría al entorno externo. Al reconocer que las fuerzas externas pueden influir de manera extrema en sus probabilidades de éxito, tratan de anticiparse a esas fuerzas a la hora de elegir qué riesgos asumir y cuáles evitar. Tratan de identificar y aprovechar las tendencias de viento de cola que podrían acelerar sus probabilidades de éxito y evitar los vientos en contra en la medida de lo posible. Todos deberíamos esforzarnos por hacer lo mismo. Para convertirnos en personas inteligentes que asumen riesgos, debemos levantar la cabeza para evaluar cómo las circunstancias cambiantes que nos rodean deberían dar forma a nuestras decisiones. Debemos tratar de identificar las corrientes de posibilidades externas que pueden proporcionarnos el combustible que nos ayude a llegar a donde queremos ir.

EL MITO DEL CONTROL

Si te resulta extraño pensar en las grandes tendencias externas a la hora de elegir, no eres el único. Muchos de nosotros tendemos a descuidar nuestro entorno como un factor de éxito, y nos centramos en nosotros mismos y en nuestra capacidad para elaborar un plan perfecto y hermético. La sociedad nos enseña a valorar la libertad, la autodeterminación, la autonomía y la perseverancia, por lo que suponemos que la asunción de riesgos depende de nosotros y de factores que están totalmente bajo nuestro control. Si nos esforzamos lo suficiente, pensamos, planificamos nuestras acciones con la suficiente atención y ejecutamos nuestros planes con la suficiente diligencia y persistencia, seguro que tendremos éxito. Del mismo modo, interiorizamos como propios los fracasos que experimentamos. Si no podemos convertir nuestros sueños en realidad gracias a nuestra propia diligencia y determinación, debemos tener algún defecto fundamental.

Como han observado investigadores y filósofos, los seres humanos tenemos una necesidad emocional e incluso biológica de sentir que controlamos nuestros deseos. Cuando carecemos de la capacidad de elegir, perdemos la confianza en nuestras habilidades, nos sentimos impotentes y somos más propensos a la depresión y otras enfermedades. Como afirman los estudiosos: «La necesidad de control está motivada biológicamente, lo que significa que las bases biológicas de esta necesidad han sido seleccionadas adaptativamente para la supervivencia evolutiva». Sin duda, la noción de que podemos prever y controlar nuestros propios resultados nos ayuda a mantenernos motivados para perseguir objetivos en medio de los desafíos. Si no podemos elegir y manifestar nuestro propio destino, si simplemente estamos en deuda con las circunstancias que nos rodean, ¿por qué molestarse en perseguir cualquier objetivo ambicioso?

La oportunidad que tenemos ante nosotros es la de forjar nuestro destino mediante nuestras elecciones, acciones y respuestas, reconociendo que no controlamos nuestro entorno. Podríamos suponer que las condiciones externas son estáticas o «neutras», pero esto rara vez es cierto. Si nos empeñamos en suscribir este mito del control, corremos el riesgo de frustrar nuestros propios esfuerzos. Impedimos nuestro aprendizaje para la próxima vez, al no identificar y comprender las fuerzas que nos rodean y que desvían los resultados de nuestras elecciones. Si seguimos concentrando toda nuestra energía en nuestros planes internos, también podemos perder la oportunidad de encontrar y responder a las oportunidades que nos presenta nuestro entorno.

De este modo, suscribir el mito del control nos da, paradójicamente, menos control sobre nuestros destinos. Si logramos despojarnos de este mito y estar atentos a los vientos de cola y a los vientos en contra siempre que elijamos una oportunidad, podremos programar mejor nuestras elecciones para aprovechar estas macrotendencias (positivas o negativas), aprender a anticiparse a las nuevas fuerzas y ser mejores y más eficaces a la hora de asumir riesgos.

METRO Y COCOS

Identificar los vientos de cola y los vientos en contra no significa tratar de predecir el futuro a la perfección. Los expertos en gestión Spyros Makridakis, Robin M. Hogarth y Anil Gaba, que escriben sobre la predicción en contextos empresariales, sugieren que no podemos predecir el futuro con exactitud, ni siquiera utilizando técnicas avanzadas. No podemos extrapolar completamente las realidades futuras a partir del pasado, ya que «el futuro suele parecerse un poco al pasado, pero nunca es exactamente igual». Incluso si utilizamos modelos matemáticos sofisticados para predecir el futuro, comprobamos que tienen dificultades para tener en cuenta todos los datos del pasado y predecir el futuro con exactitud. Los humanos no lo hacemos mejor que los modelos estadísticos; de hecho, somos peores, un problema que se agrava por la ignorancia de nuestras propias deficiencias. Poseer una gran cantidad de conocimientos especializados no ayuda, ya que los expertos no suelen predecir más que la persona media bien informada.

Lo que sí podemos hacer, dadas las similitudes imperfectas que existen entre el pasado y el futuro, es evaluar las tendencias que ya existen antes de tomar nuestras decisiones, identificando las condiciones visibles hoy y extrapolando a partir de ellas para hacer conjeturas aproximadas sobre lo que sucederá después. En su análisis, Makridakis, Hogarth y Gaba distinguen entre los acontecimientos que son totalmente imprevisibles y los que, aunque sean imprevisibles, tienen cualidades que podemos anticipar. Podemos modelar estadísticamente las variaciones en la puntualidad o la tardanza del metro cuando nos dirigimos al trabajo, teniendo en cuenta estas variaciones en nuestra planificación (por ejemplo, y así resolver los cinco minutos de cada mañana). Pero por muy sofisticados que sean nuestros pronósticos, no podemos predecir ni planificar sucesos extraños, como que nos caiga un coco en la cabeza cuando estamos de vacaciones. Como observan estos autores, los sucesos extraños son «menos raros de lo que se piensa» y pueden ser tanto positivos (ganar la lotería, por ejemplo) como negativos (ese maldito coco).

Para ser más inteligentes a la hora de asumir riesgos, debemos intentar anticipar las grandes tendencias del tipo «metro» que pueden afectar a nuestras elecciones y tenerlas en cuenta a la hora de tomar decisiones. Estas tendencias son desarrollos macroeconómicos, como el crecimiento de un comportamiento de consumo (como los juegos en nuestros teléfonos móviles) o de una industria en la que estamos pensando en incorporarnos. También pueden ser tendencias más específicas, como el tamaño y el ritmo al que crecen y disminuyen los beneficios de una empresa o visión, y por qué. Para aprovechar los vientos de cola actuales o evitar los vientos en contra, debemos observar lo que está ocurriendo en la actualidad y podemos suponer razonablemente que continuará en la misma dirección. No podremos anticipar perfectamente la magnitud de estas tendencias ni el ritmo al que cambiarán, pero eso está bien. Si identificamos aproximadamente lo que puede ayudar o dificultar las apuestas que estamos pensando hacer, aumentaremos las probabilidades de que nuestra elección tenga en cuenta estas condiciones. Desbloquearemos más oportunidades y aceleraremos nuestro éxito.

¿POR QUÉ LOS VIENTOS DE COLA MANDAN?

Los analistas han escrito volúmenes sobre el impacto de los macroentornos y las condiciones en el éxito a largo plazo de las empresas. Como ha demostrado la investigación, las empresas que identifican y aprovechan las tendencias externas tienden a crecer mucho más rápido que los competidores que se centran solo en sí mismos y tratan de hacer pequeñas mejoras en sus operaciones. Del mismo modo, cuando las empresas intentan superar los grandes e importantes vientos en contra introduciendo solo pequeñas mejoras operativas, es más probable que fracasen a largo plazo.

La forma en que las empresas participan en las macrotendencias tiene importantes implicaciones para nosotros a la hora de asumir riesgos en nuestra carrera. Cuando nos instalamos en empresas que aprovechan los vientos de cola, es probable que también veamos un aumento muy grande en las oportunidades de carrera disponibles para nosotros. Los puestos de trabajo individuales crecerán en alcance y tamaño a medida que la empresa se esfuerza por contratar lo suficientemente rápido para mantener el ritmo de su crecimiento. Las personas competentes recibirán más rápidamente nuevos retos y funciones de gestión, incluidas las oportunidades de ascender y moverse lateralmente a nuevas áreas dentro de una organización. Incluso los que trabajan en organizaciones de crecimiento más lento pueden experimentar un crecimiento profesional extraordinario a medida que surgen nuevas divisiones o grupos para tratar de aprovechar las nuevas tendencias empresariales.

Según mi experiencia, los profesionales se centran más en el tamaño absoluto de las empresas que en las tendencias empresariales importantes a la hora de tomar decisiones de contratación. ¿Por qué dejar un trabajo en una unidad de negocio a gran escala que ya se considera importante para unirse a un nuevo equipo que es pequeño, pero que crece rápidamente? Estos traslados pueden parecer una degradación, pero, a menudo, se convierten en algunas de nuestras mejores oportunidades para avanzar de forma extraordinaria aprovechando nuevos vientos de cola.

Considera por un momento cómo uno de los directores generales más famosos del mundo, Satya Nadella de Microsoft, llegó a la cima de su organización aprovechando un viento de cola poderoso y muy específico. En 2011, el entonces consejero delegado de Microsoft, Steve Ballmer, pidió a Nadella, un líder de confianza y veterano en la empresa, que se hiciera cargo de una de las vacas lecheras de Microsoft, el negocio de servidores y herramientas. Esta unidad supervisaba productos, como Windows Server (que soporta el producto estrella de Microsoft, el sistema operativo Windows), que las empresas utilizaban en sus grandes centros de datos. Pero al lado de esa unidad, un grupo perseguía una nueva apuesta: la plataforma en la nube Azure de Microsoft. Aunque esta plataforma está desde los inicios en Microsoft, este servicio acabaría provocando una disrupción en las principales fuentes de ingresos de Microsoft, ya que socavaría la necesidad de las empresas de comprar más y más *software* y servidores para sus centros de datos.

Como resultado, esto causó mucha consternación internamente, ya que esencialmente competiría con los miles de millones en ventas de *software* y servidores que eran el pan de cada día de la división. Como señala Nadella en su libro, *Hit Refresh*: «La organización estaba profundamente dividida sobre la importancia del negocio de la nube. Había una tensión constante entre fuerzas divergentes. Por un lado, los líderes de la división decían: "Sí, existe esta cosa de la nube" y "Sí, deberíamos incubarla", pero, por otro lado, rápidamente pasaban a advertir: "Es necesario recordar que tenemos que centrarnos en nuestro negocio de servidores"».

En lugar de rehuir esta nueva área de negocio, Nadella reconoció los servicios de alojamiento en la nube como una macrotendencia masiva y concluyó que Microsoft tenía que formar parte para ganar. Amazon Web Services (el mayor proveedor de alojamiento en la nube del mercado) ya era uno de los segmentos y centros de beneficios de mayor crecimiento de Amazon. Al detectar la oportunidad, Nadella empezó a dedicar una cantidad desproporcionada de su tiempo a la oferta de nube de Microsoft, tratando de ayudar a la empresa a pivotar hacia este importante viento de cola a pesar de todo el escepticismo interno. «Tenía una idea muy clara de hacia dónde teníamos que ir», recuerda.

¿Representaba todo esto un gran riesgo para Nadella y su trayectoria empresarial? Por supuesto. Pero también intuyó que se obtendrían recompensas extraordinariamente grandes si se sintonizaba con la tendencia masiva de la computación en la nube.

Microsoft empezó a perder su reputación de empresa adormecida con el auge de la división de la nube y, en 2014, Nadella fue nombrado nuevo director general de la empresa. En ese momento, Satya Nadella fue nombrado nuevo consejero y dirigió uno de los mayores cambios en la historia de las empresas, ya que ayudó a Microsoft a reafirmar su posición entre los principales gigantes tecnológicos del mundo. Como observa: «Un líder debe ver las oportunidades externas y la capacidad y cultura internas —y todas las conexiones entre ellas—, y responder a ellas antes de que se conviertan en partes obvias de la sabiduría convencional». Del mismo modo, nosotros, como individuos, también debemos detectar las oportunidades externas, hacerlas coincidir con nuestras propias capacidades y aprovechar las mareas crecientes.

CÓMO LOS VIENTOS EN CONTRA PERJUDICAN (Y AYUDAN)

Mientras que las divisiones, las empresas y los sectores con fuertes vientos de cola experimentan un crecimiento más rápido, los que se enfrentan a fuertes vientos en contra se ven sometidos a una presión constante para acelerar su rendimiento mientras pivotan hacia nuevas áreas de oportunidad. Los individuos de las empresas que se enfrentan a vientos en contra suelen experimentar presiones similares. Afortunadamente, no somos impotentes frente a estas situaciones. Si sabemos lo que hay que hacer, también podemos encontrar oportunidades de crecimiento profesional.

Nuestro primer paso —y más obvio— es reconocer el tamaño y la magnitud de las fuerzas externas negativas que nos rodean y que pueden afectar el crecimiento de nuestras carreras. Como vimos con la planificación del riesgo, solo podemos descubrir cómo sobrevivir y posiblemente prosperar en condiciones adversas si nos tomamos el tiempo para entenderlas. Identificar los vientos en contra más fuertes y observables podría parecer que fomentaría la clásica mentalidad de víctima, haciéndonos sentir indefensos y creyendo que todo nos pasa a nosotros. Por el contrario, evaluar honestamente el entorno externo, así como nuestro propio pasado y nuestras posibles respuestas, puede darnos más, y no menos, autonomía en situaciones difíciles.

Por ejemplo, podemos pensar que, si el crecimiento de nuestra empresa se estanca, significará un menor potencial de movilidad ascendente dentro de la organización o un límite en el alcance de nuestros trabajos actuales. También podemos pensar que nuestra empresa, con problemas de liquidez, recortará la mayor parte de los recursos que necesitamos para ejecutar un nuevo programa que era nuestro principal objetivo para el próximo año. Con esta información en la mano, podemos ajustar nuestras propias expectativas y capacitarnos para pensar estratégicamente en la mejor manera de reaccionar.

Una opción, por supuesto, es simplemente marcharse y buscar un macroentorno más propicio para el crecimiento de la carrera en otro lugar. Hay que pensarlo bien antes de dar este paso, porque las circunstancias desafiantes pueden ofrecernos a menudo algunas de las mejores oportunidades profesionales. Podríamos identificar oportunidades que contribuyan más con nuestro trabajo actual y, así, acelerar nuestro propio aprendizaje y desarrollo. Dado lo difícil que es para las empresas competir por los mejores talentos, nuestros jefes pueden pedirnos que asumamos nuevas áreas de responsabilidad laboral o que mejoremos la eficiencia de nuestro equipo. La disposición a asumir nuevos retos y objetivos, incluso los más difíciles, amplía nuestras capacidades, nos da la oportunidad de tener un mayor impacto en ese momento y nos hace mucho más atractivos para los futuros empleadores. Hoy en día, los reclutadores sitúan la flexibilidad y la resistencia de los nuevos contratados entre los rasgos más atractivos, y las situaciones de viento en contra nos permiten desarrollar y demostrar estas habilidades de un modo que, de lo contrario, no podríamos demostrar.

Un vistazo a la carrera de la pionera ejecutiva de la banca, Jane Fraser, da fe de las grandes posibilidades que pueden abrir las situaciones de viento en contra. Como primera mujer directora general de Citigroup (la primera mujer en dirigir una institución financiera mundial de primer orden), Fraser ascendió al poder a través de al menos dos importantes situaciones de cambio radical en las que se enfrentó a fuertes vientos en contra. En 2013, fue nombrada jefa del negocio hipotecario de Citigroup, que seguía luchando por recuperarse de la crisis de los préstamos de alto riesgo de la gran recesión. Bajo su supervisión, la empresa resolvió las reclamaciones relacionadas con las hipotecas defectuosas que habían pasado a los prestamistas gubernamentales, con un coste de cientos de millones de dólares. A continuación, Fraser dirigió el cambio de rumbo del problemático negocio de Citigroup en América Latina: realizó inversiones estratégicas y ayudó a transformar una cultura que se había mostrado demasiado complaciente con las conductas poco éticas. Como señaló un medio de comunicación: «Fraser se hizo un nombre revisando los puntos problemáticos de Citigroup». Piénsalo dos veces antes de dejar pasar situaciones de viento en contra. Pueden ser precisamente las oportunidades que necesitas para llegar a la cima.

A la hora de decidir si nos quedamos o nos vamos, tenemos que evaluar en qué medida los vientos en contra limitarán el crecimiento de nuestras carreras y sopesarlo frente a las nuevas oportunidades de contribución y avance que obtendremos si nos quedamos. Si podemos desarrollar nuestras habilidades y lograr un mayor impacto en un entorno de confianza, entonces es posible que acabemos maximizando más nuestro crecimiento profesional y de liderazgo si nos quedamos que si nos marchamos.

¿CÓMO LIDIAR CON LOS COCOS?

La mayoría de los vientos en contra y los de cola son acontecimientos rutinarios en los negocios: como el metro, son situaciones o tendencias que podemos identificar fácilmente y a las que podemos responder de forma coherente. En cambio, poco puede prepararnos para los cocos en nuestra carrera: los cambios repentinos y abruptos en nuestras condiciones externas que son imposibles de predecir, pero que pueden alterar significativamente nuestra realidad casi de la noche a la mañana. Aunque nunca desearíamos encontrarnos con estas fuerzas inesperadas a lo largo de nuestra vida, ofrecen algunas de las mayores oportunidades de crecimiento y aprendizaje profesional, y también personal, que jamás tendremos.

En 2012, tras un fracaso en su intento de conseguir un escaño en el Congreso de Estados Unidos, Reshma Saujani fundó Girls Who Code, una organización sin ánimo de lucro dedicada a enseñar a las niñas habilidades de programación para remediar la disparidad de género en la tecnología. La organización creció rápidamente, debido en parte a las macrotendencias en torno a la diversidad y la inclusión en los Estados Unidos. En 2020, esta organización asistió a más de 300.000 niñas de todo el mundo, y solo ese año contaba con 8.500 clubes de Girls Who Code, 80 programas de inmersión de verano en empresas tecnológicas y 80.000 exalumnas universitarias en su red. Entonces, en marzo de ese año, se produjo un viento en contra masivo e inesperado: la pandemia de la COVID-19. Como todas las actividades de la organización eran presenciales, se suspendieron casi de la noche a la mañana. La crisis económica resultante amenazó los dólares de las empresas que apoyaban la organización.

Para Reshma, que en ese momento estaba de baja por maternidad, la crisis fue un momento de verdad profundamente personal. «Tengo casi cinco empleados a tiempo completo y miles de personas a tiempo parcial que dependen de mí para cobrar su salario y pagar la asistencia sanitaria. En ese momento, tuve que tomar una decisión. ¿Íbamos a pivotar y dedicarnos a trabajar para construir un producto que fuera virtual? ¿O íbamos a hacer una pausa y aguantar?». Pivotar representaba tanto un riesgo enorme como una elección dolorosa. Reshma tendría que transformar completamente la organización, rediseñar sus ofertas para que estuvieran disponibles *online*. No estaba claro si podrían lograrlo con éxito.

Reshma evaluó que la pandemia no pasaría rápidamente y que la educación virtual se convertiría en una necesidad a corto y medio plazo y, junto con su equipo, decidió dar un giro. En ocho semanas, la organización diseñó, construyó y puso en marcha clubes virtuales extraescolares, un programa virtual de inmersión en el verano y un producto de aprendizaje a distancia. Como reflexiona Reshma, su equipo «fue capaz de hacer lo que los distritos escolares de todo el país no han hecho, es decir, tomar una decisión difícil, arriesgarse, equivocarse potencialmente sobre lo que piensas acerca de cuánto va a durar esta crisis y, por lo tanto, ser capaz de servir a miles y decenas de miles de estudiantes, millones de estudiantes». En agosto de 2020, solo cinco meses después de la pandemia, Girls Who Code había enseñado virtualmente a más de 5.000 niñas y se había hecho notar por haber creado uno de los productos educativos más innovadores del panorama nacional. «Acabamos no solo sobreviviendo a la crisis —dice Reshma— sino prosperando».

Reshma no es la única que ha convertido una crisis del tipo «coco» en una oportunidad oculta de aprendizaje y crecimiento. Como ha demostrado un estudio, los ejecutivos de las empresas pueden acelerar drásticamente su camino hasta convertirse en directores generales si tienen la oportunidad de demostrar su capacidad si asumen tareas complejas y «desordenadas», y las resuelven. «Cuando se enfrentan a una crisis —señalan los autores del estudio— los líderes emergentes tienen la oportunidad de demostrar su capacidad para evaluar una situación con calma, tomar decisiones bajo presión, asumir riesgos calculados, reunir a otros a su alrededor y perseverar ante la adversidad. En otras palabras, es una gran preparación para el puesto de director general».

¿MARCAR TENDENCIAS O SEGUIRLAS?

Hasta ahora hemos hablado de la importancia de identificar y reaccionar ante las tendencias más visibles a la hora de tomar decisiones. Pero algunos de los riesgos más notables que podemos asumir en nuestras carreras son aprovechar las oportunidades de adelantarnos a los acontecimientos y ayudar a crear servicios nuevos y disruptivos. ¿Cómo debemos pensar en estas oportunidades? ¿Debemos fundar o unirnos a empresas que aspiran a beneficiarse y crecer al ser los primeros en identificar una tendencia incipiente y cambiar la forma de comportarse de la gente?

Silicon Valley lleva mucho tiempo celebrando la idea de la empresa verdaderamente disruptiva y los emprendedores han lanzado muchas nuevas tecnologías porque preveían que a los clientes les encantaría una oferta innovadora y estarían dispuestos a adoptarla. Ojalá más gente pudiera experimentar el proceso de soñar con algo y construirlo desde cero. Realmente, es uno de los trabajos más divertidos, ambiciosos, creativos y gratificantes que jamás haremos. He apostado por las innovaciones gran parte de mi carrera y he experimentado un enorme crecimiento personal y profesional al desafiarme a mí misma de este modo. Pero elegir ser el que crea las tendencias es un riesgo muy específico. No hay duda de que tendremos la oportunidad de aumentar nuestras habilidades y capacidades, pero cuando se trata de saber si realmente es rentable desde el punto de vista financiero, los resultados son más bien contradictorios. Merece la pena conocer los pros y los contras de la innovación en lo que respecta al riesgo financiero.

En 1999, dos años después de llegar a Silicon Valley, y tras la exitosa adquisición por parte de Amazon.com de la empresa a la que me había incorporado, me invitaron a cofundar una nueva y emocionante empresa de tecnología financiera llamada Yodlee. Al conocer a los cinco ingenieros cofundadores de la empresa, salí muy impresionada por la tecnología que habían creado. Como parte de su oferta de servicios, miles de rastreadores web (*spiderbot*) rastrearían Internet y así accederían de forma segura a los saldos bancarios, las cuentas de corretaje, las facturas, los programas de recompensas de las aerolíneas, etc. El servicio ofrecería a los usuarios una visión agregada de toda su información personal en una sola pantalla. Yodlee había conseguido un gran apoyo inicial de *Business angels*, tenía doce ingenieros que trabajaban día y noche, y necesitaba un empresario que se uniera al equipo fundador y le ayudara a encontrar la forma de seguir desarrollando el servicio, distribuirlo y crear un modelo de negocio.

Con veintinueve años recién cumplidos, estaba dispuesta a dejar Amazon.com para cumplir mi sueño de convertirme en emprendedora.

Durante el verano de 1999, recaudamos más de 15 millones de dólares de dos de los más famosos capitalistas de riesgo de Silicon Valley con la promesa de convertirnos en «el Yahoo de toda tu información personal». Pero, un año después de lanzar esta visión, nos dimos cuenta de que era difícil conseguir que un gran número de consumidores adoptaran directamente nuestro servicio, ya que tendrían que confiar enormemente en nosotros para entregarnos todas sus contraseñas personales. Así que cambiamos de rumbo y ofrecimos nuestros servicios a grandes instituciones financieras como Citibank y Merrill Lynch, con la idea de que los comercializaran entre sus clientes.

Con el tiempo, Yodlee se convirtió en un proveedor de *software* de empresa a empresa, recaudó más de 141 millones de dólares y generó ingresos mediante la concesión de licencias de su servicio a las grandes instituciones financieras. Sin embargo, los consumidores nunca adoptaron ampliamente la tecnología a través de nuestros socios en la primera década de la empresa, ya que nuestro servicio estaba adelantado a su tiempo. Los consumidores estaban acostumbrados a recibir y pagar las facturas por correo y solo habían configurado una pequeña parte de sus cuentas

financieras para el acceso en línea. Al darles la oportunidad de recopilar toda su información en un solo lugar en
línea, les estábamos proporcionando demasiada funciona-
lidad que todavía no querían o no valoraban lo suficiente.

Sin embargo, Yodlee siguió adelante, recaudó más dinero a pesar de que los ingresos crecían más lentamente de
lo previsto. Sobreviviendo al *boom* de las punto.com y a la
caída de los primeros años de la década de 2000, se convirtió en un servicio de apoyo para muchas nuevas empresas
financieras, trabajando entre bastidores para recopilar los
datos que estas empresas *startups* necesitan para funcionar.
En 2007, se lanzó Mint.com, que generó una gran expecta-
tiva por sus herramientas para el consumidor, pero que
tampoco consiguió atraer a suficientes usuarios. Inteligen-
temente, su fundador vendió la empresa a Intuit por 170
millones de dólares tras solo tres años de actividad. El servicio contaba con más de un millón de clientes, pero estos
usuarios se sentían bastante entusiasmados con la promesa
del producto.

A partir de 2010, cada vez más consumidores se sintie-
ron más cómodos gestionando sus asuntos financieros en
línea. El sector de la tecnología de servicios financieros
comenzó a acelerarse, impulsado por el dinero de los capitalistas de riesgo. En 2014, diez años después de su funda-
ción, Yodlee salió a bolsa y obtuvo una respetable valoración
de 450 millones de dólares. Pero la empresa nunca se convirtió en el mayor servicio de su tipo, a pesar de ser el primero. En 2013, un servicio de *software* más reciente y
oportuno llamado Plaid se lanzó para dar servicio a la industria y fue adquirido por VISA por más de 5.300 millones de dólares en 2019. No obstante, como pioneros del

sector y columna vertebral sobre la que se construyó una industria y empresas aún más grandes, estaba inmensamente orgullosa de lo que habíamos logrado.

Muchos de los empleados de Yodlee recibieron ofertas de otras empresas de éxito de Silicon Valley o crearon sus propias empresas. Yo no fui una excepción y dejé Yodlee en 2003, casi cinco años después de haber empezado en la compañía. No quedaba ningún puesto de responsabilidad para mí: el puesto de director general estaba felizmente ocupado por Anil Arora, el ejecutivo que yo había ayudado a reclutar para Yodlee tantos años antes (por una propuesta que hice en el reverso de una servilleta, por cierto). Afortunadamente, la reputación que me había forjado en Yodlee hizo que Google se interesara por mí, y me incorporé como una de sus primeros 1.200 empleados.

A pesar de todo el éxito de Yodlee en su sector (la historia se relata en el libro *The Money Hackers* de Daniel P. Simon), no gané mucho dinero con mi propia empresa: unos 300.000 dólares en total durante esos dieciséis años. Para empezar, mi capital como última fundadora era pequeño. Dada la gran cantidad de capital que Yodlee necesitó reunir para seguir adelante durante dieciséis años, mi participación se convirtió en algo minúsculo al final. En total, solo valía unos 20.000 dólares sin los impuestos durante los muchos años que se tardó en obtener un resultado financiero, o unos 10.000 dólares contando los impuestos. Al mismo tiempo, Amazon —la empresa cuyas acciones abandoné para entrar en Yodlee— desarrolló la macrotendencia de las compras en línea y sobresaliente y estratosférica financiera. Entre 1999 y 2020, el valor de las acciones de Amazon pasó de 97 a 3.500

dólares, con una valoración total en 2020 de 1,8 billones de dólares.

Nuestro equipo fundador de Yodlee nunca habría podido predecir el curso y el ritmo al que los consumidores adoptarían los servicios financieros en línea. No sabíamos lo adelantados que estábamos en anticipar esta tendencia. Del mismo modo, no podía predecir que Amazon pasaría de ser un vendedor de libros a un estudio de cine, un gigante de la entrega y la logística más grande que Walmart, y una empresa de computación en la nube utilizada por millones de empresas en línea. Sin embargo, nada de esto importaba. Yodlee me proporcionó una carrera al crear mi propia empresa, perfeccionar mis habilidades de liderazgo por primera vez y ganar reputación como innovadora y líder, entre otros beneficios. A su vez, estos logros me han abierto muchas otras oportunidades profesionales, como la oferta de unirme a Google y crear nuevos negocios allí y, más tarde, participar en el enorme sector de la tecnología como miembro del consejo de administración e inversor.

Tratar de predecir cuándo estarán preparados los usuarios para un concepto prometedor es un asunto complicado. Incluso los mejores equipos y talentos tendrán dificultades para triunfar si su momento no es el adecuado. Silicon Valley tiene un dicho que, aunque es un cliché, merece ser repetido: «Entre grandes equipos y malos mercados, los malos mercados ganan». Sin embargo, si se puede vivir con la incertidumbre del mercado, la innovación ofrece algunas de las mayores recompensas profesionales por el riesgo que se asume al crear algo nuevo. Y lo que es más importante, se obtiene la oportunidad de acelerar el aprendizaje, las contribuciones y la agilidad.

Cuando nos lanzamos a la innovación, nos enfrentamos a un camino más imprevisible, pero aprendemos a anticipar, evaluar, responder y pivotar a un nivel de superhéroe, independientemente del resultado.

EL CEREBRO EN LA CABEZA Y LOS PIES EN LOS ZAPATOS

Como ejercicio, evalúa tus intentos de asumir riesgos en el pasado, y revisa no solo los esfuerzos propios, sino las macrocondiciones en las que operaste.

Realiza un análisis similar de las acciones llevadas a cabo por personas aparentemente exitosas que admiras de lejos. Como probablemente descubrirás, siempre hay fuerzas en juego a nuestro alrededor que podemos sobrestimar, subestimar o no predecir en absoluto al calcular nuestros riesgos. Nunca somos tan terribles como podríamos percibir en nuestros peores resultados, ni somos tan brillantes como los demás creen que somos cuando tenemos éxito.

No podemos controlar todos los resultados por pura voluntad, pero siempre podemos elegir hacia dónde nos dirigimos y maximizar nuestras posibilidades de éxito al identificar y posicionarnos continuamente para tener en cuenta las fuerzas cambiantes que nos rodean. Debemos animarnos: ya sea que naveguemos con vientos de cola que nos permitan crecer más rápido de lo que imaginamos o que encontremos la manera de asumir más responsabilidades frente a los vientos en contra. Siempre podemos navegar hacia una mayor oportunidad. En las inmortales palabras del Dr. Seuss: «Tienes un cerebro en la cabeza, /

tienes los pies en los zapatos, / puedes dirigirte en la dirección que quieras».

IDEAS CLAVE

- Nuestro entorno externo influye de forma desproporcionada en nuestras probabilidades de éxito frente a cualquier elección. Cuidado con adoptar el mito del control.
- Podemos anticiparnos a los vientos en contra y a los vientos de cola («subterráneos») para fijar nuestras oportunidades de crecimiento, aunque nunca podamos predecir del todo los «cocos».
- Busca vientos de cola cuando te incorpores a divisiones, empresas e industrias. En situaciones de viento en contra, busca oportunidades para aprender más rápido y contribuir más.

8

Pero muchas cosas sí. (¿Cómo apostar por nosotros mismos?)

Una amiga mía de unos cuarenta años —la llamaré Margaret— se ha labrado una carrera como editora de gran éxito en la industria editorial. Siempre ha sido una buena escritora en la escuela, de hecho, era una especie de prodigio. Durante su primer año de universidad, el profesor que le impartía un seminario de escritura obligatorio la llamó a su despacho a mitad del semestre para decirle que su nivel de escritura era muy superior al del resto de la clase. Planeaba ponerle un sobresaliente en el curso. Lo único que le pidió fue que continuara participando en clase y ayudara a otros estudiantes con su trabajo.

Margaret tuvo experiencias similares en otros cursos de escritura. Pero solo se dedicó a escribir como medio de vida cuando ya estaba en sus treinta. Hasta entonces, vacilaba entre carreras, luchando por encontrar la forma correcta de canalizar sus pasiones, fortalezas y valores.

Margaret también era muy hábil como música, tocaba el piano en bares y fiestas los fines de semana para ganar dinero extra. Al terminar la universidad, pensó en seguir una carrera creativa como la escritura o la música. Su padre tenía otras ideas: quería que su hija eligiera algo «más seguro», «menos arriesgado».

Le preguntó: «¿Qué te parece si haces un doctorado en Antropología y te conviertes en profesora?». A Margaret le gustaba la antropología y le iba bien. Sobresalía en el entorno estructurado del mundo académico. Como profesora, podría ganarse la vida escribiendo artículos de investigación y tocando música de forma paralela, y tener unos ingresos estables y sin riesgos.

Aterrada ante la perspectiva de vivir como una artista hambrienta e intrigada por la posibilidad de pasar su tiempo leyendo, escribiendo y participando en conversaciones intelectuales nocturnas con estudiantes y profesores, Margaret le hizo caso a su padre y solicitó una plaza en los mejores programas de doctorado. Se presentó a varios y eligió uno que le ofrecía la posibilidad de obtener su título a bajo coste mediante becas y ayudas a la docencia.

Pero la escuela de posgrado no era lo que ella esperaba. Las conversaciones intelectuales eran escasas. Sus compañeros competían intensamente entre sí, deseosos de congraciarse con sus profesores y de hacer carrera. Además, entre la enseñanza y los estudios, la carga de trabajo era abrumadora. Lo más preocupante era que los profesores de Margaret no valoraban el tipo de escritura creativa y con el estilo que le gustaba a Margaret y para la que tenía un talento único. La entrenaban para que produjera una prosa muy rebuscada que a Margaret le resultaba tediosa y que solo era apta para un reducido público de especialistas académicos. Para ellos, la escritura era una mera herramienta para transmitir ideas con precisión, no una forma de arte que pudiera deleitar e inspirar a decenas de miles o incluso millones de personas.

Después de su primer año, y de todos los años siguientes, Margaret deseaba abandonar la carrera y probar otra cosa, pero su padre y sus asesores académicos le insistieron para que siguiera adelante. Decían que era muy buena escribiendo sobre antropología y que, si conseguía obtener el doctorado, algún día sería una profesora increíble con una carrera estable. Ella escuchaba, pero se deprimía cada vez más a medida que avanzaba: una parte esencial de sí misma se sentía asfixiada en el mundo académico. Sin embargo, no se atrevía a dejarlo, por miedo a la falta de objetivos claros o de estructura. Además, se decía a sí misma, estaba avanzando hacia ese hito mágico: su doctorado.

Después de ocho años, cuando Margaret tenía casi treinta años, se doctoró. En ese momento, sabía que no podría soportar una carrera en el mundo académico, así que no lo forzó más. Mientras sus compañeros se presentaban a trabajos académicos, ella se negaba. Sin saber qué hacer y con el consejo de su padre de que se buscara una carrera estable, se presentó a una escuela de Derecho. Entró y ganó una buena beca, pero odiaba tanto las clases que abandonó después de un semestre. Después de esa experiencia, estuvo a la deriva durante unos años, trabajó como investigadora y luego consiguió un trabajo en una empresa. Su avance se produjo después de que su empresa la despidiera. Durante varios meses estuvo aislada, deprimida y subsistiendo con el seguro de desempleo del gobierno. Una mañana pensó: «Hoy no tengo nada que hacer». Y entonces se le ocurrió: «Eso significa que puedo hacer cualquier cosa. ¿Qué quiero hacer?». Una respuesta se formuló en su mente, una que nunca antes se había planteado: «Quiero escribir historias». Se apresuró a ir a su ordenador y se inscribió en un curso de escritura de ficción. Después de unas pocas sesiones, se dio cuenta de que no solo le gustaba escribir historias cortas, sino que era increíble haciéndolo. Tenía una forma única de ver el mundo, una habilidad natural para empatizar con los demás como «personajes» y para proyectar voces en la página. Su profesor leyó un relato que había enviado, el primero que había escrito, y consiguió que un periódico lo publicara.

Unos meses más tarde, un agente literario leyó la historia y se sintió tan conmovido que invitó a Margaret a comer. Por primera vez en su vida, Margaret había dejado de escuchar lo que los demás le prescribían y se centró en lo que sentía que era excepcionalmente bueno y que además le gustaba hacer. Aunque en ese momento no tenía mucho que perder, dejó de lado sus miedos y se lanzó a por ello. Publicó más obras y acabó convirtiendo sus habilidades de escritora en una carrera editorial, llegando a editar docenas de libros, entre ellos varios *best sellers*.

Después de los últimos capítulos, es posible que piense que debe centrarse principalmente en el entorno que le rodea a la hora de decidir qué riesgos asumir. De hecho, quiénes somos y cómo estamos conectados desempeñan un papel fundamental en nuestro éxito. Cuando asumimos riesgos, apostamos por nosotros mismos y por nuestra capacidad para decidir, experimentar, actuar, iterar, ajustar y pivotar de acuerdo con el entorno cambiante que nos rodea. Si somos capaces de identificar no solo nuestras pasiones, sino también nuestros valores y puntos fuertes, podremos tomar mejores decisiones que aprovechen al máximo lo que somos, aumentando nuestras probabilidades de éxito. Podemos encontrar las funciones y los entornos que nos permitan maximizar los resultados que nos proponemos.

Con demasiada frecuencia nos dirigimos a nuestros padres, consejeros, amigos y otras autoridades de confianza para que nos ayuden a elegir una carrera. Por desgracia, sus consejos pueden llevarnos por el mal camino si no tienen en cuenta nuestros dones únicos. Al igual que Margaret, podemos optar por opciones «seguras», persiguiendo objetivos que superficialmente parecen correctos, pero que no se ajustan a lo que somos. Por otra parte, podemos arriesgarnos de forma audaz sin considerar si se ajustan a nuestras pasiones, fortalezas y valores. En la medida en que podamos conectar con lo que nos hace vibrar, nos situaremos en una posición mucho mejor para prosperar a la hora de tomar nuestras decisiones. Somos los protagonistas de nuestras propias películas profesionales, no lo olvidemos. Aunque no controlamos nuestro entorno, ganamos autonomía cuando nos anticipamos y respondemos a las situaciones que nos rodean utilizando todas nuestras capacidades. Pero apostar por nosotros mismos requiere que nos conozcamos a fondo, un requisito previo muy descuidado para asumir riesgos de forma inteligente.

EL «SÁNDWICH» DEL AUTOCONOCIMIENTO

Los sabios nos han aconsejado durante mucho tiempo que busquemos vidas llenas de pasión y sentido de propósito, y nos han animado a su vez a profundizar en nuestro interior para definir esos elementos por nosotros mismos. Como dijo Mark Twain, «Los dos días más importantes de tu vida son el día en que naces y el día en que descubres por qué». Sin embargo, a la hora de asumir riesgos, ¿qué es precisamente lo que debemos tratar de conocer de nosotros mismos para maximizar nuestras posibilidades de éxito?

Pienso en la conciencia de uno mismo como un sándwich de tres capas de autocomprensión que puede ayudar a guiar nuestras elecciones (figura 6). En la parte superior se encuentran nuestras pasiones, las actividades que nos cautivan y emocionan de forma natural. Como hemos señalado, las pasiones pueden evolucionar con el tiempo, algunas se desarrollan y profundizan y otras disminuyen. Además, lo que nos gusta hacer en nuestro tiempo libre puede traducirse o no en una profesión a tiempo completo. Dado que podemos apasionarnos por las habilidades que desarrollamos o por las contribuciones que creemos que podemos hacer de forma única, no queremos anclar nuestras trayectorias profesionales demasiado a una visión fija de lo que es o debe ser nuestra pasión. En lugar de ello, permanecer atentos a lo que nos apasiona en cada momento permite que tengamos en cuenta lo que nos da energía o alegría, ya que podemos elegir el trabajo, pero no estar totalmente encajonados por él.

EL SÁNDWICH DEL AUTOCONOCIMIENTO

PASIÓN – INTERESES Y GUSTOS

SUPERPODERES – FORTALEZAS Y HABILIDADES

VALORES – LO QUE CREEMOS QUE ES JUSTO

Figura 6

Un nivel por debajo de la pasión, en el centro de nuestro sándwich de autoconciencia, encontramos la «carne» de lo que somos: nuestros puntos fuertes innatos y «característicos», así como las habilidades y los conocimientos especializados que adquirimos a lo largo de nuestra vida. Aunque siempre podemos desarrollar más habilidades (como la capacidad de comunicación profesional, de dirigir un equipo o de comprender profundamente un sector) y adquirir más conocimientos, nuestras cualidades personales naturales, como la capacidad de empatizar con los demás, de pensar estratégicamente o de comportarnos de forma carismática, nos distinguen realmente y nos permiten destacar en determinadas tareas. Por supuesto, algunas de las capacidades que podemos adquirir aprovecharán nuestros puntos fuertes característicos y, por lo tanto, resultarán más fáciles, mientras que otras requieren más esfuerzo dadas nuestras disposiciones naturales. Por ejemplo, he desarrollado habilidades para vender porque soy extrovertida y muy enérgica por naturaleza; este es un ejemplo perfecto de cómo las habilidades y las cualidades innatas pueden estar entrelazadas y ser distintas.

En su libro *Career Superpowers*, James Whittaker nos ayuda a corregir un error común que la gente suele cometer al confundir nuestros puntos fuertes con nuestros logros. Sostiene que nuestras credenciales educativas y nuestra experiencia pueden hacernos entrar en una profesión, pero normalmente no nos diferencian. Lo que sí lo hace son las cualidades que poseemos en gran abundancia, son «superpoderes» que nos hacen especialmente eficaces en nuestras actividades. Whittaker describe el arte de construir nuestras carreras como algo parecido a la gestión de un negocio: para acelerar el éxito, hay que redoblar los esfuerzos en lo que se es bueno y dejar de hacer lo que se hace mal. Esto presupone, por supuesto, que tienes al menos una conciencia básica tanto de tus superpoderes como de tus principales debilidades. Si dudas de que tengas tus propios superpoderes, estate tranquilo: como dice mi amiga Kim Scott, autora de *Radical Candor*: «No creo que exista un "jugador B" o un ser humano mediocre. Todo el mundo puede ser excelente en algo».

La tercera dimensión fundamental de la conciencia de sí mismo se encuentra en la base de nuestro sándwich. Me refiero a nuestros valores, nuestros principios más preciados que describen lo que creemos que es justo, correcto y equitativo. Al igual que los rasgos de personalidad, que nos describen como individuos, los valores son, en palabras de un grupo de investigadores, «objetivos vitales amplios y bastante estables que son importantes para las personas en su vida y que guían su percepción, sus juicios y su comportamiento».

Puede que seas una persona honesta, es un rasgo de tu personalidad. Pero también es posible que busques entornos en los que la gente diga lo que piensa: eso es porque valoras la transparencia. Avanzar hacia nuestros valores significa encontrar a nuestra tribu, personas con ideas afines que, por suscribir un conjunto de valores similares, nos dan energía y nos hacen sentir cómodos y seguros en su presencia. Nos sentimos mejor cuando estamos rodeados de personas que piensan de forma diferente y que tienen puntos fuertes distintos. Pero es difícil crear confianza entre personas diversas a largo plazo si no encontramos valores comunes entre ellas. La mayoría de nosotros necesitamos sentir que las culturas de trabajo de nuestros equipos u organizaciones afirman al menos algunos de los valores que apreciamos; de lo contrario, nos costará funcionar juntos lo mejor posible.

Cuando mi amiga Margaret aceptó más encargos de edición, se dio cuenta de que tenía tanta libertad para elegir con quién trabajaba como lo que hacía. Cuando le pregunté por sus valores, se apresuró a mencionar la humildad, la empatía, la integridad y la apertura de miras. A la hora de seleccionar el puñado de proyectos de libros en los que trabaja cada año, considera cuidadosamente los valores de los autores con los que se asocia.

Hoy se siente realizada no solo porque consigue aplicar sus dones únicos haciendo el trabajo que le gusta, sino porque se identifica profundamente con sus colegas y confía en ellos.

CONÓCETE A TI MISMO

Muchos de nosotros carecemos de claridad sobre nuestras pasiones, superpoderes y valores. Cuando doy charlas sobre liderazgo a estudiantes de MBA o a directores ejecutivos de empresas tecnológicas, suelo pedir a los asistentes que levanten la mano si pueden nombrar uno o dos puntos fuertes que posean. Por lo general, solo una cuarta parte de los asistentes responde. Sospecho que esto refleja en parte una falsa modestia, pero, si es así, están mal aconsejados. Estamos mejor posicionados para tener éxito cuando somos más conscientes y honestos sobre nuestras habilidades, no menos. De hecho, la falta de autoconocimiento probablemente nos expondrá a más riesgos; las decisiones que tomemos podrían acabar en fracaso porque nos exigen un comportamiento incompatible con lo que somos.

En una investigación a largo plazo sobre la autoconciencia, la psicóloga organizativa Tasha Eurich descubrió que «aunque el 95 % de las personas creen que son conscientes de sí mismas, solo entre el 10 y el 15 % lo son realmente». Conocernos a nosotros mismos puede ser un reto: nuestros prejuicios cognitivos nos lo impiden, al igual que nuestra ignorancia de cómo nuestras experiencias infantiles siguen moldeando y distorsionando nuestra autocomprensión. El conocimiento de uno mismo también puede resultar más difícil a medida que se gana poder y experiencia, posiblemente porque hay menos personas a nuestro alrededor que puedan y estén dispuestas a darnos información sincera.

Para cultivar un mayor conocimiento de sí mismo, hágase algunas preguntas de sondeo. Desafíese a nombrar varias áreas en las que esté especialmente dotado. Si te cuesta pensar en ellas, reflexiona sobre las actividades que te llenan de energía y que parecen ser naturales para ti. ¿Qué rasgos o competencias subyacentes te permiten tener éxito en esas áreas? También puedes pensar en los tres o cuatro adjetivos con los que te describiría cualquier persona que te conozca profesional o personalmente. Tómate también el tiempo de enumerar las habilidades que has adquirido hasta ahora mientras construyes tu lista de superpoderes.

Por muy útil que sea la introspección, no es perfecta. Como señala Eurich, «simplemente no tenemos acceso a muchos de los pensamientos, sentimientos y motivos inconscientes que buscamos. Y como muchas cosas están atrapadas fuera de nuestra conciencia, tendemos a inventar respuestas que parecen ciertas, pero que a menudo son erróneas». Para comprendernos mejor, debemos complementar nuestros esfuerzos internos de autodescubrimiento con las opiniones de los demás. ¿Cuándo fue la última vez que has solicitado no solo un consejo, sino también una opinión sincera sobre tus pasiones, atributos personales y valores? Como sugiere la historia de Margaret, estamos tan acostumbrados a pedir consejo a los demás que nos olvidamos de pedirles que nos ayuden a reflexionar sobre nosotros mismos y nuestros dones. Haz una lista rápida de amigos, familiares y colegas y pregúntales si pueden compartir sus ideas sobre ti como persona. Me sorprendería que no les oyeras mencionar al menos uno o dos puntos fuertes y habilidades característicos que nunca habías considerado.

En los últimos años del instituto, aprendí una memorable lección de autoconciencia. Nuestra escuela local tenía uno de los únicos estudios de televisión y programas artísticos de televisión de la provincia, y tuve la suerte de descubrir un nuevo amor por la producción de vídeo y la realización de películas. El Sr. Tufts, el relajado profesor con gafas que dirigía el estudio, no solo me animó a seguir mi pasión, sino que reunió a un pequeño equipo para filmar el primer anuario en vídeo de la escuela. La experiencia me hizo soñar con una carrera a tiempo completo como productora de cine. A medida que se acercaba la graduación, me di cuenta de que tenía múltiples y diversas ideas para mi carrera. Al igual que mi amiga Margaret, sentía una vocación creativa y pensaba en ir a la universidad a estudiar cine o periodismo. Pensé que era importante construir una carrera segura, así que también solicité un programa de estudios comerciales. Como necesitaba cartas de recomendación, pedí el apoyo del Sr. Tufts. Me escribió una carta, para incluirlo en las solicitudes.

Me emocioné al ver la carta, imaginando todas las cosas buenas que el Sr. Tufts había escrito sobre mi intelecto, creatividad y ambición. Pero, en respuesta a una pregunta sobre mis mayores puntos fuertes, el Sr. Tufts utilizó una palabra que no esperaba: *empatía*. Pasó a describir mi capacidad para relacionarme con otras personas y sentir sus circunstancias con autenticidad, presentando esto como una cualidad digna de ser celebrada. Nunca me había parado a pensar en el valor de esta fuerza, ni había considerado su papel en mi vida.

Desde entonces, he visto cómo la empatía ha acelerado mi camino hacia el éxito profesional. He recibido comentarios constantes de empleados, compañeros y jefes de que me preocupo mucho por el éxito de la empresa y de los empleados en general, y de que mi capacidad para ser auténtica y relacionarme con los demás es una ventaja. En todo caso, mi energía como líder a menudo me lleva a parecer que me preocupo demasiado por el trabajo en lugar de demasiado poco. He llegado a bromear sobre mi tendencia a llorar con todos los equipos a los que me he unido en la última década, ya sea porque estoy feliz, conmovida, sintiendo el dolor de alguien o, sí, incluso enfadada. (Intento reservar esa última emoción para cuando estoy sola en mi oficina y puedo tomarme un tiempo para calmarme). Relacionarme con los demás con una emoción real me ha llevado mucho más lejos como fuerza de liderazgo de lo que nunca imaginé como estudiante.

En general, mis pasiones, superpoderes y valores particulares han desempeñado un papel muy importante en la determinación de mis éxitos profesionales, especialmente al principio. Por ejemplo, mientras luchaba por encontrar el primer empleo perfecto al salir de la universidad, me preguntaba por qué no encajaba en muchas de las empresas prestigiosas y algo conservadoras en las que me entrevisté. También me costó encajar en OpenTV cuando llegué por primera vez a Silicon Valley. En cambio, en Merrill Lynch y Sky me sentí inmediatamente como en casa. Ambas ofrecían culturas agresivas y orientadas al trabajo duro que encajaban con mis propios puntos fuertes y valores. En estas organizaciones, no tenía que malgastar energía tratando de navegar en un entorno que parecía interminablemente desafiante. Me sentía libre desde el primer día para hacer mi mejor trabajo. Del mismo modo, en Junglee, Yodlee y Google encontré personas que apreciaban y necesitaban mis puntos fuertes en estrategia, ventas y análisis, lo que me permitió ampliar aún más estas habilidades una vez que llegué, mientras aprendía otras nuevas.

Nuestro reto no es simplemente tener en cuenta quiénes somos a la hora de tomar nuestras decisiones, sino tener el valor de apostar por nuestro propio y más profundo conocimiento a la hora de asumir riesgos clave en lugar de seguir ciegamente los consejos de otros. Yo mismo pagué un precio especialmente alto por no tener en cuenta esta lección al principio de mi carrera. Cuando empecé a trabajar en Merrill Lynch, no solo adquirí nuevas capacidades analíticas, sino también conocimientos especializados sobre el sector de los servicios financieros. Como tenía que seguir y comprender las métricas públicas detalladas de todos los bancos y entidades de ahorro para el trabajo, decidí correr un pequeño riesgo y compré mis primeras acciones en el sector bancario. Me beneficié de estas pequeñas apuestas y recuerdo que me sentí muy orgullosa de mí misma por utilizar mi recién adquirida experiencia para ganar dinero.

Pero varios años después, ignoré mis propios conocimientos y seguí ciegamente los de otra persona. Me explico. ¿Recuerdas la ganancia inesperada en acciones de Amazon que obtuve con la adquisición de Junglee? En medio del éxito y aprovechando el enorme *boom* inicial de las puntocom, contraté a un corredor de bolsa para que me ayudara a invertir el dinero. Cuando Jack (no es su nombre real) me dijo que cobrara mis ganancias de Amazon y apostara por un proveedor de alojamiento web llamado Digital Island, le seguí ciegamente, poniendo el 90 % de mi dinero inesperado en esta empresa, aunque no sabía nada de ella ni del sector de las infraestructuras. Un año después, la burbuja de las puntocom estalló, docenas de grandes empresas tecnológicas públicas se hundieron por completo y Digital Island quebró. De la noche a la mañana, también perdí prácticamente todo el dinero que había ganado, todo porque hice una apuesta confiando únicamente en el consejo de otra persona y sin aprove-' char mis propios conocimientos o mi perspicacia. Tuve que empezar en el 2002 a acumular ahorros nuevamente, pero con esta lección tan cara grabada a fuego en mi psique. Por suerte, era joven, soltera y vivía en un lugar con vientos de cola masivos a largo plazo. Pero imagínate si no hubiera sido así.

BIENVENIDA, KRIPTONITA

Puede resultar incómodo que los demás nos hablen de nuestros superpoderes, pero al menos saldremos de esas conversaciones con una sensación de calidez. En cambio, oír hablar de nuestras debilidades o defectos da mucho más miedo. Estos elementos, que yo llamo nuestra kriptonita, a menudo resultan ser los lados oscuros de nuestras fortalezas características, los efectos secundarios dolorosos e involuntarios de lo que nos hace tan grandes. A pesar de lo tentador que pueda ser ignorar nuestras debilidades, afrontarlas directamente nos permite tomar mejores decisiones, reduciendo el riesgo de que socavemos nuestro éxito con nuestras propias acciones menos productivas.

Como alguien que ha recibido docenas de evaluaciones de rendimiento, por no hablar de la realización de pruebas de personalidad como las de Myers Briggs o el eneagrama, sé de buena tinta que recibir comentarios sobre el desarrollo nunca resulta divertido. Sin embargo, se hace más fácil con la repetición. Todavía me pongo un poco nerviosa cuando recibo una evaluación de 360 grados, pero tengo menos miedo que antes porque sé que escucharé temas familiares. También he aprendido a compartir los comentarios negativos sobre mí misma con los demás (originalmente a través de las sesiones de *coaching* del equipo) y ahora tiendo a hacerlo pronto y de forma proactiva. De hecho, cuando entrevisto a personas con las que podría trabajar estrechamente, quiero compartir estas áreas de desarrollo para asegurarme de que los demás sepan en qué aspectos mi estilo puede suponer un reto, y también buscaré a alguien complementario. Siempre he comprobado que los demás responden bien a la conciencia de sí mismos y a la humildad sobre nuestras áreas de desarrollo. Les tranquiliza, y a menudo les lleva a aceptar amablemente mis imperfecciones junto a las suyas. He comprobado que la kriptonita pierde su poder de herirnos si la afrontamos con serenidad, la interiorizamos como nuestro trabajo de liderazgo continuo al igual que nuestros puntos fuertes, y la reconocemos ante los demás con autenticidad.

Reconocer humildemente nuestras debilidades junto a nuestras fortalezas no tiene por qué destruir nuestra confianza y autoestima. Cuando se trata de asumir riesgos, habituarnos a los sentimientos verdaderos y a ser visiblemente imperfectos nos ayuda a comportarnos con más audacia al reducir la amenaza que supone el riesgo del ego. Cuando nos sentimos menos presionados para parecer perfectos, tendemos a obsesionarnos menos por parecer tontos si fracasamos, y podemos sentirnos capacitados para considerar una mayor variedad de oportunidades potenciales para descubrir, aprender o alcanzar un objetivo superior.

Acoger nuestra kriptonita nos proporciona otro beneficio, la capacidad de mitigar el comportamiento improductivo que podría reducir nuestras probabilidades de éxito. Si aspiramos a convertirnos en directores generales, pero sabemos que somos introvertidos y nos cuesta vender bien, podemos trabajar conscientemente en nuestra capacidad de venta y rodearnos de líderes extrovertidos y carismáticos que complementen nuestras habilidades. Si tendemos a tomar decisiones de forma emocional, podemos adoptar hábitos que nos ayuden a comportarnos de forma más racional, como ralentizar un proceso lo suficiente para que nos calmemos, o hablar con un mentor sensato antes de dar un paso. Al igual que nuestros puntos fuertes naturales, nuestras áreas de desarrollo nos siguen allá donde vayamos. Lo ideal es que nos pongamos en situaciones que nos permitan prosperar a través de nuestros superpoderes, pero siempre debemos buscar oportunidades para mitigar nuestras tendencias más difíciles o ayudar a llenar nuestras propias lagunas.

APRENDIENDO SOBRE LA MARCHA

Empecé este capítulo con mi amiga Margaret, la estudiante de posgrado que decidió convertirse en escritora y editora. Ahora vamos a dedicar unos minutos a un escritor que se convirtió en un exitoso ejecutivo de Facebook, y que lo hizo estando en contacto con sus fuerzas y valores internos y confiando en ellos.

Durante sus años de estudiante en el Pomona College, Nick Grudin trabajó en Time, Inc. y, según dice, «se sintió inspirado por la idea de ser periodista». Al graduarse en 2001, presentó su candidatura a docenas de periódicos de todo el país, y finalmente consiguió un trabajo como redactor jefe en el Lodi News-Sentinel de Lodi, California, una pequeña ciudad al sur de Sacramento. Durante casi un año cubrió temas de delincuencia local. Después, deseoso de vivir en una ciudad más grande, encontró un trabajo en *Los Angeles Daily News* y se quedó un par de años.

Aunque Nick disfrutó de su trabajo periodístico como reportero local, sintió el deseo de aprender y tal vez de posicionarse para un trabajo mayor cubriendo noticias nacionales. En 2004 se matriculó en la Kennedy School of Government de Harvard. Allí hizo unas prácticas en el *Washington Post*, trabajando no como periodista sino en el ámbito empresarial, ayudando a la redacción a crear un nuevo modelo de negocio que le ayudara a sobrevivir financieramente en la era digital. Nick descubrió que no solo le gustaba trabajar en la intersección del periodismo, la tecnología y los negocios, sino que era bueno en ello. Aunque no estaba utilizando principalmente sus habilidades de escritura, descubrió que había desarrollado algunas habilidades subyacentes de análisis, resolución de problemas y colaboración que ahora podía aplicar en un entorno empresarial.

Cuando terminó su estancia en Harvard, Nick decidió no solicitar puestos en grandes medios de comunicación, como había planeado, sino intentar trabajar en consultoría estratégica. Consiguió un puesto en el Boston Consulting Group y pasó los dos años siguientes trabajando en una serie de proyectos con clientes de los sectores de la telefonía móvil, los viajes y la música. Allí perfeccionó sus habilidades empresariales, como la planificación estratégica, el desarrollo organizativo, la gestión de clientes y el análisis cuantitativo. Posteriormente, asumió un papel de liderazgo en *Newsweek*, ayudando al venerable medio de comunicación a desarrollar una estrategia para prosperar en el mundo digital. Poniendo en práctica sus nuevos conocimientos empresariales y su larga pasión por el periodismo, acabó gestionando todas las asociaciones de *Newsweek* con empresas tecnológicas, como Twitter, YouTube y Amazon. También desarrolló nuevas franquicias editoriales, como la clasificación ecológica anual de *Newsweek* de las empresas 500 de Fortune.

En 2010, anticipando que el propietario de *Newsweek* (el *Washington Post*) la vendería pronto, buscó una nueva oportunidad. No sabía exactamente a dónde quería ir, pero sí sabía que quería seguir sus pasiones por los medios de comunicación, la tecnología y los negocios. No empezó su carrera con estos intereses en mente, sino que se desarrollaron con el paso del tiempo. «Fueron necesarias esas experiencias en el periodismo, en la Kennedy School, el *Washington Post*, BCG y *Newsweek*» para enseñarle lo que precisamente le gustaba hacer, y para lo que también era bueno. «También supe en ese momento lo mucho que me importaban los equipos con los que trabajaba. Quería encontrar un lugar en el que me sintiera desafiado y enriquecido por la gente que me rodeaba.

Sabía que quería estar en un entorno que cambiara rápidamente».

Nick acabó en Facebook en un puesto que le pondría al otro lado de la mesa, negociando acuerdos entre la red de medios sociales y los grandes medios de comunicación tradicionales. En 2020, llevaba una década en la empresa, supervisando una cartera de responsabilidades cada vez mayor de la plataforma de Facebook, que incluía entretenimiento, deportes, noticias, asociaciones de bien social con organizaciones sin ánimo de lucro, asociaciones de Instagram, asociaciones de vídeo, producción de contenido original, asociaciones de educación, asociaciones de salud y mucho más. Su equipo, pequeño al principio, cuenta ahora con varios cientos de personas en todo el mundo y es responsable del desarrollo del vídeo en la plataforma de Facebook, incluido Facebook Watch. Como señala, se ha quedado en Facebook porque «cada año parece que ocurre algo realmente nuevo o que estamos iterando o adaptando de alguna manera significativa que me obliga a crecer de nuevo, como si tuviera un nuevo trabajo».

A estas alturas de su carrera, Grudin entiende bien la importancia de asumir riesgos para crecer. Pero también sabe un par de cosas sobre nuestra capacidad para aprender más sobre nosotros mismos a través de los riesgos que tomamos. Cuando tomamos una nueva decisión, lo más inteligente es apostar por opciones que jueguen con nuestros propios puntos fuertes y valores naturales. Eso es lo que hizo Nick: estaba en contacto con sus puntos fuertes y valores, y eso le ha llevado a lo largo de su carrera. Pero, por supuesto, el acto de elegir la posibilidad también nos empuja a situaciones novedosas, revelando facetas de nuestra personalidad que antes estaban ocultas y cosas en las que podríamos ser excelentes una vez que las probamos. Con cada elección que hacemos, llegamos a conocernos un poco mejor, lo que garantiza que cualquier apuesta futura que hagamos por nosotros mismos será aún más gratificante.

Elegir la posibilidad también ofrece otro poderoso beneficio en lo que respecta al autodesarrollo: como he sugerido, nos permite desarrollar nuestra agilidad, flexibilidad y resistencia. Mucha gente supone que la capacidad de asumir riesgos es innata, pero la asunción de riesgos es una práctica que también puede dominarse con la repetición. A medida que nos arriesgamos, nos enfrentamos a retos imprevistos y fracasamos de vez en cuando, aprendemos a ser más hábiles para adaptarnos, para arreglárnoslas con lo que tenemos, para desarrollar soluciones creativas y para desempolvarnos e intentarlo de nuevo. Si consideramos la asunción de riesgos como un proceso de crecimiento que se desarrolla a lo largo del tiempo, podemos seguir carreras que no solo se ajusten a nuestros puntos fuertes naturales, sino que potencien nuestra capacidad específica para flexionar y responder con agilidad, independientemente del resultado de nuestras elecciones.

IDEAS CLAVE

- Una asunción de riesgos más inteligente requiere que también miremos hacia dentro, alineando nuestras decisiones no solo con nuestras ambiciones, sino también con lo que somos.

- Construye tu sándwich de autoconciencia, haciendo un balance de tus pasiones, superpoderes y valores.
- Conocer nuestra propia kriptonita ayuda a aflojar su poder sobre nosotros mientras buscamos tomar decisiones y también ejecutarlas mejor.

9

Saltos más grandes

¿Renunciarías a un puesto de alto directivo y a un gran sueldo para liderar una empresa emergente en fase inicial? Esa es la decisión que me produjo ansiedad en 2008 cuando llevaba más de cinco años en Google y, en muchos aspectos, había llegado a la cima de mi carrera. Había sido lo suficientemente afortunada como para aprovechar los enormes vientos de cola, asumir una cantidad cada vez mayor de responsabilidades en un entorno de apoyo, ampliar mis áreas de experiencia y desarrollar importantes habilidades de liderazgo. Después de ayudar a lanzar Google Maps y Local, me hice cargo de las operaciones internacionales fuera de Europa, ayudando a convertir la región de Asia-Pacífico y América Latina en un negocio multimillonario. Mi reputación y mi prestigio también crecieron. Me convertí en una de las más altas ejecutivas de Google y también en una de las mujeres de más alto cargo.

Sin embargo, a pesar de este éxito, me empezaba a picar el gusanillo. Google se había convertido en una organización mucho más grande desde que llegué, con un número de empleados que pasó de 1.200 a casi 40.000 (incluidos los contratistas), y yo estaba cansada de la burocracia añadida. Con demasiada frecuencia, me encontraba pasando más tiempo jugando a la política con otros líderes de alto nivel que creando nuevos servicios o liderando equipos ansiosos. También quedó claro que un líder no técnico como yo nunca llegaría a ser CEO de Google. Mis compañeros de negocios más importantes, como Sheryl Sandberg (ahora directora de operaciones de Facebook) y Tim Armstrong (que se convirtió en director general de AOL), empezaron a irse uno a uno, y yo sabía que tendría que irme también para conseguir el puesto más alto.

Para mi siguiente paso, anhelaba asumir un papel de CEO en el que pudiera hacer crecer una empresa utilizando todas las habilidades que había desarrollado. Tenía oportunidades a mi alcance; se me habían acercado interesantes empresas emergentes preguntándome si me uniría a sus equipos y encabezaría su crecimiento. Pero el FOF (miedo al fracaso) y el FOMO (miedo a perderse algo) se enfrentaban en mi cabeza. Solo podría dejar Google una vez, pero sabía que la decisión de qué hacer a continuación sería importante. Las consideraciones personales también fueron un factor importante en todo esto. Había llegado a Google cuando tenía poco más de treinta años, era soltera y podía dedicar todo mi tiempo al trabajo o a la diversión. Ahora tenía casi cuarenta años, estaba casada con un canadiense en la zona de la bahía y era madre de dos hijos (mi hijastro, Ryan, y mi hija, Kenia) con un tercero en camino. El argumento para permanecer en una empresa grande y muy estable que me conocía y confiaba en mí y que me ofrecía increíbles beneficios era de peso.

Todos nos enfrentamos a decisiones importantes y arriesgadas, momentos que representan verdaderos puntos de inflexión en nuestras vidas. En esos momentos, las oportunidades potenciales son llamativas, pero también conllevan una serie de riesgos. ¿Cómo podemos navegar hacia un éxito aún mayor? Como hemos dicho antes, un paso importante es asumir primero pequeños riesgos con el fin de descubrir, lo que he llamado vías paralelas. Así lo hice al final de mi etapa en Google, atendiendo a las llamadas de los reclutadores muchos meses antes de dejar la empresa. Pero la decisión final, qué hacer a continuación, requería mucha más reflexión y análisis. Así que, ¿cómo hice exactamente mi próximo gran salto profesional y cómo deberías enfocar tú los movimientos más grandes en tu propia vida?

GUÍA BÁSICA PARA LAS GRANDES APUESTAS

Para ayudar en las elecciones más pequeñas, basta con aplicar los consejos de asunción de riesgos descritos en los capítulos anteriores, pensando en ellos como variables que hay que tener en cuenta en evaluaciones directas. Sin embargo, en el caso de objetivos más grandes, en los que entran en juego múltiples motivaciones y consideraciones, tendremos que reunir todas las variables y evaluarlas simultáneamente. Winston Churchill exhortó una vez a «dejar que nuestra preocupación anticipada se convierta en pensamiento y planificación anticipados», y, cuando se trata de objetivos mayores, estoy totalmente de acuerdo.

Podemos combinar las variables que hemos analizado en un sencillo marco de cinco factores para ayudarnos a tomar riesgos profesionales inteligentes (figura 7). Este marco puede ayudarnos no solo a evaluar las opciones individuales, sino a compararlas y puntuarlas en múltiples dimensiones utilizando lo que yo llamo una tarjeta de puntuación de oportunidades.

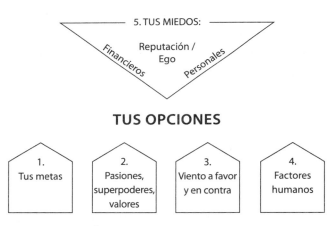

**EVALUACIÓN OBJETIVA DE LOS RIESGOS
(TU PUNTUACIÓN DEL FOF)**

5. TUS MIEDOS:

Financieros

Reputación /
Ego

Personales

TUS OPCIONES

| 1. Tus metas | 2. Pasiones, superpoderes, valores | 3. Viento a favor y en contra | 4. Factores humanos |

**EVALUACIÓN OBJETIVA DE LAS OPORTUNIDADES
(TU PUNTUACIÓN DE FOMO)**

Figura 7

Empecemos por enumerar las opciones que estamos considerando en general, incluyendo «no hacer nada» como posible opción. Nuestro trabajo consiste en evaluar cada una de las opciones consideradas en función de las cuatro variables clave que nos permiten asumir riesgos más inteligentes para obtener más beneficios.

Empecemos por identificar nuestra primera variable, nuestro(s) objetivo(s) más amplio(s), que, después de todo, son las razones por las que nos arriesgamos en primer lugar. A menudo, al dar un paso en nuestra carrera, perseguimos múltiples objetivos a la vez, tangibles (como alcanzar una determinada cantidad de riqueza o un nivel de responsabilidad de liderazgo) y menos tangibles (como lograr un mayor impacto o encontrar un puesto que nos haga felices). El aprendizaje puede ser su propio objetivo, ya que buscamos acelerar nuestras habilidades y conocimientos ahora para tener oportunidades en el futuro. Teniendo en cuenta tus sueños, intenta articular objetivos específicos para los próximos dos a cinco años, incluso si no estás seguro de lo que vendrá después. Además, si puedes, prioriza estos objetivos entre sí.

En segundo lugar, vamos a esbozar nuestras pasiones, superpoderes y valores. Anota estos elementos en un bloc de notas o en una pantalla, recordando que querrás que cada una de tus elecciones aproveche estos elementos al tiempo que te ofrece la oportunidad de adquirir nuevas habilidades. Una vez que hayamos anotado estos elementos, podemos empezar a evaluar hasta qué punto cada opción considerada se ajusta a nuestras ambiciones y a lo que somos.

A continuación, querremos evaluar nuestras opciones en relación con los dos grandes factores externos que pueden afectar a los resultados: vientos a favor/vientos en contra y la variable humana. Como hemos visto, merece la pena investigar las personas con las que o para las que vamos a trabajar y las condiciones macro (en un equipo, organización, empresa o industria) que rodean cualquier elección y pueden reforzar o dificultar nuestros esfuerzos. Las fuerzas externas variarán probablemente en función de las opciones consideradas, lo que supondrá más o menos oportunidades.

Reuniendo estos cuatro factores, podemos calificar cada una de nuestras opciones en función de estas variables. Personalmente, me gusta calificar de forma cuantitativa, utilizando una escala de 1 a 5. Piénsalo como una calificación de nuestras oportunidades para las «grandes elecciones». Si ponemos todo esto en una simple hoja de cálculo (figura 8), podemos crear una tarjeta de puntuación de oportunidades que nos ayude a entender cada opción y a articular las que más nos entusiasman y por qué. Una hoja como esta puede y debe poner en marcha nuestro FOMO.

Por supuesto, asumir mayores riesgos tiene que ver tanto con reducir nuestro miedo al fracaso como con maximizar nuestro entusiasmo por las posibilidades futuras. Dado que las decisiones más importantes son intrínsecamente inciertas, es el momento de enfrentar el factor financiero, nuestros miedos, y valorar las posibles desventajas a las que nos enfrentamos al perseguir cada alternativa. De paso, también deberíamos visualizar nuestra(s) opción(es) después de la elección y tener en cuenta nuestro estado actual y el margen de error. Enfrentarse a nuestros miedos es un paso fundamental, y a menudo no elegido, en cualquier proceso de toma de decisiones.

PUNTUACIÓN DE FOMO/OPORTUNIDADES

	Metas	Superpoderes	Factor humano	Vientos favor / contra	Total
Elección 1	5	4	3	3	15
Elección 2	3	4	5	5	17
Elección 3	4	2	3	4	13

Figura 8

Al evaluar cada opción, podemos crear una puntuación de riesgo junto a nuestra tarjeta de puntuación de la oportunidad. Para ello, crea una segunda hoja de trabajo similar y califica el nivel de riesgo potencial al que nos enfrentamos al tomar cada decisión. Califica individualmente cada opción en función de los temores a los que nos enfrentamos con más frecuencia —físicos, personales y de reputación/ego— en una escala similar de 1 a 5 (las puntuaciones bajas representan los menores riesgos). Utiliza la cuarta columna para hacer una lluvia de ideas sobre las opciones posteriores a la elección (nuestras ideas sobre cómo podríamos recuperarnos en caso de fracaso). He descubierto que hacer una lista de todas las acciones que podemos llevar a cabo para mitigar los malos resultados después de que un riesgo salga mal nos ayuda a aliviar nuestra ansiedad y nos permite calificar con precisión nuestros riesgos negativos.

Recuerda también que debes evaluar la magnitud de las pérdidas a las que nos enfrentamos (pequeñas, medianas o grandes) en relación con nuestra posición actual y con el lugar en el que acabaremos si fracasamos. Por ejemplo, si nuestra posición financiera ya es sólida y una opción determinada (como puede ser aceptar un determinado trabajo) reduciría nuestros ingresos solo un poco, pero nos reportaría beneficios en el futuro, estamos asumiendo solo un pequeño riesgo. Si podemos encontrar fácilmente otro trabajo con un sueldo similar en caso de que este no funcione, el riesgo es aún menor. Por otro lado, si dejamos caer todos nuestros ahorros en la creación de una nueva empresa que acaba fracasando, el riesgo financiero es al menos medio, pero probablemente grande, dependiendo de nuestra confianza en que podamos encontrar un trabajo después y reconstruir nuestros ahorros en un periodo de tiempo razonable.

Debemos tener cuidado de separar los riesgos personales y los del ego que asumiríamos, sopesándolos individualmente. Estos riesgos pueden aumentar con nuestros riesgos financieros o pueden disminuir. En un lugar como Silicon Valley, por ejemplo, ser fundador al menos una vez en tu carrera suele mejorar tu reputación en la mente de los posibles empleadores, incluso si tu *startup* fracasa. Y para todos los que hemos soñado con convertirnos en emprendedores, las recompensas que se obtienen al aprender a innovar ofrecen una ventaja totalmente nueva y poderosa para el desarrollo de habilidades, independientemente del riesgo financiero.

Ahora deberías tener una puntuación de riesgo para cada opción que estés considerando. Puede ser algo parecido a esto (figura 9):

PUNTUACIÓN DE FOF/RIESGOS

	Financieros	Reputación / Ego	Personal	Opciones	Total
Elección 1	1	3	5	—	9
Elección 2	5	1	1	—	7
Elección 3	2	2	2	—	6

Figura 9

Con ambas puntuaciones en la mano, hemos evaluado de forma más realista nuestro FOMO y FOF para cada posibilidad que estamos examinando y podemos compararlos entre sí. Comprueba el aspecto de tu tarjeta de puntuación de posibilidades a continuación (figura 10):

PUNTUACIÓN FINAL DE LA OPORTUNIDAD

	FOMO / Oportunidad	FOF / Riesgo	Total	Otros aspectos
Elección 1	15	9	15 - 9 = 6	—
Elección 2	17	7	17 - 7 = 10	—
Elección 3	17	6	13 - 6 = 7	—

Figura 10

Evaluar cuantitativamente las opciones al tomar una decisión emocional puede parecer normal para algunos de nosotros, o exagerado para otros. ¿Por qué deberíamos molestarnos en aumentar nuestra práctica habitual de evaluar los pros y los contras hasta este nivel? ¿Qué ocurre si muchas opciones tienen una puntuación muy parecida a la de otras? Creo que articular y comparar las opciones de forma más rigurosa mediante estas tarjetas de puntuación nos ayuda a descubrir por qué nos entusiasman determinadas opciones y también la verdadera naturaleza de los escenarios negativos que tememos. Cuando realicé un ejercicio más o menos similar con mi hermana Nicky, trabajando con ella para evaluar todas sus opciones, le resultó esclarecedor esbozar sus opciones en papel de forma cuantitativa, tanto los riesgos que representaban como la medida en que servían para sus objetivos financieros y personales. Era la primera vez que comparaba realmente los riesgos y los beneficios de forma numérica.

En mi experiencia, nada aclara tanto nuestras situaciones como el acto de comparar. Cuando tomo una decisión importante, trato de articular al menos dos opciones viables, además de seguir con el statu quo, aclarando mi objetivo más alto y los riesgos que estoy dispuesta a asumir con la esperanza de alcanzarlo. También registro las compensaciones que probablemente tendré que afrontar —financieras frente a personales, personales frente a de reputación, etc.— a la hora de elegir.

Al decidir dejar British Sky Broadcasting y mudarme a California, cambié un trabajo estable (riesgo financiero) por la posibilidad de seguir una carrera más satisfactoria como emprendedora (satisfacción personal). Cuando me planteé dejar Amazon por la oportunidad de cofundar Yodlee, soñé que obtendría más recompensas financieras de esa decisión que de quedarme donde estaba. También pensé que la vida de empresaria sería tremendamente satisfactoria y consideré que el riesgo para mi estilo de vida personal era mínimo, ya que estaba soltera y tenía movilidad.

A la hora de tomar grandes decisiones, solemos comparar las opciones reales (una oportunidad inminente, incluida la de mantener el statu quo) con las teóricas (oportunidades que podríamos asegurar con un esfuerzo futuro incierto). Solo cuando utilizamos marcos como estas tarjetas de puntuación podemos entender realmente si es mejor moverse ahora o si sería mejor prolongar nuestro período de descubrimiento durante un tiempo determinado. Si resulta que las opciones de las que disponemos actualmente no nos llevan muy lejos hacia nuestros objetivos, al menos se nos anima a identificar opciones teóricas que podrían tener más potencial y a ponernos en marcha, poniéndonos en situación de obtener más información rápidamente. O bien, podemos decidir movernos ahora mismo si creemos que una oportunidad real nos pone en el camino de una oportunidad ideal más rápidamente y que probablemente abrirá nuevas opciones cada vez mejores a medida que avancemos. Antes de comprometernos con una gran elección, es increíblemente útil saber todo lo que podamos sobre todas las opciones, reales e imaginarias.

Ten en cuenta que, tanto si utilizas mi marco como si diseñas uno propio, la magia no está en la forma de puntuar las opciones que se esbozan, sino en el proceso de puntuar. Cuando podemos aplicar un método para nombrar nuestras posibilidades y enfrentarnos a nuestros miedos, entendemos mejor nuestros criterios de decisión y hacemos grandes apuestas más inteligentes.

INSTINTO - DATOS - INSTINTO

Incluso con un gran procedimiento, puede que nos cueste tomar una decisión. ¿Qué hacer entonces? ¿Es el momento de escuchar a nuestro instinto? Las personas que asumen riesgos con éxito suelen recordar ese momento mágico en el que, contra todo pronóstico, respondieron a sus intuiciones y el riesgo mereció la pena. Por otro lado, otros expertos nos dicen que escuchemos los datos objetivos y los sigamos hasta donde nos lleven, observando que «los buenos datos nunca mienten». Como he comprobado, ambos conjuntos de señales tienen su razón de ser, siempre que se siga una progresión específica que yo llamo instinto-datos-instinto.

Seguir nuestro instinto equivale a emitir un juicio rápido cuyo origen nos resulta un tanto misterioso. Pero este misterio no significa que no podamos entender el funcionamiento interno de estos juicios. Como señala el psicólogo social alemán Gerd Gigerenzer, el pensamiento visceral tiende a implicar el uso de reglas empíricas muy básicas que nos permiten llegar a conclusiones basadas en señales simples del entorno. Cuando nos guiamos por nuestro instinto, dejamos de lado el resto de la información que podría llegarnos y nos centramos en estas señales. Lo hacemos de forma subconsciente y también mucho más rápido de lo que nos permiten los cálculos racionales, lo que a menudo nos permite obtener mejores resultados.

Por ejemplo, en su propia investigación, Gigerenzer descubrió que las personas que utilizan reglas simples o heurísticas para elegir acciones suelen obtener mejores resultados que los mercados en su conjunto. La «sabiduría intuitiva de los semiignorantes supera los cálculos de los expertos». Pero Gigerenzer también observa que los instintos viscerales pueden fallar mucho. Tras el 11-S, la gente se sintió instintivamente insegura al volar y quiso conducir en su lugar, a pesar de que el número de víctimas mortales en las carreteras supera con creces el de las víctimas aéreas. En el año posterior al 11-S murieron 1.500 personas más en las carreteras que en el año anterior.

Gigerenzer señala que, como científico, presta atención tanto a las corazonadas como a los datos. «No puedo explicar siempre por qué creo que un determinado camino es el correcto, pero tengo que confiar en él y seguir adelante. También tengo la capacidad de comprobar estos presentimientos y averiguar a qué se deben». Lo que propongo funciona de forma muy parecida. Si te sientes intuitivamente entusiasmado o temeroso ante una determinada elección en comparación con otras, explora por qué, identificando y calificando las variables de la ecuación de riesgo. Lo más probable es que conectes tu corazonada interior con una de estas variables y la valoración que les des.

Si después de evaluar tus opciones todavía no puedes identificar la variable que más te entusiasma o que te hace dudar, toma una medida más. Reflexiona sobre las experiencias que tú y otras personas de tu entorno habéis tenido y considera si tu conocimiento de alguna de ellas puede estar desencadenando una «coincidencia de patrones» inconsciente en tu cabeza. Es muy posible que se te revuelvan las tripas porque una elección determinada te recuerde una situación similar o varias de tu pasado que resultaron de forma diferente a como esperabas, ya sea positiva o negativamente, y no quieres volver a ser sorprendido esta vez.

A medida que mi carrera ha ido avanzando, he descubierto que mi instinto se ha fortalecido, no se ha debilitado. He compilado mi propia biblioteca mental de experiencias pasadas, y ciertas situaciones actuales desencadenan sentimientos en mí cuando siento que empiezan a parecerse a algo que he visto antes. Esta pauta instintiva me indica a menudo que alguna característica de una opción concreta puede ser más importante o persuasiva de lo que indican los datos por sí solos. Quiero hacer caso a mis intuiciones, basadas en la experiencia real, pero teniendo en cuenta los prejuicios injustificados. Al crear una tarjeta de puntuación de la oportunidad y trazar los riesgos, puedo poner todos los hechos sobre la mesa, incluidos mis temores, asegurándome de que he dado credibilidad a todo en el análisis. Al final, respetaré los sentimientos que me provoquen los datos y las reacciones viscerales que tenga además de los datos, pero quiero hacer todo lo posible por nombrarlos. También me preocuparía tomar una decisión potencialmente trascendental basándome únicamente en vagas sensaciones positivas o negativas sin indagar qué elemento las está provocando específicamente.

En general, las mejores decisiones que podemos tomar en situaciones de alto riesgo tienen en cuenta tanto el instinto como los datos, utilizando nuestros juicios y sensaciones rápidas en plena sintonía con el análisis. En las

inmortales palabras del entrenador Taylor, de una de mis
series de televisión favoritas de todos los tiempos, *Friday
Night Lights*, «ojos claros, corazones llenos, no se puede
perder».

ENCUENTRA A TUS SACERDOTES PROFESIONALES

Incluso después de pasar por un proceso de instinto-datos-
instinto, es posible que sigamos teniendo dudas sobre qué
hacer. En estas situaciones, es fácil quedarse atascado y no
hacer nada en absoluto, sometiéndonos involuntariamente
a los riesgos aún mayores que puede conllevar la inacción.
Para librarnos de esta trampa, es útil recurrir a los que nos
rodean y discutir la decisión, a menudo varias veces. Los
que aprendemos de forma auditiva o social avanzamos en
nuestro pensamiento a través de las conversaciones con
los demás más rápidamente de lo que podemos hacerlo
solos. Para las personas que tienden a aprender de forma
más solitaria, compartir nuestra lógica y análisis nos permite al menos comprobar su solidez. En general, la claridad de nuestro pensamiento aumenta si nos dejamos llevar
por las perspectivas de los demás al tiempo que conservamos el control final sobre nuestras propias decisiones.

Aunque muchos de nosotros nos dirigimos habitualmente a nuestros amigos, familiares y compañeros más cercanos para pedirles consejo, es importante tener en cuenta
que a menudo no hacemos las preguntas adecuadas. El
simple hecho de pedir a las personas de mayor confianza
en nuestras vidas que nos digan lo que harían, puede darnos consejos que reflejen sus propios prejuicios. Por este

motivo, es mejor pedir opiniones sobre nosotros mismos a nuestro círculo más cercano y luego compartir nuestra propia evaluación de nuestras elecciones, pidiendo a nuestros confidentes que comenten basándose en lo que saben de nosotros. Pero, de nuevo, debemos esperar que sus respuestas reflejen probablemente sus propias preferencias o sentimientos sobre cómo una elección nuestra podría afectarles personalmente.

Otra advertencia: confiar en los cónyuges o en los miembros de la familia como confidentes también supone el riesgo de drenar la energía de nuestras relaciones más profundas al cargarles con el peso de nuestras obsesiones laborales. En las relaciones afectivas exitosas, cada uno de nosotros espera dar y recibir alegría y apoyo en mayor o menor medida (reconociendo que alguno puede dar o recibir más en algún momento). Inyectar continuamente nuestras obsesiones laborales en las conversaciones de nuestra pareja durante largos periodos puede dejar secos a nuestros seres queridos.

Podríamos aliviar la carga de las personas más cercanas a nosotros y apoyarnos en un conjunto de confidentes a los que llamo nuestros «sacerdotes profesionales» (figura 11). Se trata de personas selectas que nos conocen bien en el lugar de trabajo y quizá también personalmente: antiguos jefes, compañeros, conocidos profesionales, mentores, amigos cercanos o más lejanos, e incluso entrenadores profesionales que podríamos contratar. Al mismo tiempo, estas personas están un poco más alejadas de nosotros personalmente que nuestros cónyuges o familiares más cercanos.

Por esta razón, albergan menos prejuicios: nuestras decisiones no les afectarán personalmente. Y dado que muchas de estas personas serán probablemente contactos profesionales, es probable que se sientan menos molestos por las interminables conversaciones relacionadas con el trabajo, y puede que también tengan un conocimiento más amplio de las oportunidades profesionales que se basa en el nuestro. Ten en cuenta que los compañeros de tormentas de ideas que he descrito antes pueden o no ser nuestros sacerdotes profesionales. Algunas personas de nuestra vida pueden desempeñar todos los papeles —confidente, creador de ideas y asesor— mientras que otras solo pueden desempeñar algunos de ellos.

Figura 11

Cuando empecé a considerar mi transición fuera de Google más de un año antes de mi partida, necesitaba ayuda para analizar todas mis opciones y navegar por mi propio camino. Mi marido me había apoyado mucho a medida que mi carrera en Google se aceleraba, pero comprendí que podía volverle loco con mis constantes charlas sobre el trabajo, y agobiarle a diario con cada una de mis obsesivas reflexiones sobre mi carrera. Era un camino rápido hacia un matrimonio complicado. Así que me hice a un lado y me uní a un grupo llamado Young Presidents' Organization (YPO) para encontrar compañeros de trabajo y asesoramiento.

A través de YPO, conocí a mi *coach* ejecutivo, David Lesser, y decidí trabajar con él individualmente (de forma remunerada), dado el tiempo que estaba pasando contemplando mi transición. Con su estilo discreto y compasivo, David se convirtió en un socio profesional de confianza para mí, alguien con quien podía compartir mis mayores esperanzas y también mis más profundas vulnerabilidades como persona y líder. Sesión tras sesión, le conté a David mis deseos de tener una vida profesional impactante y una vida personal satisfactoria, y él me ayudó a hablar y a equilibrar las inevitables tensiones.

De este modo, David se convirtió en un sacerdote profesional muy importante para mí, y seguimos trabajando juntos hasta hoy. Pero otras personas de mi entorno también me ayudaron a salir de Google. Más o menos cuando conocí a David, empecé a hacer amistades con mujeres que se encontraban en etapas laborales y vitales similares y que podían identificarse fácilmente con mis retos específicos. Este grupo se convirtió en un círculo íntimo con el que podía hablar libremente de cuestiones profesionales en un espacio seguro. Aunque no las vea tan a menudo como a mis amigas más íntimas, seguimos llamándonos hasta el día de hoy, contando con la ayuda de unas y otras a la hora de tomar grandes decisiones profesionales y también algunas personales.

Para fijar tus propios sacerdotes profesionales, piensa en personas de tu red de trabajo que te conozcan bien, pero que no tengan que pertenecer a tu círculo personal más íntimo. Los compañeros de trabajo y los jefes actuales o pasados son una opción obvia. Una persona que conozco confía en un terapeuta de muchos años que le sirve un poco de *coach* ejecutivo, y también en un amigo de la familia con experiencia en los negocios. Además, puedes unirte a una comunidad profesional o a un grupo de antiguos alumnos para entrar en contacto con posibles sacerdotes profesionales. Intenta encontrar personas cuyas experiencias o rasgos de personalidad complementen los tuyos. También puedes tener en cuenta a personas que hayan visto o aconsejado a otras personas en situaciones similares: tal vez sea un alto directivo de tu grupo, el jefe de RR. HH. o un viejo amigo que tenga experiencia en la gestión de otras personas. Incluso si no podemos reunir nuestro propio «gabinete profesional» duradero, podemos beneficiarnos de hablar de nuestras opciones con algunas personas empáticas y conocedoras en nuestros círculos externos cuando hacemos cualquier movimiento importante.

MAXOV Y MINOV

Después de evaluar nuestras opciones, escuchar nuestras tripas y consultar con nuestros sacerdotes profesionales, ha llegado el momento de tomar una decisión. Para algunos de nosotros, el uso de un marco de riesgo para evaluar las grandes variables es todo lo que necesitamos para empujarnos a tomar una nueva decisión. Puede que nos sintamos entusiasmados por embarcarnos en esta nueva elección, pero también nerviosos al contemplar lo que tenemos que aprender y el tamaño del reto al que acabamos de acceder. También es probable que suframos un poco el síndrome del impostor, la noción de que no estamos cualificados y somos inadecuados para la tarea que tenemos entre manos. Este tipo de inseguridad nunca desaparece y suele indicar que estamos empezando un nuevo ciclo de aprendizaje.

Si te sientes nervioso, es probable que estés haciendo un movimiento realmente grande —lo que yo llamo una Máxima Opción Viable (MaxOV)—, para cambiar tu trayectoria profesional. Una MaxOV suele implicar emprender plenamente una de las opciones más importantes de tus tarjetas de puntuación. Tal vez quieras asumir un papel más amplio para el que no estás seguro de estar cualificado, aceptar un nuevo trabajo en un nuevo sector o dejar tu trabajo estable para lanzar una nueva empresa. Si tus temores son tan fuertes que te paralizan y te impiden decidir, recuerda que lo más importante es ponerse en movimiento. Si tu análisis justifica los méritos de una sola acción más grande y, sin embargo, te sientes incapaz de seguir adelante, intenta hacer lo que yo llamo la mínima opción viable (MinOV). Es decir, identifica el paso más pequeño y seguro que tengas a tu alcance y que te haga avanzar de forma gradual hacia la elección completa deseada.

Cuando empecé a contemplar mi carrera después de Google, pero mucho antes de sentirme preparada o equipada para dar un gran salto, acepté las llamadas de los reclutadores y me reuní con posibles empleadores. De hecho, como verás, realicé al menos tres movimientos iterativos (empezar a buscar y escuchar, dejar Google y unirme a Accel) antes de tomar finalmente la gran decisión de aceptar un trabajo como directora general de una empresa privada a principios de 2010. Este proceso de elegir sucesivamente las oportunidades me permitió asumir uno de los grandes riesgos de mi carrera profesional. Empecé con una pequeña acción y me mantuve en movimiento reflexivo hasta que completé un gran giro en mi carrera.

No era la primera vez que me abría paso en una acción mayor: también lo hice al principio de mi carrera cuando me trasladé de Sky en Londres a OpenTV en California. Todos podemos empezar a iterar hacia un cambio mayor en cualquier etapa de nuestra vida. A los veinte años, puede que nos demos cuenta de que nuestro primer trabajo nos da un sueldo pero poca satisfacción y, como resultado, soñamos con hacer algo diferente. Podemos planificar nuestras opciones, desde volver a estudiar y obtener un título completamente nuevo hasta dejar nuestro trabajo y cambiar de campo o sector que nuestra intuición nos diga que puede encajar mejor con nosotros. Podemos pasar a la acción directamente (MaxOV) si sabemos lo suficiente como para elegir con seguridad, o podemos hacer la MinOV de descubrir más sobre otras trayectorias profesionales, quizás haciendo entrevistas informativas o haciendo un curso a tiempo parcial. Si estamos convencidos de que tenemos que dar un gran salto en nuestra carrera, comprometámonos ahora mismo a dar el primer paso, por pequeño que sea, para que pueda comenzar el proceso de elección de posibilidades.

Tanto si hacemos un MaxOV como un MinOV, nuestra capacidad de emprender en al menos un movimiento mitiga uno de los mayores riesgos a los que nos enfrentamos: el riesgo de perder una oportunidad por completo. Podríamos seguir descubriendo nuevas posibilidades solo para comprobar que muchas de estas opciones caducan mientras esperamos a dar un paso, sujetas como están a condiciones y fuerzas fuera de nuestro control. Si vacilamos sin cesar, podemos perder opciones con las que contábamos en nuestras deliberaciones, y también nos impedimos aprender y crecer a través de la acción. El tiempo no espera a nadie, y menos a los que reflexionan.

MI GRAN SALTO

Después de escuchar a otras personas que me ofrecían diferentes oportunidades de trabajo mientras aún estaba en Google, me quedó claro que tomaría una mejor decisión si pudiera explorar completamente el panorama más amplio de las nuevas empresas emergentes en Silicon Valley. Había pasado los últimos años centrada en los negocios de Google fuera de Estados Unidos y, sinceramente, me sentía fuera de contacto con el mundo de las *startups*. Más allá de mi objetivo de convertirme en CEO de mi propia empresa, tenía otras dos ambiciones. Quería ayudar a crear un gran servicio al consumidor que hiciera las delicias de la gente (potencialmente en el comercio electrónico), y también quería crear más riqueza para mí y mi familia.

Para evaluar mejor mis opciones, tomé la decisión de dejar Google y estudiar el ecosistema de empresas más amplio antes de elegir a dónde ir. Decidida a hacer «borrón y cuenta nueva» antes de tomar una decisión definitiva, dejé Google cuando estaba embarazada de tres meses y me incorporé a Accel Partners, una de las principales empresas de capital riesgo de Silicon Valley e inversora en mi anterior empresa, en calidad de directora general interina.

En los meses siguientes, ayudé a Accel a evaluar las oportunidades de inversión en una amplia variedad de sectores digitales, con especial atención al comercio electrónico, aprovechando la oportunidad para estudiar las empresas a las que podría incorporarme o pensar en empezar desde cero. Una de las principales socias de Accel, Theresia Gouw, me ayudó en la lluvia de ideas, uniéndose a mi propio grupo de sacerdotes profesionales. Nos conocíamos desde hacía más de una década (la conocí cuando era una joven fundadora de Yodlee) y nos encontrábamos en etapas similares de nuestras carreras, así que sabía que podía identificarse personalmente con mis inquietudes profesionales. Al igual que yo, Theresia estaba embarazada de su siguiente hijo y se encontraba en una etapa de la vida similar, otro punto en común.

Mientras estaba en Accel, pasé una cantidad desproporcionada de tiempo poniendo a prueba mi macrotesis de que las compras en línea estaban a punto de explotar en nuevas formas. Había visto el auge de los comercios electrónicos en Google (muchas de estas empresas, como eBay y Amazon, eran los mayores anunciantes de Google en aquel momento), pero muchos de los principales sitios de comercio electrónico, como Amazon y Zappos, seguían teniendo un aire utilitario. Mientras tanto, nuevos sitios de comercio electrónico de moda y decoración como Rent the

Runway, Gilt, Houzz, Wayfair y One Kings Lane estaban apareciendo por todas partes y creciendo rápidamente. Estos sitios trataban de aprovechar un tipo de experiencia de compra más orientada a las aspiraciones y el entretenimiento y trasladarla a Internet. Inversores expertos como Accel y otros los estaban financiando, y mis propias observaciones sugerían que esta área produciría otra gran ola de crecimiento del consumo *online*. Estas categorías de compras de estilo de vida también me atraían personalmente; yo era el cliente objetivo de muchas de ellas.

Empecé a trabajar en una idea propia para un nuevo servicio de comercio electrónico, una versión de lujo de eBay, mientras escuchaba los lanzamientos de todas las empresas de comercio electrónico que buscaban financiación y hablaba con varias que necesitaban directores generales en fase inicial. Seguí escuchando también los lanzamientos de empresas que no eran de comercio electrónico, simplemente para tener un punto de referencia para evaluar las oportunidades de compra en línea.

En Yodlee y Google había tenido la suerte de trabajar con personas increíblemente inteligentes y con talento que compartían mis valores, y quería hacer lo mismo en mi próxima empresa. También quería trabajar con grandes inversores y, afortunadamente, tenía la posibilidad de trabajar con empresas financiadas por Accel, crear las mías propias o aprovechar otras relaciones con inversores que había desarrollado. Pasé tiempo con varios fundadores de empresas para tratar de discernir quiénes eran como líderes, además de en qué estaban trabajando.

A estas alturas de mi carrera, ya tenía una idea bastante clara de mis propios poderes y valores, así que busqué empresas que pudieran aprovechar al máximo mis dotes únicas y cuyos fundadores o líderes principales tuvieran puntos fuertes complementarios a los míos. En concreto, esperaba unirme a una empresa con una cultura de ingeniería y gestión de productos muy sólida que necesitara un director general con experiencia en estrategia, visión, desarrollo empresarial, recaudación de fondos y creación de equipos. Aplicando estos criterios, rechacé varias oportunidades en empresas cuyos fundadores tenían aptitudes demasiado similares a las mías, pensando que este solapamiento podría dar lugar a confluencias si alguna vez me convertía en directora general.

Por último, aproveché el tiempo que pasé en Accel para reflexionar largo y tendido sobre los riesgos que asumiría al convertirme en CEO de una *startup* y sobre si podía permitirme el lujo de fracasar o no. Mi mayor riesgo, con diferencia, estaba relacionado con el ego y la reputación. Consciente de la precariedad de las *startups* en sus inicios, temía de verdad dejar un papel exitoso como ejecutiva global solo para sufrir un fracaso muy grande y visible. Pero, cuanto más pensaba en ello, me enfrentaba a este riesgo de ego y concluía que mi reputación como ejecutiva de Google sería lo suficientemente fuerte como para sobrevivir a un fracaso, si se diera el caso.

Los riesgos personales de asumir el papel de directora general de una *startup* eran diferentes, pero no mayores, que los asociados a mi trabajo en Google. Aunque sabía que ser CEO a tiempo parcial y tener otro recién nacido en casa (mi hijo Kieran) sería muy estresante, probablemente me beneficiaría el hecho de no tener que viajar por todo el mundo durante días y semanas y trabajar en diferentes zonas horarias, como hacía antes. Por último, evalué los riesgos financieros de los posibles traslados. Aunque mi capital inicial tendría un valor muy incierto durante mucho tiempo, consideré que valía la pena correr el riesgo, dado lo entusiasmada que me sentiría por tener más impacto y responsabilidad como CEO. Aunque perdí un gran paquete financiero al elegir dejar Google y pasar a tener un salario de *startup*, podía pagar las facturas en casa mientras sacaba un poco de mis ahorros. En estas condiciones, estaba preparada para dar el salto.

A principios de 2010, casi un año después de dejar Google, encontré la oportunidad adecuada y decidí unirme a la empresa de tecnología de la moda Polyvore como su CEO a tiempo completo. Precursora de Pinterest, Polyvore se basaba en la idea de que las mujeres pudieran recortar imágenes en línea para crear tableros de ideas de moda y decoración de forma digital que fueran instantáneamente comprables. Millones de mujeres jóvenes (incluidas las *influencers*) ya utilizaban el servicio y les encantaba. El equipo fundador estaba dirigido por un ingeniero estrella, Pasha Sadri, junto con otros tres profesionales de productos y tecnología que reclutó de empresas como Yahoo y Google.

Pasha era conocido por su inteligencia, y a lo largo de los años nos habíamos puesto en contacto para tomar un café, y cada vez teníamos grandes conversaciones sobre estrategia empresarial. De hecho, Polyvore había intentado reclutarme en dos ocasiones para que me convirtiera en su directora general, una vez cuando estaba en Google y otra cuando dejé la empresa en 2008. Por aquel entonces, pasé una tarde productiva con el equipo fundador, ayudándoles a pensar en su modelo de negocio. También conocía a Peter Fenton, uno de los inversores más exitosos de Silicon Valley y uno de los principales financiadores de la empresa. Peter fue quien me presentó por primera vez a Polyvore y quien siguió cortejándome de forma pasiva.

Después de haber pasado mucho tiempo explorando mis opciones desde múltiples ángulos, ahora estaba preparada para tomar una gran decisión. Estaba convencida de que el *e-commerce* estaba iniciando su próxima ola de crecimiento, y me sentía entusiasmada por formar parte de ella. Dentro de esa visión, Polyvore se encontraba entre las empresas mejor posicionadas para triunfar, y yo sabía que podía contribuir de forma significativa a la construcción de un servicio que haría las delicias de millones de personas. Me impresionaron los puntos fuertes del fundador y de los inversores de Polyvore y pensé que podría complementar sus esfuerzos. Reconociendo que mi éxito como CEO de una *startup* dependía de mis relaciones con el fundador y la junta directiva, también había invertido tiempo en conocerlos.

Mientras tanto, me he enfrentado a mis demonios del miedo, asumiendo el riesgo financiero, pero negociando mi oferta de forma agresiva para tener en cuenta los escenarios de desventaja que imaginaba, y asumiendo el riesgo de mi ego. Con todo este trabajo en marcha, me lancé. Después de gestionar una cuenta de resultados multimillonaria y de dirigir un equipo de dos mil personas en Google, me convertí en febrero en la nueva CEO de una empresa de moda de diez personas. Ninguna elección que hagamos será perfecta, y todos los marcos del mundo no eliminarán el riesgo por completo. Pero no necesitamos estar libres de riesgo. Solo necesitamos dar el siguiente paso. Si elegimos bien, utilizando todas las herramientas a nuestro alcance para maximizar las ventajas y anticiparnos a las desventajas, podemos aprovechar las oportunidades que se nos presentan y equiparnos para afrontar cualquier desafío que la realidad nos depare.

IDEAS CLAVE

- Podemos dar mayores saltos calculados si evaluamos nuestras decisiones en función de cinco factores clave: nuestra ambición, nuestras cualidades personales, el factor humano, los vientos externos a favor y en contra, y nuestros miedos.
- El principio instinto-datos-instinto puede ayudarte a tomar decisiones más inteligentes, al igual que a encontrar a tus sacerdotes profesionales.
- Si tu OV máxima te parece demasiado aterradora, empieza por tu OV mínima. Haz cualquier elección que te haga avanzar.

PARTE III
Obtener una recompensa

La mayor recompensa por el trabajo
de una persona no es lo que obtiene por él,
sino en lo que se convierte gracias a él.

JOHN RUSKIN

10

El mito de los riesgos
y las recompensas

Sin importar lo experimentados que seamos en nuestras carreras profesionales, el riesgo sigue siendo nuestro compañero constante. Podemos realizar toda la diligencia debida y la planificación previa del mundo, pero nunca eliminaremos el riesgo por completo. El caso en cuestión para mí: Polyvore. Cuando me incorporé a la empresa, estaba emocionada, ilusionada y preparada para desempeñar mi primera función de directora general. Desgraciadamente, solo seis meses después, dejé la empresa en lo que constituyó uno de los mayores fracasos de mi carrera profesional.

Antes de aceptar unirme a Polyvore, mi *coach*, David, y yo contemplamos los principales factores que determinarían mi éxito o fracaso una vez que estuviera en el trabajo (mis riesgos de ejecución). Decidimos que el primero y más importante seguiría siendo el factor humano. A pesar de mi diligencia durante la búsqueda de empleo, era posible que una vez que estuviera en el puesto de CEO, no trabajara tan bien con el fundador de Polyvore (y su director general justo antes de mí) como ambos esperábamos.

En la mayoría de las empresas de Silicon Valley, los fundadores actúan como CEO aunque carezcan de la experiencia y los conocimientos de gestión necesarios para ampliar una empresa. A medida que las empresas evolucionan, los fundadores pueden adquirir las habilidades que necesitan, o sus consejos de administración pueden sugerir la contratación de un CEO profesional (como yo en este caso). Al haber sido yo misma fundadora de Yodlee y haber contratado y trabajado estrechamente con un CEO profesional, comprendí la tensión que existe entre el fundador y un ambicioso director general traído desde fuera. Una relación fundador-CEO es como un matrimonio: ambos deben querer que funcione y deben estar dispuestos a hacer el trabajo. Al igual que un matrimonio, esta relación también tiene, en el mejor de los casos, una probabilidad de éxito.

El fundador de Polyvore, Pasha, y yo habíamos desarrollado una relación mutua, ya que habíamos hablado varias veces antes de que yo entrara como CEO. Ahora quería aprovechar esa relación y establecer una relación de confianza y productiva entre nosotros. Teníamos puntos fuertes complementarios, pero estilos de liderazgo muy diferentes, y esperaba que fueran compatibles. Quedamos para tomar un café con regularidad y me comprometí a pasar más tiempo durante mis primeros tres meses escuchando sus ideas que expresando las mías. Quería que él se sintiera cómodo conmigo, y yo con él.

En este sentido, me esforcé por establecer una relación productiva con el consejo de administración. Aunque conocía a uno de los principales inversores, Peter, desde hacía muchos años, comprendí que los consejos de administración de las empresas emergentes suelen sentir una fuerte lealtad hacia sus fundadores (y con razón), y que esto podría influir en la dinámica entre Pasha, los miembros del consejo y yo. Me comprometí a consultar periódicamente al consejo desde el principio y de forma informativa, solicitando sus opiniones tanto sobre mi actuación como sobre las actitudes de Pasha hacia el cambio de liderazgo.

Mi tercer objetivo clave en el trabajo era la labor que tenía que hacer para ayudar a construir la empresa. Aquí me sentí bastante cómoda, ya que los principales requisitos —crear modelos de negocio, vender y desarrollar el negocio, buscar y atraer a los mejores talentos— eran mis superpoderes. No obstante, me puse a trabajar para ayudar a la empresa a aumentar sus ingresos y a contratar un gran equipo. Durante mis primeros cinco meses, duplicamos nuestra plantilla hasta llegar a las veinte personas, atrayendo a talentos increíbles como Katrina Lake (que un año después fundaría el multimillonario servicio de estilismo personal *online* Stitch Fix), Jennifer Skyler (que se convertiría en directora de comunicación con el consumidor en Facebook y directora de asuntos corporativos en American Express) y Philip Inglebrecht (exGoogler, emprendedor en serie y cofundador del servicio de música Shazaam, entre otros logros). Me puse en marcha para conocer a socios publicitarios clave y ayudar a elevar el perfil público de Polyvore. El consejo de administración elogió mi trabajo, y un inversor de capital riesgo comentó que era el mejor comienzo de todos los CEO que habían visto en su cartera.

Pero tomar medidas proactivas para identificar y mitigar los riesgos conocidos no garantiza que los evites. A pesar de mis esfuerzos, la tensión empezó a aumentar entre Pasha y yo. Hacia el cuarto mes de mi mandato, empecé a expresar mis opiniones más abiertamente, y percibí que Pasha tenía a menudo ideas diferentes. Mientras él y yo seguíamos reuniéndonos, también hablaba con el consejo de administración y con mi *coach* sobre la mejor manera de manejar cualquier posible conflicto entre nosotros, teniendo en cuenta que nuestros estilos de liderazgo tan diferentes podrían exacerbarlo. La raíz del problema no tardó en hacerse evidente: dos personas querían dirigir la empresa de dos maneras distintas: su actual directora general y el anterior.

La situación estalló a los seis meses y pronto resultó insostenible. En el transcurso de diez días, la junta directiva tuvo que (re)decidir quién de nosotros dirigiría la empresa. Angustiada, reuní a mis sacerdotes profesionales: mi *coach*, David; mi mentor y antiguo jefe Venky; mi gran amigo Bud Colligan (exdirector general de Macromedia y miembro del consejo de administración de Yodlee); y mi abogado laboralista. También lloré sobre los hombros de mi marido, mi madre y mis hermanas mientras intentaba trazar el camino que había de seguir.

Aunque el consejo de administración reconoció los retos a los que me había enfrentado y me dijo que no tenía ninguna culpa, eligió a Pasha para que volviera a ser CEO en vez de a mí. Volviendo a la cuestión clave de la adecuación de valores, señalaron que mi estilo y la cultura de la empresa bajo su anterior fundador eran diametralmente opuestos, y que el conflicto había erosionado la confianza entre todas las partes. A finales de septiembre de 2010, mi pesadilla se hizo realidad. Pasé de ser una CEO a tiempo completo a estar totalmente abatida y sin trabajo.

Me sentí humillada, traicionada, con el corazón roto y avergonzada: fue el mayor fracaso personal y de reputación que había sufrido. Aunque anunciamos públicamente que la empresa y yo habíamos acordado mutuamente separarnos, preveía que mis compañeros de la industria me juzgarían con dureza.

A mis ojos, me merecía su desprecio. A pesar de mi diligencia, había cometido un terrible error al no comprender la magnitud del desajuste de valores entre el fundador y yo. ¿Tenía realmente lo que había que tener para ser una directora general de éxito? Ya no estaba tan segura.

Sin embargo, sorprendentemente, hubo algunos resquicios inesperados en mi infructuoso movimiento profesional. Aunque la debacle de Polyvore fue dolorosa para mí personalmente, mis temores de que hundiera mi carrera no se materializaron. Mi trayectoria anterior se mantuvo relativamente intacta a pesar de este incidente. En términos de riesgo financiero, Polyvore resultó ser una victoria significativa. Sabiendo que a menudo surgen dificultades en las relaciones entre los fundadores y los directores generales de las empresas emergentes, había negociado agresivamente las protecciones financieras para cubrirme en caso de que me despidieran por cualquier cosa que no fuera mi rendimiento. Como resultado, poseía una buena cantidad de capital en Polyvore tras mi salida. La empresa siguió creciendo, aprovechando los vientos favorables que supuso el lanzamiento y el rápido crecimiento de Pinterest, que convirtió los tableros de inspiración en línea en un concepto generalizado.

Un año después de mi marcha, Pasha fue desplazado de nuevo del puesto de CEO y sustituido por otro de los fundadores de la empresa, que a su vez ayudó a que esta prosperara. En 2015, Yahoo acordó adquirir la empresa por más de 200 millones de dólares, viendo su servicio como una forma de potenciar su crecimiento en un momento en que el gigante de las puntocom seguía luchando. De repente, mi participación en la empresa valía mucho dinero. Como me dijo un miembro del consejo de administración de Polyvore muchos años después: «Piensa en ello como tu paga por el riesgo de entrar en esa difícil situación», y así fue.

El cambio a Polyvore también funcionó en otros aspectos. Me arriesgué no solo con una empresa, sino con un nuevo papel y un nuevo sector (ser CEO y entrar en el comercio electrónico), y el paso del tiempo ha revelado que estas decisiones fueron acertadas. Me encantaba estar en el puesto más alto, soportando tanto la alegría como la carga de manejar todo, desde la estrategia hasta la creación de equipos, pasando por el desarrollo de productos y la gestión de pérdidas y ganancias. Mi tesis de que el comercio electrónico explotaría en nuevas categorías de inspiración/estilo de vida, como la moda y la decoración, también resultó correcta. Desde entonces, he aprovechado mi experiencia inicial en el sector en Polyvore y me he sumergido de lleno en el comercio electrónico, convirtiéndome en una exitosa *business angel*, miembro del consejo de administración, fundadora y nuevamente CEO.

La verdad es que nada de esto habría sucedido sin mi decisión original de asumir un enorme riesgo personal para dejar Google y mis decisiones posteriores de convertirme en CEO, entrar en una nueva industria y unirme a una prometedora *startup* de la categoría.

Cuento esta historia para destacar un punto simple pero importante: aunque analicemos y planifiquemos cuidadosamente nuestras opciones de antemano, asumiendo un gran riesgo con la esperanza de obtener una gran recompensa, la realidad suele ser confusa. Los riesgos que asumimos no siempre producen las recompensas directas que imaginamos de inmediato, y asumir mayores riesgos no significa necesariamente que vayamos a obtener mayores recompensas de inmediato. La vida es más complicada que cualquier marco simple. Cada decisión importante que tomamos conlleva múltiples consecuencias que, a su vez, suelen tardar en desarrollarse. Entonces, ¿cuál es la relación precisa entre riesgo y recompensa en el mundo real? Una vez que pasamos a la acción, ¿nuestros saltos valientes darán sus frutos?

EL MITO DEL RIESGO Y LA RECOMPENSA

Seamos claros: aunque los marcos no pueden garantizarnos el éxito final, los necesitamos. En el caso de Polyvore, evalué a fondo los cinco factores clave, tratando de tomar una decisión profesional inteligente. Este marco aproximado me ayudó a identificar las tendencias y las funciones que quería seguir, a articular y afrontar mis miedos, y a sentirme más cómoda dando el salto. Utilizando el modelo para organizar mi pensamiento, decidí perseguir mi ambición profesional de ser director general, seleccioné el comercio electrónico basándome en mi sentido de los vientos de cola en juego y mis intereses, y elegí Polyvore después de evaluar tanto mis propias habilidades como las personas involucradas. Comprendí bien los riesgos financieros, de ego y personales que estaba asumiendo y puse en marcha un plan bien pensado para mitigarlos, que incluía estrategias relacionadas con las personas, apoyo profesional continuo y esas protecciones financieras tan importantes. La minuciosidad de mi análisis me permitió actuar con convicción. Es cierto, siete meses después de incorporarme a Polyvore, esa decisión parecía un fracaso en muchos niveles. Pero una década más tarde, me pareció mucho más acertada, dadas las numerosas recompensas que he recibido y los máximos logros que he alcanzado en mi carrera desde entonces.

Si las recompensas de la asunción de riesgos, tal y como se ilustra en esta historia, parecen indirectas o poco claras, quizá sea el momento de ajustar aún más nuestro modelo de riesgo. Al igual que el mito de la elección única, la cultura popular nos enseña a esperar una relación directa y lineal entre riesgo y recompensa: cuanto mayor sea el riesgo que asumamos, mayor será la recompensa. También podemos suponer que seremos capaces de ver con claridad los resultados de cualquier riesgo importante que asumamos en un periodo de tiempo relativamente corto, digamos un año o dos. Creer que el mundo funciona de forma lineal nos ayuda a entender la idea de riesgo y recompensa y a darle sentido. Cuanto más ordenado y reglamentado parezca el mundo, mejor.

No es un misterio por qué tendemos a considerar el riesgo y la recompensa como algo proporcional y lineal: así percibimos el crecimiento en general. Cuando somos niños, pasamos de un curso a otro, progresando paso a paso, esforzándonos más para alcanzar metas más grandes hasta que alcanzamos nuestro objetivo: la graduación de la escuela secundaria. Si vamos a la universidad, nos embarcamos en un proceso similar. Dentro de determinados cursos de estudio, procedemos en serie, dominando un conjunto de conceptos o habilidades, haciendo un examen para documentar nuestra competencia, abordando conceptos o habilidades más difíciles, haciendo otro examen, y así sucesivamente. Durante gran parte del siglo XX, la vida empresarial se ha desarrollado de forma similar. Las empresas organizadas jerárquicamente ofrecían escalas profesionales claras y lógicas. Profesiones como la abogacía o la medicina ofrecían trayectorias laborales claramente definidas tras la graduación. Hoy en día, los currículos siguen reflejando esta visión ordenada de las carreras, enumerando los puestos de trabajo en orden desde el más reciente al más antiguo, seguido de las credenciales educativas. Incluso los videojuegos a los que jugamos son lineales, y los jugadores pasan de un nivel a otro a medida que mejoran su dominio del juego. Cada vez que se asume un riesgo, se obtiene naturalmente una recompensa, así como una nueva asunción de riesgo.

Factores culturales y biológicos profundos nos inclinan hacia pensar en líneas de trayectorias de crecimiento. Como han observado los expertos, «décadas de investigación en psicología cognitiva demuestran que la mente humana se esfuerza por comprender las relaciones no lineales. Nuestro cerebro quiere hacer simples líneas rectas». Las sociedades occidentales, en particular, parecen enfatizar el pensamiento lineal, mientras que los procesos de pensamiento de las culturas orientales tienden a ser más holísticos y menos lógicos. Como describe el psicólogo Nick Hobson, en Occidente somos «pensadores analíticos, lo que significa que vemos el mundo de forma lineal, separando los acontecimientos y observándolos a través de una lente de causa y efecto. Estamos atados a las reglas y orientados a los sistemas, y nos atraen los acontecimientos focales».

En realidad, la relación entre el riesgo y la recompensa a menudo no es tan clara y ordenada. Nos arriesgamos por múltiples razones, a menudo persiguiendo varios objetivos a la vez y obteniendo resultados con respecto a estos objetivos en diferentes momentos y de diferentes maneras. Los resultados de nuestras elecciones pueden desarrollarse a lo largo de meses o incluso años, ya que seguimos girando en respuesta a los resultados que hemos obtenido hasta ahora, iterando nuestro camino hacia la siguiente posibilidad. Una vez en marcha, persistimos, y nuestro camino acaba siendo más sinuoso de lo que imaginamos en un principio. Podemos intentar correlacionar un solo movimiento con un solo resultado, y la magnitud de cualquier esfuerzo con la magnitud del retorno. A veces vemos que estos elementos se alinean bien, tal y como se predijo, pero la mayoría de las veces nos encontramos trazando un rumbo inestable y cambiante.

Si trazamos los resultados individuales de nuestras vidas, nos damos cuenta de que se parecen menos a líneas rectas y más a gráficos de dispersión. En mi caso, algunos de los pequeños riesgos que he asumido han dado lugar a grandes resultados, y algunos de los grandes riesgos han dado pequeños resultados. Decisiones que inicialmente parecían de bajo riesgo se convirtieron en éxitos significativos, y algunos éxitos superficiales fueron fracasos personales.

Ser cofundadora en Yodlee constituyó un gran riesgo financiero en comparación con la permanencia en Amazon y, aunque gané dinero, en términos financieros relativos representó un resultado fallido. Sin embargo, también fue un resultado positivo para la empresa y uno de los acontecimientos emocionales y de reputación más positivos de mi carrera. Crear una empresa innovadora desde cero que tuviera un impacto amplio y duradero en su sector fue increíblemente satisfactorio, al igual que crear y dirigir un equipo de personas inteligentes, muchas de las cuales compartían mis valores y pasaron a formar parte de mi red profesional de toda la vida.

Por el contrario, trasladarme a Google fue uno de los movimientos menos arriesgados de mi carrera, ya que la empresa ya era rentable y estaba creciendo rápidamente. Sin embargo, este pequeño riesgo me proporcionó algunas de las mayores ganancias financieras, y me dio la oportunidad de aprender y crecer como líder a un ritmo sin precedentes. Hay que tener en cuenta que Google me hizo una oferta casi exclusivamente por mis logros en Yodlee, que por supuesto se debían a una decisión más arriesgada que tomé al dejar Amazon.

Si tuviera que limitar mi análisis a un periodo de tiempo concreto, las decisiones que tomé podrían parecer furiosamente positivas, furiosamente negativas, o a ver. Pero lo que más salta a la vista es el múltiple número de movimientos que me costó desbloquear una recompensa profesional descomunal, así como las tachuelas necesarias para llegar a ella. En general, mi carrera creció enormemente entre mediados de los años 90 y 2010. Pasé de ser analista en Merrill y British Sky Broadcasting a convertirme en presidenta de un negocio multimillonario y luego en CEO de una *startup*, y la trayectoria general es convincente. Pero esa trayectoria ascendente se desarrolló a lo largo del tiempo y de muchas decisiones, y los movimientos individuales que realicé definieron esa lógica gobernante. La relación entre el riesgo y la recompensa real es cualquier cosa menos lineal cuando se trata de medir las decisiones individuales y los resultados. Anímate a saber que, aunque los resultados iniciales de una determinada decisión que hayas tomado no funcionen de forma inmediata, con el tiempo y múltiples movimientos, pueden resolverse a tu favor, siempre que estés preparado para seguir eligiendo la siguiente posibilidad y aprender de la actual.

LOS MOVIMIENTOS MÚLTIPLES REALMENTE RINDEN MÁS

Parece contradictorio, pero, si estamos dispuestos a asumir muchos riesgos y a seguir haciéndolo incluso después de fracasar, es mucho más probable que consigamos recompensas mayores a largo plazo que si nos centramos en asumir grandes riesgos esporádicos e individuales. Por el contrario, si no convertimos la asunción de riesgos en un hábito, nuestra capacidad de previsión, de evaluación de probabilidades o incluso de comprensión de nuestras corazonadas se verá afectada, y, con ella, nuestra capacidad de tomar decisiones más inteligentes y de avance en nuestras carreras. Hay que tener en cuenta que mi propia trayectoria profesional no es tan inusual. Hoy en día, asumir múltiples riesgos para obtener mayores recompensas en general es cada vez más común. Permíteme darte otro ejemplo.

Cuando Corey Thomas, presidente y director general de la empresa cotizada Rapid7, comenzó su carrera empresarial, soñaba con tener algún día un impacto importante como líder y construir una gran empresa. Ha logrado ese sueño, pero, como me dijo, su éxito llegó de una manera un tanto tortuosa a través del encadenamiento de múltiples riesgos a lo largo de varios años. Después de obtener su MBA, Thomas dio un salto similar al que yo hice al unirme a Polyvore: dejó un cómodo trabajo en Microsoft y aceptó un recorte salarial del 30 % para trabajar como ejecutivo de marketing en la empresa tecnológica Parallels, con sede en Seattle. Sus padres pensaron que estaba loco por sacrificar una parte de su remuneración, pero Thomas estaba ansioso por experimentar un entorno más emprendedor y se sintió atraído por Parallels por la oportunidad de aprender de su inteligente, agresivo y exitoso fundador (véase el capítulo 6 sobre la elección de las personas por encima de la pasión).

Tras dos años de éxito en la empresa, Parallels se fusionó con otra empresa y a Thomas no le entusiasmó el nuevo trabajo que la organización le ofrecía. Aunque conservaba una sólida red de patrocinadores profesionales de su época en Microsoft y podría haber encontrado fácilmente un trabajo en una gran empresa, optó de nuevo por aceptar un recorte salarial del 20 % y trasladarse al otro lado del país para trabajar como director de marketing en Rapid7, entonces una empresa emergente con sede en Boston. Una vez más, el atractivo era la gente: un antiguo jefe suyo dirigía la empresa y le gustaba su fundador, pero también la posibilidad de crear su propia empresa (el patrocinador de Rapid7, Bain Capital, le prometió financiar un proyecto empresarial suyo en unos años si tenía buenos resultados en la empresa).

Después de cuatro años en Rapid7, la empresa había crecido hasta alcanzar unos 20 millones de dólares de ingresos y doscientos empleados, y Thomas estaba dispuesto a marcharse para iniciar una aventura empresarial. Pero no fue así. Poco antes de que Rapid7 saliera a bolsa, su director general abandonó la empresa. A pesar de que Thomas no tenía experiencia en el papel de CEO, y mucho menos en la salida a bolsa de una empresa, Bain Capital le pidió que lo aceptara, argumentando que podría aprender rápidamente las habilidades ejecutivas necesarias durante la transición de la empresa. Thomas no se hacía ilusiones sobre lo arriesgado que era acceder a un puesto para el que aún no estaba cualificado, y también sabía que algunos miembros del consejo de administración no apoyaban del todo este movimiento, pero decidió aceptar el puesto de director general de todos modos. Acabó asumiendo otro gran riesgo una vez que asumió el cargo, impulsando cambios controvertidos en la estrategia de la empresa. Sus planes acabaron teniendo éxito, y en 2015 llevó a la empresa a una exitosa salida a bolsa.

Desde entonces, Thomas ha ayudado a Rapid7 a crecer rápidamente (en el momento de escribir este artículo, en 2020, los ingresos anuales de la empresa ascienden a unos 350 millones de dólares). Había logrado su objetivo de liderar el crecimiento y causar impacto, y nada menos que como CEO de una empresa cotizada. Esto nunca habría sucedido si no hubiera tomado una serie de decisiones que parecían arriesgadas en su momento, y cuyos resultados positivos no estaban claros de inmediato. Cada movimiento que hizo desde que dejó Microsoft le ayudó a ganar experiencia en el mundo de las *startups* y a establecer relaciones. Al final, estos movimientos le colocaron en una posición en la que se benefició de la serendipia y pasó a desempeñar un papel de director general.

«A veces la vida lo retuerce todo», dice Thomas. «La asunción de riesgos tiene un aspecto de exploración creativa. A medida que avanzas, realmente conduces a través de tus hipótesis, aprendes, haces ajustes y te reorientas y te mueves de formas que no esperabas cuando empezaste». Thomas tiene razón. Asumir riesgos con éxito es un proceso de elección de oportunidades, una serie de pasos cuya lógica y dirección solo se hacen evidentes cuando se ven en retrospectiva. Asume un riesgo y puede que obtengas una recompensa de inmediato. Pero es mucho más probable que simplemente tengas otra oportunidad de arriesgarte, y otra, hasta llegar finalmente a donde quieres ir.

IDEAS CLAVE

- El mito del riesgo y la recompensa nos lleva a creer que cualquier recompensa se produce directamente después del riesgo que asumimos originalmente, y en la misma proporción.
- En realidad, esta relación es más complicada. Una combinación de movimientos grandes y pequeños a

lo largo de diferentes periodos de tiempo desbloquea mayores recompensas.

• La asunción de riesgos se desarrolla a través de un proceso de formulación de hipótesis, aprendizaje, ajustes y reorientación en formas sorprendentes.

11

Para tener éxito, olvídate del éxito

He intentado relativizar el fracaso, pero seamos sinceros: fracasar es duro. Al dolor de la decepción se suma el implacable autocastigo que nos administramos por nuestros propios errores percibidos. Después de Polyvore, al principio sentí pena por mí misma, así que me escondí de mis compañeros en el Valle y pasé tiempo con mi familia. No importaba que llevara casi veinte años de una carrera en gran medida positiva. Todavía me sentía maltratada y magullada.

En el fondo, sentía que saldría del desastre y acabaría eligiendo mi siguiente oportunidad. Para ayudarme a llegar a ese punto, mi *coach*, David, y yo hablamos de lo que había sucedido para que pudiera procesarlo, extraer los aprendizajes clave y seguir adelante. David me dio quizás el mejor consejo que recibí, animándome a permanecer abierta. Había tenido éxito, señaló, en gran parte porque era una persona auténtica y enérgica que veía el mundo y la gente como algo lleno de posibilidades. Sería fácil estar hastiada, cerrarse a los demás y volverse paranoica después de un episodio tan doloroso, pero si lo hiciera, disminuiría mis propios superpoderes. Junto con David, mi familia me ayudó a mantener mi sentido de identidad en medio de mis problemas de salud. Mi marido y yo decidimos hacer un pequeño viaje de esquí en familia. Hacer algo que nos gustaba con los demás y nuestros hijos durante un par de semanas fue una distracción muy necesaria y una forma de salir del Valle y lamer mis heridas.

Al cabo de uno o dos meses, una vez disipado el *shock* inicial, empecé a considerar qué hacer a continuación, teniendo en cuenta lo que había aprendido. Dos caminos distintos me atraían: volver a trabajar como CEO profesional en el comercio electrónico, o fundar mi propia empresa. Me encantaba estar en el puesto más alto y trabajar en la categoría de compras *online*, concretamente en la subcategoría de bienes y servicios orientados al estilo de vida, que ofrecía a los consumidores deleite e inspiración. Consideré la posibilidad de incorporarme a una empresa más grande en la que pudiera aprovechar al máximo mis aptitudes de liderazgo, en la que un fundador hubiera dejado de desempeñar su función hacía tiempo y en la que el riesgo financiero fuera bastante bajo. Si me decantara por la segunda opción (menos probable, en mi opinión), resolví que, dado el alto riesgo inherente a las empresas en fase inicial, solo querría dirigir una empresa que hubiera creado yo, en la que poseyera la mayor parte de los beneficios y en la que pudiera establecer mi propia cultura y equipo.

Como David había predicho, los reclutadores empezaron a llamar, y yo escuché con la mente abierta los trabajos que me ofrecían. También me encontré con una idea propia de comercio electrónico que se me había ocurrido a las pocas semanas de dejar Polyvore. Sabía que los consumidores querían acceder a contenidos «comprables», como tableros de inspiración, para encontrar buenas opciones en moda, belleza y hogar. También sabía que las marcas querían vender productos de esta manera, ya que temían la mercantilización por parte de Amazon. Pensando en mis últimos años en Google, recordé cómo los «*haulers*» de YouTube habían surgido en la plataforma, convirtiéndose en *influencers* de estilo y belleza al compartir vídeos de artículos que habían salido a comprar. Sin embargo, el comercio por vídeo (es decir, los vídeos para comprar) aún no se había convertido en una tendencia importante en la red. QVC y HSN seguían dominando este espacio, con sus grandes audiencias de consumidoras mayores adictas a las compras en la televisión. Instintivamente, sentí que había visto la oportunidad de crear el primer canal de vídeos de compras en Internet centrado en la moda, la belleza y los productos del hogar. Se podía ganar mucho dinero: QVC y HSN eran empresas multimillonarias, y un canal de compras por vídeo en línea también podría serlo.

A medida que investigaba la idea, me intrigaba aún más. Mi FOMO estaba en plena ebullición. Al mismo tiempo, no estaba seguro de querer empezar otra empresa desde cero. Después de Polyvore, la posibilidad de sostener un gran fracaso volvió a petrificarme. Me sentí realmente dividida sobre qué hacer. Empecé a trabajar en un prototipo de sitio web de comercio por vídeo y grabé varios vídeos con una *influencer* local sobre productos de moda y belleza. Mostré estos vídeos a doce amigas en el salón de mi casa para calibrar su reacción. Mientras tanto, poniendo en práctica mi táctica de vías paralelas, seguí haciendo entrevistas para los puestos de CEO que se me presentaban.

En enero de 2011, unos cinco meses después de dejar Polyvore, llegó el momento de tomar una decisión. Era la mejor candidata para el puesto de CEO de una gran marca de comercio electrónico de viajes en línea (una que reconocerías). Mientras tanto, los primeros comentarios que llegaban de mis pruebas de vídeos comprados eran muy positivos. La oportunidad de la empresa de viajes era mucho menos arriesgada y, sin duda, más prestigiosa, pero la marca estaba luchando por crecer en un sector de productos básicos. A pesar de mis sentimientos encontrados por estar en una empresa en fase inicial, realmente pensaba que el comercio por vídeo se convertiría en una tendencia masiva en los próximos años, y me entusiasmaba la idea de crear el primer servicio de este tipo desde cero. Al final, ese entusiasmo se impuso. A los dos años de dejar Google, tomé mi segunda gran decisión: crear Joyus, una plataforma pionera de compra de vídeos en línea para mujeres.

No me hacía ilusiones sobre el viaje empresarial en el que me embarcaba. Después de Yodlee, sabía que poner en marcha una nueva empresa sería un camino largo y tortuoso, sobre todo si se trata de crear un nuevo mercado y captar una nueva tendencia o viento de cola en el momento adecuado. Podrían pasar cinco o seis años antes de que supiera si Joyus sobreviviría a largo plazo (en otras palabras, si los consumidores lo adoptarían fácilmente, si podríamos ampliarlo y si podríamos llegar a ser rentables tras varias rondas de financiación de la empresa). Sin duda, soñaba con crear una gran empresa y cosechar los frutos, pero esa posible rentabilidad estaba muy lejos. Al poner en marcha Joyus, me enfrenté al mismo desafío que muchos de nosotros afrontamos al iniciar un largo viaje: ¿cómo iba a empezar y luego a mantener la energía, la satisfacción y el éxito durante un largo periodo de tiempo hasta llegar al destino de mis sueños?

EL ÉXITO COMIENZA CON LOS RESULTADOS

La respuesta, por supuesto, era apuntar a hitos reales y tangibles en el camino hacia mi objetivo mayor. Ya seamos aspirantes a triatletas, empresarios o cocineros, todos sabemos que la iteración en pequeños incrementos a lo largo del tiempo nos permite hacer realidad ambiciones mayores. Los hitos nos motivan, nos animan a perseguir objetivos más pequeños y a celebrar su consecución en nuestro camino hacia algo más grande. En la práctica, también es casi imposible conseguir resultados de gran envergadura de un solo golpe. Hay que descifrar los resultados más pequeños y aprovechar los momentos que se crean para avanzar (figura 12). Cualquier empresario o líder de una división empresarial te dirá que el éxito viene de resolver uno, y luego dos, y luego múltiples problemas, a menudo en secuencia. En algún momento, estas soluciones nos aportan beneficios compuestos, y nuestro progreso empieza a acelerarse con cada problema que abordamos.

¿Has trabajado alguna vez en un rompecabezas realmente desafiante con muchos cientos de piezas? Algunas personas (como yo) quieren construir el borde del puzle.

A otras les gusta empezar uniendo piezas de colores similares. Podemos montar las distintas partes del puzle por separado, pero una vez que hayamos completado suficientes secciones, nuestro progreso se irá engrosando a medida que las vayamos uniendo y obtengamos una idea de la totalidad del puzle. Si bien es cierto que podemos construir secciones de un rompecabezas y nunca completar el conjunto, no podemos terminar un rompecabezas sin haber completado algunas de las secciones que lo componen. Del mismo modo, en nuestras carreras podemos seguir obteniendo resultados significativos sin alcanzar el éxito final que imaginamos, pero es prácticamente imposible tener éxito en algo grande sin conseguir muchos resultados más pequeños. La clave para obtener beneficios a largo plazo siempre empieza por el impacto a corto plazo.

Mucha gente piensa que su trabajo está esencialmente hecho una vez que ha hecho una elección mayor, pero, en realidad, solo acaba de empezar. Ahora tiene que ejecutar incrementalmente para aprovechar la oportunidad.

Figura 12

TODOS LOS RESULTADOS TIENEN IMPACTO

Impacto significa simplemente un resultado o también «un efecto importante o significativo». Cuando ejecutamos de forma iterativa hacia un objetivo, no todos los resultados que anotamos serán un microéxito en nuestro camino hacia el mayor. Los resultados pueden ser positivos (el logro que esperábamos) o negativos (un fracaso en relación con nuestras expectativas). Aunque en nuestras carreras nos han enseñado a valorar solo los resultados positivos, lo cierto es que los resultados negativos a menudo también nos ayudan a alcanzar nuestros objetivos y tienen un impacto, ya que nos ayudan a ver qué acciones han funcionado y cuáles no.

Si tenemos suerte, todas nuestras acciones darán resultados positivos la primera vez que intentemos algo, pero todos sabemos lo poco realista que suena eso. Cuando intentamos innovar, solemos progresar utilizando los conocimientos de una acción actual para informar y ejecutar la siguiente hasta llegar a un resultado positivo. En el sector de la tecnología, los equipos de emprendedores esperan que sus primeros intentos de crear una característica del producto no deleiten a los consumidores, y utilizan ciclos iterativos de retroalimentación a lo largo del tiempo para lograr un crecimiento positivo. En la investigación científica, las expectativas de fracasos iterativos son aún mayores. Si se está desarrollando un medicamento innovador contra el cáncer, se sabe que es probable que se produzcan resultados negativos muchas veces antes de ver algún atisbo de éxito.

Nadie sabe más sobre cómo construir una carrera de éxito acumulando pequeños impactos, incluidos miles de pequeños fracasos, que mi antiguo compañero de tenis, Mathai Mammen. Mathai es ahora el responsable mundial de toda la Investigación y Desarrollo de Janssen, la división farmacéutica de Johnson & Johnson. Anteriormente, fue vicepresidente sénior de Merck y, antes de eso, fundó las empresas de biotecnología Theravance e Inoviva. A lo largo de su carrera, Mathai se ha centrado en producir resultados innovadores asumiendo diversos riesgos, grandes y pequeños. Como me dijo, el largo proceso de desarrollo de nuevos fármacos implica avanzar por un embudo de riesgos. Al principio, se asume un gran número de pequeñas e inexpertas apuestas sobre ideas o tecnologías que tienen relativamente pocas probabilidades de éxito pero que, si lo hacen, darán lugar a medicamentos que cambiarán la vida. A partir de ahí, se asumen progresivamente menos riesgos, pero mayores. Al final del embudo, cuando se decide qué candidato a fármaco se presentará para su aprobación reglamentaria (con todas las costosas pruebas que ello requiere), se apuesta mucho por un solo medicamento.

Le pregunté a Mathai cómo podía mantenerse feliz y realizado como científico durante la década (o más) que puede tardar en recorrer todo el embudo. Una gran parte de ello, dijo, tiene que ver con recordar el propósito último: ayudar a mantener a la gente viva, más sana y más feliz. «Cada día sabes que el destino que persigues es realmente importante. Cuando se alivia la carga de una enfermedad, no solo se ayuda al paciente, sino también a la familia y la comunidad. El impacto es enorme y eso te ayuda a permanecer en el juego». Mathai también hizo hincapié en la importancia de trabajar para conseguir hitos en el camino y celebrarlos cuando se alcanzan. «Tenemos que celebrar con entusiasmo las pequeñas victorias en el camino hacia la gran victoria». Estos hitos podrían incluir la comprensión del mecanismo por el que una enfermedad se desarrolla en el cuerpo, descubrir un agente farmacológico para abordar ese mecanismo y validar que el fármaco funciona realmente en pacientes reales.

La capacidad de Mathai de mantenerse centrado en lograr pequeños impactos no solo le ha reportado grandes éxitos, sino que le ha permitido realizar algunos de los trabajos más importantes de su carrera. En 2020, Mathai y su equipo se encontraban entre los equipos que competían por encontrar una vacuna viable contra el virus Sars-CoV-2, que causa el COVID-19. Gracias a los años de trabajo minucioso en la creación de vacunas contra el VIH, el ébola y otros virus, el equipo de Mathai había reunido tecnología, personal y procesos que creía que podía movilizar para crear una vacuna contra el CO-VID-19 y producirla con éxito a gran escala. Unirse a la carrera fue una apuesta tremenda, pero fue el resultado de una carrera construida sobre cientos o incluso miles de apuestas más pequeñas. Mathai y su equipo se habían centrado en el impacto todo el tiempo, y ahora estaba a punto de dar sus frutos de una forma tan masiva como inesperada. En 2020, Johnson & Johnson se convirtió en una de las tres principales empresas del mundo en poner una vacuna en ensayos clínicos. A principios de 2021, la empresa fue la primera en entregar una vacuna de dosis única a la FDA para su aprobación. Mientras que otras vacunas requerían ser almacenadas a temperaturas super-frías, la de Johnson & Johnson podía mantenerse con la refrigeración habitual.

Cuando nos proponemos alcanzar microobjetivos a corto plazo, a menudo creamos resultados derivados que no esperábamos. Esto ocurre a menudo en la tecnología: los científicos o ingenieros intentan resolver el problema A, pero en su lugar encuentran una solución mayor al problema B. A veces, los impactos derivados que conseguimos mientras perseguimos un gran objetivo nos dan alegría y satisfacción de formas que no podíamos prever. Puede que nos demos cuenta de que en el proceso de ejecución hemos sido capaces de crear un equipo feliz y exitoso, que hemos descubierto un superpoder que no sabíamos que teníamos, o que hemos creado un nuevo proceso duradero que beneficia a todos. A medida que surgen estos resultados, podemos apilar múltiples tipos de impactos que se convierten en los bloques de construcción para nuestros futuros objetivos, y la mayoría, aunque no todos, también contribuyen directamente a nuestro objetivo actual.

APUNTAR AL IMPACTO ELEVA TODOS LOS BARCOS

Centrarse en el impacto significa dirigir y reorientar continuamente nuestros esfuerzos diarios y semanales, tomando medidas que tienen más probabilidades de ofrecer resultados tangibles a corto y, por supuesto, a largo plazo. Dicho esto, aspirar al impacto no es una búsqueda obsesiva. Casi todos los hitos que perseguimos dependen no solo de nuestros propios esfuerzos, sino también de los de nuestros colegas y compañeros de equipo con los que compartimos objetivos laborales. De hecho, gran parte de la alegría y la satisfacción que obtenemos al esforzarnos por alcanzar los objetivos proviene de la sensación de que estamos contribuyendo a algo más grande que nosotros mismos y de que estamos ayudando a que otros tengan también un impacto.

Para alcanzar nuestros objetivos, debemos centrarnos en nuestra propia capacidad para obtener resultados individuales y acelerar los resultados de los equipos de los que formamos parte. Cuando ignoramos a los demás y solo nos centramos en nuestros resultados personales, podemos hacer algunos progresos, pero nos costará alcanzar un éxito mayor. Al principio de mi carrera, tendía a perseguir ambiciones estrechas y objetivas: buscaba construir una empresa o un servicio de cierto tamaño y conseguir recompensas como dinero o un título prestigioso. Con el paso de los años y la madurez, construí equipos y me sentí realizada cuando alcanzaron éxitos, obteniendo mayores recompensas personales en el proceso. En la actualidad, mis elecciones profesionales se basan en dos pasiones iguales y duraderas: ayudar a crear servicios que deleiten o capaciten a millones de usuarios (como líder digital) y ayudar a otros a acelerar su propio éxito profesional.

SIETE MOVIMIENTOS PARA UN MAYOR IMPACTO

¿Qué es lo que separa a los más «impactantes» de entre nosotros de los que obtienen resultados de forma mucho menos consistente? No es la personalidad ni la inteligencia innata, sino la forma en que abordan la ejecución. Las personas más impactantes optan por asumir pequeños riesgos más a menudo, y de formas muy específicas, para superar la ejecución y lograr resultados de forma repetida. He aquí mis siete estrategias principales para asumir pequeños riesgos en el trabajo, sea cual sea el trayecto en el que te encuentres (figura 13).

1. Pon pasión en tu trabajo, incluso cuando el trabajo no induzca a la pasión

Cuando Simon Chen solicitó trabajar en Joyus, tenía dificultades para encontrar su primer empleo a tiempo completo, a pesar de haberse graduado en una universidad de élite (UC Berkeley) con notas estelares. Probablemente, Simon no pensó que se plantearía un puesto de administración de nivel básico al graduarse, pero ese es el trabajo que aceptó con entusiasmo con nosotros: como asistente ejecutivo al servicio del CEO (yo) y de David, el jefe de comercialización de nuestra empresa.

Figura 13

Como no tenía tiempo para entrevistar a Simon (estaba constantemente de viaje reuniéndome con clientes, inversores y otros), dejé que David se encargara de ello. Un día me llamó hablando maravillas de Simon y expresando su deseo de contratarlo. Yo no estaba tan segura: prefería contratar a un asistente ejecutivo de carrera en lugar de contratar a un recién graduado que pudiera quejarse de la cantidad de trabajo que conllevaba el puesto. No obstante, me decanté por David.

Simon empezó con fuerza, demostrando ser un gran trabajador. Pero más que su ética laboral, lo que me impresionó, y encantó, fue su entusiasmo por aprender sobre todos los aspectos de su trabajo y de nuestra empresa. Muchas de las tareas cotidianas que se le asignaban eran mundanas y repetitivas: la gestión de mi calendario, el pedido de alimentos para mantener las neveras de la empresa llenas para los empleados, etc. Pero Simon seguía realizando estas tareas con verdadera pasión, descubriendo cómo automatizar algunas de las tareas más aburridas sin dejar de ocuparse de los detalles, y personalmente el trabajo más importante, como la preparación de las reuniones del consejo de administración o la gestión de las comunicaciones con los ejecutivos de alto nivel. En todo momento, Simon parecía ansioso por cumplir todos los aspectos de su trabajo, no solo las partes ocasionalmente glamurosas, y por hacerlo bien. Además, aprovechaba al máximo el acceso que tenía al director general, y me acribillaba a preguntas sobre las reuniones que yo celebraba y el motivo de las mismas, me hacía preguntas sobre la empresa en su conjunto y me pedía opiniones sobre su rendimiento.

Al reflexionar sobre su experiencia en Joyus, Simon cuenta que, de hecho, entró en el trabajo decidido a aprender. Consideró que desempeñar bien sus funciones básicas era un billete de entrada que le permitiría explorar el funcionamiento interno de una empresa emergente para adquirir experiencia y ver qué partes le gustaban. «Nada más salir de la universidad, no se trataba de perseguir un título elegante. Se trataba de qué puedo aprender y de quién puedo aprender», dice. Simon también trató de buscar el significado de su trabajo, incluso cuando se trataba de tareas mundanas. Tomando el ejemplo de un empleado al que se le asigna la compra de aperitivos para la oficina, «el punto de vista de una persona puede ser: "Este es un trabajo tan aburrido, un auxiliar de oficina". El punto de vista de la otra persona puede ser: "Oye, realmente puedo influir en la moral de los empleados con las cosas que compro"». Al buscar un significado, Simon pudo motivarse para poner todo lo que tenía en su trabajo y en el aprendizaje.

¿Era un riesgo serio para Simon el hecho de dedicarse a un puesto administrativo? Tal vez. Pero, al aportar una actitud y un enfoque positivos y frescos, transformó su trabajo en una oportunidad profesional mucho mayor para él.

En pocos meses, Simon dominó su función y se distinguió como uno de los mejores asistentes que he tenido en mi carrera. Al ahorrarme tiempo, mejoró el impacto que yo podía tener en mi propio trabajo. Al cabo de un año, le ascendimos a nuestro grupo de Planificación y Análisis, donde había estado pluriempleado mientras trabajaba para mí. Años más tarde, cuando vendimos Joyus, Simon solicitó el trabajo de sus sueños en Facebook. Cuando un reclutador de Facebook me llamó para pedirme mi valoración de Simon, les dije que deberían haberle contratado ayer y, además, que probablemente Simon se convertiría en una de las mejores personas que jamás contratasen. «Algún día será CEO, y yo haré cola para estar en su Consejo», les dije.

Para sobresalir en un trabajo, realizándolo con altos niveles de calidad (eficacia) y velocidad (eficiencia), no puedes simplemente trabajar duro solo en las partes que te gustan. Hay que arriesgar el tiempo y la energía y tratar de dominar todos los aspectos del trabajo, incluidas las partes aburridas. Cuando trabajaba para «Hank the Crank» en Merrill, elaboraba grandes presentaciones sudando hasta el último detalle, hasta los tipos de letra y si los decimales de las cifras estaban en los lugares correctos. También mostré curiosidad, poniéndome en evidencia y haciéndole a Hank un sinfín de preguntas sobre el sector de las cajas de ahorro y los préstamos. Utilicé esos conocimientos para hacer un trabajo aún mejor en las presentaciones, liberando así tiempo que él podía utilizar en su trabajo más importante. Cuando demostré que podía dominar las responsabilidades de mi trabajo y estaba ávida de conocimientos, Hank me dio más responsabilidades, lo que a su vez me permitió desarrollar más habilidades nuevas y tener un mayor impacto. Así fue como superé a mis compañeros, logrando las mejores calificaciones en mi primer año y consiguiendo un puesto de primera en mi segundo año en Londres.

2. Antepón el progreso a la perfección

Si muchos de nosotros nos paralizamos al tomar nuestra próxima gran decisión, atascándonos en un análisis interminable de nuestras opciones, a menudo ocurre algo similar una vez que estamos en movimiento. Mientras ejecutamos, podemos planificar en exceso en nuestros intentos de hacer que cada pequeña elección o acción que tomamos sea absolutamente perfecta. La perfección, como hemos visto, es una ilusión. Al dedicar más tiempo a la ejecución, obtenemos más y mejores datos sobre lo que funciona en el mundo real. A su vez, esta información nos ayuda más que cualquier plan abstracto que podamos crear en nuestra cabeza. El descubrimiento científico también funciona así. Como observó en una ocasión el estadístico George E. P. Box, el progreso no procede de una teorización interminable ni de la acumulación de datos, sino de una «iteración motivada entre la teoría y la práctica». Si dedicamos demasiado tiempo a planificar todas y cada una de las acciones (la teoría), no obtenemos tantos conocimientos prácticos y ralentizamos la obtención de resultados.

En otras palabras, al esperar y procrastinar hasta que tengas cada cosa perfecta en cualquier ciclo de planificación, retrasas la obtención de conocimientos valiosos que podrían ayudarte a conseguir un resultado deseable con tu próximo movimiento. Hay que tener el valor de planificar de forma aproximada y eficiente y luego avanzar lo mejor posible, incluso si se sabe que aún no se tiene la solución perfecta.

Como han observado Leonard A. Schlesinger, de Harvard, y sus coautores, los propietarios de pequeñas empresas pueden ser más susceptibles de lo que creen a esta tendencia; tienden a seguir el «razonamiento de predicción», que consiste en planificar y pensar mucho antes de tomar medidas reales. Aunque este enfoque puede resultar fructífero, Schlesinger y su equipo sostienen que los propietarios de pequeñas empresas pueden progresar más si lideran con la acción (un enfoque que, observo, puede parecer más arriesgado al principio) y aplican su aprendizaje para obtener resultados, sobre todo porque a menudo es imposible predecir las condiciones futuras. En un extremo, puede que planifiquemos en exceso porque pensamos demasiado en general, preocupándonos obsesivamente por el futuro y por factores que escapan a nuestro control. Como observa un experto, el exceso de pensamiento puede llevarnos a «quedarnos atascados en consecuencias potenciales que quizá ni siquiera se produzcan, solo preocupados por ciertos resultados, y eso puede paralizarnos o impedirnos actuar».

En todas las empresas a las que me he incorporado, ya sea Yodlee, Google o Joyus, he visto la tensión diaria que existe entre hacerlo bien y actuar con rapidez, sobre todo cuando los equipos crean y aplican los OKR (objetivos y resultados clave) trimestrales. Cuando llega el momento de establecer los objetivos para los próximos noventa días, algunos equipos pasan semanas elaborando presentaciones de diez páginas en las que se describen sus objetivos precisos, mientras que otros dedican una hora a elaborar una sola diapositiva. Pero si dedicamos dos o tres semanas de un período de doce semanas a la planificación, perdemos mucho tiempo de ejecución y aprendizaje. Cuando los equipos empiezan a darse cuenta de esto por sí mismos, tienden a reducir el proceso de mirar los OKR, estableciendo objetivos de forma más eficaz al llegar a la esencia de un problema e identificando las tareas clave necesarias para la ejecución. Cuando pueden dejar de lado la planificación perfecta para ponerse en movimiento y pivotar su plan sobre la marcha, el impacto real y el aprendizaje se producen antes.

La planificación perfecta también es problemática por otra razón: supone que el tiempo que perdemos en planificar no cuesta mucho.

Pero, como hemos señalado antes, las condiciones que nos rodean cambian constantemente, y el tiempo que pasamos titubeando puede tener mayores repercusiones de las que creemos. No solo debemos sentirnos motivados para obtener aprendizajes e impactos más rápidamente pasando a la acción; una sana dosis de paranoia también ayuda, ya que nos damos cuenta de que las condiciones favorables podrían disiparse cuanto más esperemos.

3. Sé un «autor»

La autoría, tal y como yo la defino, implica tener una idea original sobre cómo llevar a cabo una tarea o un objetivo y poner esa idea en el mundo para acelerar el progreso y avanzar. Mucha gente considera que la autoría es patrimonio de fundadores, inventores, artistas y otras personas que asumen grandes riesgos, y la asocia con una originalidad o inventiva extraordinarias. En realidad, todos tenemos pensamientos originales. La autoría puede ser algo tan pequeño como lanzar una idea que aún no has escuchado a nadie en una sesión de planificación, o tan grande como dedicar tu tiempo a intentar lanzar un nuevo producto, servicio o proceso y convencer a otros de que se unan a ti. En cualquier caso, podemos ejercer la autoría y magnificar nuestro impacto si estamos dispuestos a correr un pequeño riesgo, dejar de lado nuestro miedo a parecer estúpidos (lo que hemos descrito como riesgo del ego) y tener el valor de hablar.

Como creo que sabrás, los beneficios de hablar con franqueza superan con creces los posibles costes.

Los autores nos ayudan a todos a avanzar más rápidamente hacia nuestros objetivos, empujándose a sí mismos y a otros a su alrededor a probar nuevas tácticas y a aprender de los resultados. Siempre que estamos dispuestos a probar algo nuevo, animamos a otros a probar también la autoría, y cualquier aprendizaje se convierte en bloques de construcción para el siguiente conjunto de esfuerzos de todo un equipo. Es más probable que los demás también nos reconozcan por nuestro talento y nuestras contribuciones.

4. Sé un contador o un buscador de verdades

Incluso cuando carecemos de ideas originales para abordar un problema, podemos albergar observaciones y opiniones importantes que ayuden a avanzar en un objetivo. Si estamos dispuestos a jugar el papel de contadores de la verdad y a hablar con franqueza de nuestros pensamientos, podemos aumentar nuestras probabilidades de identificar acciones que realmente produzcan resultados beneficiosos. Además, nuestra franqueza puede incitar a nuestros colegas a hacer lo mismo, llevando a nuestros equipos a identificar los verdaderos impedimentos para sus objetivos colectivos.

Al igual que ser un autor, decir una verdad en voz alta supone un pequeño riesgo para nuestro ego y nuestra carrera. También conlleva un pequeño riesgo personal, ya que hablar abiertamente puede resultar incómodo en un primer momento: tememos parecer inadvertidos, ofender a alguien sin saberlo con un comentario o que un jefe nos regañe públicamente. Pero quedarse callado también conlleva sus propios riesgos, ya que podríamos no descubrir o compartir diversas perspectivas, limitando así la eficacia de nuestro equipo. En general, decir la verdad conlleva una ventaja potencialmente grande en cuanto a su capacidad para acelerar el impacto, y tiene una desventaja comparativamente pequeña (al menos en entornos en los que tenemos un fuerte sentido de la confianza y de los valores subyacentes). En el peor de los casos, los demás podrían pensar menos de nosotros, pero lo más probable es que avancemos en nuestro progreso colectivo e incluso demos a los demás una licencia para hablar con más franqueza. Por supuesto, hay que asegurarse de presentar las opiniones y los comentarios de forma educada y civilizada para no alienar o enfadar a los compañeros.

Otra forma de acelerar nuestro impacto es buscar activamente la verdad, haciendo preguntas reflexivas para solicitar la opinión o el pensamiento honesto de los demás. Los mejores buscadores de la verdad se esfuerzan por dar seguridad a las personas para que expresen sus verdaderas opiniones en beneficio del equipo, sin experimentar ninguna consecuencia negativa.

Algunas de las personas más impactantes con las que he trabajado han sido tanto buscadores de la verdad como contadores de la verdad. No solo comparten sus propios puntos de vista, sino que ayudan a otros a hacerlo también. Orit Ziv, una exmilitar israelí que ahora trabaja como directora de recursos humanos en Sony Playstation, está dotada de este superpoder. Trabajé con Orit después de Joyus, cuando me convertí en directora de StubHub (un mercado de venta de entradas del cual hablaremos luego) y ella era la directora de recursos humanos de la empresa. La conocí cuando me entrevistaron por primera vez para mi puesto y, según recuerdo, no pude evitar sentirme un poco intimidada por sus preguntas amistosas y a la vez inquisitivas. Una vez que empecé en mi puesto, Orit fue una de las pocas personas dispuestas a darme una opinión directa sobre mi eficacia como CEO, tratándome como una respetuosa colega en lugar de tratar de ser demasiado deferente. Orit también aportó nuevas ideas al hacerme las preguntas adecuadas a mí y a otros directivos y líderes de la empresa, ayudándonos a descubrir nuestras verdades, opiniones y vulnerabilidades.

Cuando le pregunté a Orit cuál era el mejor consejo que podía dar a los demás sobre cómo decir o buscar la verdad para acelerar el progreso, destacó la importancia de decir la verdad de forma que los demás puedan oírla, especialmente cuando se trata de un jefe o de alguien en una posición de poder. Se asegura de pedir permiso a los demás antes de hablar con franqueza, y también toma medidas para aliviar los temores de la gente sobre lo que podrían escuchar. «Les digo que podemos discutir y estar en desacuerdo y tener conversaciones difíciles a puerta cerrada, y que, una vez que salgamos de la habitación, siempre representaré la decisión que han tomado». En cuanto a ser una buscadora de la verdad, señala que intenta tranquilizar a la gente, haciéndoles expresar sus temores a decir la verdad y ayudándoles a ver que los riesgos pueden no ser tan grandes como los perciben.

También trata de mostrar curiosidad, haciendo preguntas para atraer a la gente y obtener el contexto en lugar de confrontar a la gente con suposiciones o creencias y hacer que reaccionen.

5. Ocupa los espacios vacíos y actúa

Un par de meses después de que Simon Chen empezara a trabajar en Joyus, la empresa experimentó un repentino aumento de las consultas de los clientes. No teníamos suficiente personal para atenderlas todas de forma rápida. Simon nunca había trabajado en el servicio de atención al cliente, pero estaba deseando aprender y ayudar al equipo. Por iniciativa propia, acudió los fines de semana para ayudar a responder a algunos tickets de atención al cliente y luego para ayudarnos a gestionar la avalancha de solicitudes que recibimos durante las vacaciones. El servicio de atención al cliente no formaba parte de su trabajo, pero vio una necesidad importante y no dudó en cubrirla, arriesgando un poco de su tiempo y energía para aprender y contribuir.

Cuando intentamos impulsar el impacto, todos nos centramos en obtener resultados dentro de las confianzas formales de nuestras funciones. Al mismo tiempo, dependemos de que los demás también ejecuten bien sus responsabilidades. Cuando los demás no hacen su parte o detectamos una carencia que nadie cubre, nuestra frustración puede aumentar. Nos apresuramos a culpar a la otra persona o al equipo cuando no alcanzamos nuestro objetivo colectivo, señalando los elementos que los demás han omitido. Para maximizar nuestro impacto, debemos dejar de lado la idea de que algunas áreas no son nuestro problema. Para obtener resultados, a menudo debemos ocupar ese espacio vacío al que nadie más está dispuesto a ir, incluso si esto resulta incómodo o arriesgado.

Cuando empecé a construir Joyus, me las arreglé para reclutar a líderes fuertes que tuvieran una mentalidad de trabajar duro. Junto con mi cofundadora, Diana, incorporé a uno de los primeros ingenieros de Yodlee, Sin-Mei Tsai, para que se convirtiera en nuestro director de tecnología. Empezamos a construir la empresa y a obtener resultados como un pequeño equipo. Cuando empezamos a escalar, la ejecución se hizo más compleja y resultó más fácil para cada función especializada culpar a los demás cuando un proyecto no se entregaba bien. Todos pensaban que el éxito significaba cumplir solo con su parte del rompecabezas, pero, según esta lógica, todos se atribuirían el éxito incluso si no alcanzábamos nuestro objetivo colectivo.

Nuestro equipo directivo se esforzó por explicar a los empleados la importancia de tener un sentido de pertenencia más amplio, que no se limitara a las tareas que estaban bajo su control directo. En última instancia, fue Sin-Mei quien, en una reunión de todos los empleados, hizo una de las mejores analogías que he escuchado sobre la pertenencia. «Cada uno de nosotros tiene un papel individual en la empresa», observó. «Imagina tu propio papel y dibuja un círculo alrededor de él. Esto es lo que te pertenece directamente. Ahora imaginemos que cada uno de nosotros alineamos nuestros círculos junto a los de los demás, y veremos que hay espacios entre los círculos. Los verdaderos propietarios no solo son dueños de lo que está en el círculo. También se hacen responsables de los espacios intermedios».

Sin-Mei tenía razón. Las personas que impulsan desproporcionadamente los resultados se ocupan del espacio en blanco de una tarea o proyecto, una parte que quizá no les pertenezca oficialmente, pero que nadie más está haciendo. No importa en qué lugar de la pirámide organizativa nos encontremos, a menudo es aquí donde podemos añadir más valor a cualquier proyecto. No solo las personas que piensan como «propietarios» cumplen más a menudo, sino que los demás también recurren a ellos más a menudo cuando los objetivos y las funciones se hacen más grandes o más complejos.

6. Ve a lo alto y a lo bajo

Como punto relacionado, podemos aumentar nuestro impacto ocupándonos tanto de los pequeños detalles como del gran escenario de lo que estamos tratando de lograr. Cuando aumentamos lo que yo llamo nuestro radio de acción, ampliando la imagen para ver y abordar las cuestiones generales y también ampliando la imagen para ver y abordar los detalles minúsculos, nos situamos a nosotros mismos y a los demás para ejecutar más eficazmente que si solo estuviéramos dispuestos a ser estratégicos o a mirar los detalles. Las personas que están dispuestas a dirigir pueden advertir los cambios en las condiciones externas que influyen desproporcionadamente en nuestro éxito. Pero, cuando también saben bajar la cabeza e identificar los pequeños detalles de un proyecto que afectan al progreso, pueden ayudar a impulsar el éxito total. La mayoría de la gente piensa que sobresalir en un trabajo significa trabajar increíblemente duro, y así es. Pero, para obtener resultados, también hay que trabajar de forma inteligente, comprendiendo el panorama completo y aplicándose a la resolución de los problemas correctos y a la asunción de los riesgos adecuados en cualquier nivel de un proyecto: el bosque o los árboles.

Permítanme darles un ejemplo para ilustrarlo. En 2004 en Google, me pidieron que dejara mi función de dirigir equipos de negocios como Google Maps, Local, Scholar y Shopping y pasar a un nuevo puesto para iniciar operaciones en las regiones de Asia-Pacífico y América Latina. En un principio, el reto me pareció desalentador: no sabía nada de estas regiones y la situación de la gestión era compleja, ya que muchas personas de la empresa dedicaban solo una parte de su tiempo a prestar apoyo a estos diferentes países. Rápidamente me di cuenta de que tendría que reunir a las personas con más talento de la empresa que ya trabajaban a tiempo parcial en el negocio internacional y centralizarlas en un único equipo a tiempo completo dedicado a las operaciones en Asia-Pacífico y América Latina (APLA). Así fue como conocí a un astuto ejecutivo de ascendencia mexicana y canadiense llamado Daniel Alegre.

Daniel se unió a Google antes que yo y había estado trabajando duro para forjar asociaciones de desarrollo empresarial con empresas internacionales que buscaban integrar los servicios de búsqueda y publicidad de Google en sus propios sitios.

A los cinco minutos de conocer a Daniel, supe que lo quería en mi equipo. Por suerte para mí, aceptó unirse, y durante los años siguientes pasamos a convertir estas regiones en un negocio multimillonario para Google.

Lo que hacía a Daniel tan indispensable era su increíble amplitud operativa. Formado como abogado, gestionaba todos los aspectos de nuestras relaciones comerciales, desde las estrategias más elevadas hasta la redacción y negociación de los detalles de los contratos. Confié en él para que se reuniera con un director general internacional, identificara las cuestiones estratégicas más importantes, gestionara un plan de ventas y se preocupara también de los detalles más insignificantes. Como confié en su trabajo, le di la autonomía que necesitaba para obtener resultados, y creo que, como resultado, se sintió realizado con su propio trabajo.

En los primeros meses de mi trabajo, quedó claro que Google tenía que decidir si iba a operar en China. Si quería entrar en ese mercado, también tenía que identificar una estrategia para hacerlo (recordemos que esto fue en 2003, cuando la gente esperaba que el compromiso comercial con China condujera a la apertura del país también en lo social). Junto con nuestro jefe de ingeniería global, Alan Eustace (el paracaidista del capítulo 5), argumenté que Google no podía permitirse el lujo de quedarse fuera del mercado chino. Por muy difícil que fuera, teníamos que entrar en China y ofrecer nuestros servicios a los consumidores y a las pequeñas empresas chinas, ayudándoles a acceder a más información de la que podían ofrecer las empresas de búsqueda chinas, como Baidu. Trabajando con los fundadores, la junta directiva y los empleados de Google, Alan y yo intentamos que se sintieran cómodos con una estrategia de compromiso.

Cuando a principios de 2004 obtuvimos el apoyo para entrar en China, nuestro equipo tuvo que averiguar cómo hacerlo, ya que ninguno de nosotros había trabajado antes en el país. El proceso fue complejo, pero empezó con mucho trabajo de campo, incluyendo la apertura de una oficina en Pekín, la contratación de nuestro primer personal allí, la creación de una WOFE (entidad extranjera de propiedad exclusiva) y la obtención de las autorizaciones necesarias. Cuando pregunté a los miembros de mi equipo si querían ir a China para hacer todo esto, Daniel no tardó en levantar la mano. Además de encargarse del desarrollo empresarial de todos los países de la APLA, se desplegó personalmente en China y se convirtió en nuestro primer líder sobre el terreno, encargándose de todo lo necesario para ponernos en marcha.

Como recuerda Daniel, este movimiento supuso un verdadero riesgo para su carrera. «Podría haber fracasado y empañado mi reputación en Google y en el sector», dice. Pero el lado positivo era bastante convincente. «En aquella época, 2005, había muy pocos extranjeros fuera de la banca viviendo en China. Había estado en China unas cuantas veces en breves viajes de negocios y pude comprobar entonces que la economía, y la economía de Internet en particular, estaban atravesando un tremendo auge. Aunque mi contacto con el país era limitado y no hablaba ni una palabra de mandarín, la oportunidad de ayudar a construir una empresa como Google en China desde cero era realmente única: una oportunidad para aprender y ampliar mis capacidades. Dejé de lado cualquier posible punto ciego o temor y me lancé».

Daniel voló alto, y voló bajo —dondequiera que se necesitara (¡literalmente!) hacer que las cosas sucedieran en el negocio de APLA—. Nuestra relación se convirtió en una de las más satisfactorias de mi carrera profesional, y Daniel también se ganó el respeto de nuestro equipo de gestión internacional y del equipo de liderazgo ejecutivo de Google. Cuando dejé Google, Daniel fue mi principal candidato para sucederme en la dirección del negocio, y ganó el puesto. Permaneció en Google desempeñando diversas funciones de liderazgo, y lo dejó en 2020 para convertirse en presidente y director de operaciones de Activision. Debido a nuestras apretadas agendas, no nos vemos mucho, pero seguimos estando cerca, en gran parte por la confianza que creamos al trabajar juntos para acelerar el impacto hace tantos años.

7. Profundiza y diversifica

Como hemos dicho antes, podemos asumir riesgos más inteligentes si nos ponemos en funciones que aprovechen nuestras capacidades únicas. Estas capacidades no solo incluyen las fortalezas innatas que tenemos en virtud de nuestra personalidad, sino también las habilidades y conocimientos profundos que podemos haber acumulado en virtud de nuestras experiencias. Las empresas gastan miles de millones en contratar programadores, profesionales del marketing, vendedores, consultores y profesionales de todo tipo, precisamente porque esperan sacar provecho de sus profundos y demostrados conocimientos. Por supuesto, los conocimientos especializados pueden permitirnos obtener resultados mejores y más eficientes que si fuéramos novatos partiendo de cero.

Es probable que no tengamos conocimientos especializados al principio de nuestra carrera, pero no hay que preocuparse: las empresas nos contratarán por nuestro potencial, fijándose en nuestros superpoderes y en las habilidades que hayamos demostrado en nuestros esfuerzos académicos o laborales limitados. A medida que nos establezcamos, podremos empezar a profundizar en los conocimientos que mejoren y complementen nuestros superpoderes. A medida que asumamos nuevas tareas y objetivos, querremos aprovechar nuestros conocimientos más profundos para obtener resultados más rápidamente. Una gran cantidad de investigaciones han vinculado los logros con una especialización cada vez más profunda.

Adquirir conocimientos en nuestras carreras tiene otras ventajas. La mayoría de nosotros desarrollamos una o dos áreas de especialización en las que conseguimos un impacto, desarrollamos nuestra reputación y recibimos un ascenso. Pero, según mi experiencia, los mejores puestos de trabajo en las empresas son cada vez más para las personas que se colocan sistemáticamente en puestos en los que adquieren experiencia en otras áreas. En un amplio estudio en el que se analizaban las elecciones de carrera de unas 459.000 personas, el sitio de redes profesionales LinkedIn descubrió que asumir funciones adicionales en el trabajo ayudaba a los individuos a ascender a las filas ejecutivas. Un nuevo puesto de trabajo supone el mismo impulso en la carrera que tres años de experiencia laboral. Entonces, ¿cómo conciliamos la promesa de la especialización con el aprendizaje que obtenemos al diversificar nuestras habilidades?

La respuesta, creo, es seguir un camino que podríamos describir como «amplio-estrecho-amplio». Cuando nos graduamos en la universidad, casi todos carecemos de conocimientos funcionales profundos o ni siquiera sabemos dónde están nuestros puntos fuertes y nuestras pasiones. Podemos elegir un trabajo o una función con una base amplia y contar con la construcción de habilidades más profundas, el impacto y el autoconocimiento a medida que avanzamos. Mientras buscamos acelerar nuestro impacto en el trabajo, elegir una especialización en una función o industria nos ayuda a ser más eficientes, eficaces y felices en cualquier papel, llevándonos a nuestra «zona de impacto más profundo».

Dentro de esta zona, debemos esforzarnos por seguir ampliando nuestros conocimientos dentro de nuestro campo, a la vez que asumimos nuevos y pequeños riesgos para seguir ampliando nuestro arte y contribuir. En un momento determinado de nuestra carrera, nuestra capacidad para aprender de forma no lineal y tener un mayor impacto disminuirá; casi todos los puestos de liderazgo de hoy en día requieren que naveguemos por múltiples funciones y campos y que actuemos en situaciones que nunca antes habíamos visto. En ese momento, las mismas aptitudes que nos permitieron tener impacto en el pasado nos impedirán tenerlo en el futuro, por lo que debemos tratar de ampliar nuestro alcance. Lo que las empresas de hoy buscan realmente es una experiencia profunda y una perspectiva amplia. Como las condiciones empresariales son cada vez más dinámicas y complejas, debemos esforzarnos por desarrollar una profunda especialización, así como un conjunto de experiencias diversificadas en las que apliquemos ampliamente lo que sabemos y sigamos aprendiendo para adaptarnos y ampliar nuestros conocimientos. Al principio de mi carrera, tenía conocimientos básicos de ventas y algunos conocimientos financieros que había adquirido en la escuela de negocios. Al optar por convertirme en analista financiero y, posteriormente, en directora de desarrollo de negocios, desarrollé aún más mis habilidades en ambas áreas, hasta que me di cuenta de todo mi potencial como persona capaz de impulsar las asociaciones, las ventas y los ingresos. He puesto a prueba y ampliado mis conocimientos en diferentes sectores, etapas de la empresa y modelos de negocio y regiones.

Me enorgullece decir que nunca he estado específicamente cualificada para ningún trabajo que haya tenido al principio. A lo largo de la primera mitad de mi carrera, siempre me arriesgué a aprender algo nuevo y diferente mientras profundizaba y ampliaba mis conocimientos básicos. Por suerte, convencí a cada jefe de contratación para que apostara por mi especialización previa como punto de partida, al tiempo que me desafiaba a asumir funciones que me exigían aplicar mis conocimientos de nuevas maneras y, a veces, aprender campos completamente nuevos. Por supuesto, convertirme en emprendedora a una edad temprana también me proporcionó un curso intensivo en este sentido. Pero como resultado de la búsqueda de profundidad y amplitud en diferentes etapas de mi carrera, se me han abierto más y más opciones a medida que mi carrera ha ido avanzando, incluida la oportunidad de llegar a ser CEO.

UN NUEVO CICLO VIRTUOSO

He aquí una situación similar a muchas de las que he presenciado a lo largo de mi carrera. Los directivos de un gran banco pidieron a Ann, una gerente de alto rendimiento, que dirigiera una nueva división que lanzara y comercializara un nuevo producto de seguridad personal para consumidores jóvenes. Su objetivo: construirlo y alcanzar el plan de negocio de 100 millones de dólares de ingresos anuales en cuatro años. Al principio, Ann se preguntaba si debía aceptar el encargo, ya que suponía un riesgo profesional que daba miedo. Un fracaso, sospechaba, hundiría su carrera. Pero Ann siguió adelante y dijo que sí, empujándose a sí misma a elegir la posibilidad.

Ann trabajó duro durante los cuatro años siguientes, asumiendo muchos pequeños riesgos para producir resultados sucesivos, pero finalmente no logró el objetivo mayor. Sin embargo, obtuvo una serie de resultados positivos. Creó un equipo de alto rendimiento, fue muy apreciada como gestora, lanzó un nuevo modelo de negocio y consiguió 50 millones de dólares de ingresos anuales (la mitad del objetivo original, es decir, un fracaso). Además, por primera vez en su carrera, aprendió los principios del diseño de usuarios en línea (a causa de la gestión de la puesta en marcha de una aplicación en línea relacionada con el producto de financiación personal). Se sintió profundamente decepcionada, pero también bastante resiliente, dado que también había probado seis experimentos diferentes con su equipo para hacer crecer los clientes más rápidamente. Retomando una metáfora que desarrollamos anteriormente, Ann no había conseguido montar todo el puzle y alcanzar su objetivo, pero sí había montado varias secciones del mismo, gracias a los impactos que había generado y a los nuevos superpoderes que había adquirido.

Dos años después, la empresa cerró la división porque no era lo suficientemente grande como para mantener la inversión requerida. Ann volvió a su trabajo anterior y siguió destacando allí, dirigiendo un negocio establecido. Unos meses más tarde, un cazatalentos la llamó para ofrecerle la oportunidad de convertirse en CEO de una nueva empresa en el campo de la tecnología. Ann reconoció todas las formas en que el impacto y los resultados que había creado mientras dirigía la nueva división de su empresa la habían preparado para este tipo de oportunidad. Los fundadores de la empresa también lo vieron y le ofrecieron el puesto, eligiéndola por encima de otros candidatos bien cualificados que, como ella, dirigían grandes empresas.

Lo que quiero decir es que tendemos a concebir los resultados de la asunción de riesgos como algo binario. O construimos el puzle completo (logrando nuestro objetivo general original) o nos quedamos sin nada que mostrar por nuestros esfuerzos, solo una dispersión de piezas. En realidad, las partes del rompecabezas que vamos montando por el camino tienen valor en sí mismas, ya que nos permiten montar rompecabezas totalmente nuevos y a menudo imprevistos en el futuro. Pensemos en todos los resultados profesionales que alcanzamos y en los superpoderes personales que construimos (incluidos los atributos de agilidad, resiliencia y confianza) mientras iteramos como las partes más valiosas, duraderas y reconfigurables de nuestras carreras que jamás montaremos (figura 14). Tanto si tenemos éxito como si fracasamos en nuestras ambiciones iniciales, conservamos las recompensas que hemos adquirido en el proceso de asumir riesgos, y estas impulsarán el éxito general de nuestra carrera.

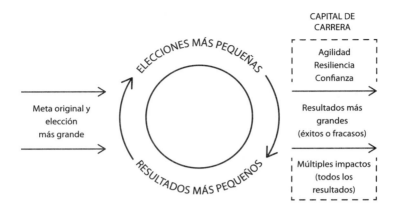

Figura 14

Al tomar decisiones iterativas, asumiendo pequeños riesgos en la ejecución y produciendo múltiples tipos de impacto, construimos una especie de «capital de carrera» que nos devuelve la inversión no solo una vez, sino muchas veces. En última instancia, si seguimos eligiendo posibilidades en la ejecución, es posible que alcancemos el objetivo o la ambición original que imaginamos cuando asumimos el primer riesgo mayor. O puede que no lo consigamos y nos encontremos en un lugar totalmente diferente, pero sin dejar de obtener esas recompensas. Pase lo que pase, siempre ganamos capital de carrera al crear más impacto y mejorar o añadir a nuestros superpoderes. Cada vez que iteramos, nuestro historial de impacto, agilidad, resistencia y confianza aumenta, y, con ello, nuestras posibilidades de disfrutar de una carrera más exitosa a largo plazo.

IDEAS CLAVE

- Para lograr un mayor éxito a largo plazo, hay que centrarse primero en obtener resultados e impactos a corto plazo.
- Siete decisiones clave en la ejecución diaria pueden ayudarte a conseguir un mayor impacto.
- Los resultados que creas junto con los superpoderes que construyes son las verdaderas recompensas de cualquier viaje de riesgo, tanto si logras tu objetivo original como si no. Este capital de carrera sigue acumulándose a través de los éxitos y los fracasos.

12

Fallos de impacto

Si seguimos optando por la posibilidad de alcanzar una mayor ambición, es inevitable que a veces fracasemos, encontrando problemas que eluden nuestros repetidos intentos de resolverlos. Cuando nos sentimos infelices o improductivos mientras ejecutamos sin saber muy bien por qué, es posible que estemos experimentando lo que yo llamo un «fallo de impacto». Estos fallos pueden marcar la diferencia entre alcanzar o no nuestros objetivos originales. Por esta razón, aprender a diagnosticar los problemas cuando surgen para poder ajustar nuestro enfoque es de vital importancia. También debemos saber cuándo seguir intentándolo y cuándo dejar de lado un riesgo mayor que hemos asumido y abrazar una ambición totalmente nueva; una lección que aprendí como resultado de la creación y dirección de Joyus.

Los seis años que pasé en la empresa (2011-2017) fueron tan divertidos, satisfactorios, increíbles, frustrantes y dolorosos como puede serlo cualquier experiencia de una *startup*. Ayudé a atraer a un equipo increíble, conseguí millones de dólares en varias rondas de capital riesgo y construí una nueva tecnología patentada para permitir el comercio en tiempo real a través de un reproductor de vídeo.

Mi equipo y yo creamos un nuevo modelo de negocio para monetizar los vídeos en línea a través de las compras, dirigimos los estudios Joyus (que crearon hermosos vídeos con expertos en estilo de vida y productos increíbles), y forjamos asociaciones de distribución en línea con grandes empresas como Time Inc, AOL, y muchas más. Duplicamos nuestros ingresos cada año, pasando de cero a 17 millones de dólares en ventas anuales y decenas de miles de clientes a finales de 2016.

Al mismo tiempo, empecé a invertir en otras empresas de comercio electrónico utilizando mi experiencia en el sector, convirtiéndome en el primer consejero y miembro del consejo de administración de Stitch Fix y tomando participaciones en otras empresas de éxito como RealReal, Reformation y Sun Basket. También me incorporé a los consejos de administración de empresas más grandes, como TripAdvisor, Ericsson y Urban Outfitters, que buscaban beneficiarse de mis conocimientos y que me dieron la oportunidad de ampliar mis habilidades ejecutivas.

Sin embargo, a pesar de los importantes resultados que obtuvimos en Joyus, no creé la empresa de comercio electrónico de vídeo ganadora de una categoría que había esperado. Si tuviera que diagnosticar por qué, utilizando el mismo marco de los cinco factores antes descrito, lo atribuiría a los vientos en contra que encontramos (los consumidores aún no estaban preparados para el comercio electrónico, ni las plataformas de vídeo se utilizaban para ese fin), así como a una serie de decisiones específicas que tomamos. Me arriesgué a convertirme en una innovadora una vez más, detectando una oportunidad para perseguir un nuevo modelo de negocio que pudiera capitalizar el alto crecimiento del vídeo *online*. Sin embargo, durante la mayor parte de la existencia de Joyus, los vídeos con posibilidad de compra seguían pareciendo extraños a la mayoría de los usuarios. En ese momento, la única gran plataforma de vídeo que existía, YouTube, seguía dominada por el público joven y se centraba en la música y los juegos, y tenía un modelo de negocio basado en la publicidad. Nos costó mucho atraer a nuevos y grandes públicos al comercio de vídeo y hacerlo de forma rentable. Las plataformas de vídeo como Facebook Video, Instagram Video, Snapchat y TikTok aún no habían surgido; una vez que lo hicieron, la gente no las utilizaba habitualmente para comprar. En definitiva, tuvimos que gastar mucho dinero en *marketing* y en asociaciones a medida para encontrar un público femenino que quisiera ver y comprar productos de estilo de vida únicos.

Este reto dio lugar a un segundo reto con el paso de los años: cómo equilibrar múltiples objetivos que compiten entre sí —incluyendo un alto crecimiento, una gran experiencia para el cliente y la rentabilidad— en nuestro intento de convertirnos en una empresa grande, viable y autónoma. Quería crear una oferta que fuera diferente de YouTube o Amazon, pero las decisiones que tomamos para mantener nuestros propios estudios y productos exclusivos en el inventario, además de nuestros costes de marketing, tuvieron repercusiones. En seis años, conseguimos una base de clientes fieles, pero nos costaba hacer crecer el negocio de forma rentable.

Durante 2016 y 2017, tomamos muchas medidas para hacer que Joyus fuera viable a largo plazo, reduciendo nuestra plantilla, pasando a un modelo de inventario cero, etc. Nada de esto resultó ser la combinación ganadora que necesitábamos, ya que los clientes seguían costándonos más de lo que valían. Así, en 2017, Joyus vendió su marca, su público y su tecnología a otra empresa privada, StackCommerce, por una suma muy pequeña (StackCommerce sigue operando Joyus en la actualidad).

En 2020, aproximadamente una década después del lanzamiento de Joyus, una gran cantidad de nuevas empresas en Estados Unidos recibieron financiación para entrar en el espacio del comercio de vídeo. Cada una de ellas perseguía el mismo sueño que nosotros, con la esperanza de aprovechar los enormes vientos de cola que proporcionaban las grandes y crecientes audiencias en sus vídeos en Instagram, Facebook y TikTok, todas las cuales contaban ya con funciones de compra en sus vídeos. En China, por su parte, Pinduoduo surgió como una plataforma multimillonaria de compras en vídeo que ofrecía entretenimiento y descuentos a millones de personas.

Para mí, el viaje de Joyus fue agridulce. A diferencia de Polyvore y OpenTV, donde mis fracasos, por dolorosos que fueran, se produjeron en un corto periodo de tiempo, este se desarrolló tras años de esfuerzo y a pesar de la generación de múltiples resultados. Por ello, la decepción que sentí fue mucho más profunda. Dicho esto, los resultados que obtuvimos como pioneros y *startup* y mi crecimiento personal como director general y experto en comercio electrónico me dieron una sensación de confianza y capacidad personal más fuerte que la que tenía como ejecutivo de una gran empresa de éxito.

Por difícil que parezca, diagnosticar continuamente nuestros fallos también forma parte de la práctica de elegir posibilidades. Aceptar nuestros fallos de menor impacto a lo largo de cualquier viaje, incluso al final, nos impulsa a asumir más riesgos. Si descuidamos estos fallos en la ejecución, no ajustaremos nuestras acciones en tiempo real para influir en los próximos resultados. Si descuidamos el diagnóstico de nuestros fracasos más grandes, desperdiciamos la oportunidad para convertir un fallo en este capítulo en una victoria en el siguiente. Tampoco sabremos cuándo seguir ajustando nuestro propio rendimiento y cuándo cortar las pérdidas y pasar a la siguiente gran elección.

LOS ENEMIGOS DEL IMPACTO QUE CONTROLAMOS

Antes de examinar las fuerzas externas que contribuyen a nuestros resultados negativos, deberíamos mirarnos a nosotros mismos y ver cómo podemos frustrar inadvertidamente nuestro propio avance. A lo largo de mi carrera, he identificado una serie de fallos de impacto bastante comunes —las decisiones que no tomamos— que pueden hacer tropezar al mejor de nosotros a la hora de ejecutar (figura 15). Echemos un vistazo.

Fallo de impacto n.º 1: Demasiada mantequilla de cacahuete

En 2006, un conocido mío, Brad Garlinghouse, escribió un memorándum, ahora famoso, dirigido a los altos cargos de

Yahoo, llamado el *Manuscrito de la Mantequilla de Caca-huete*. Brad, que era entonces vicepresidente sénior, se sentía frustrado al ver que Yahoo, que en su día fue un gran gigante de Silicon Valley, se tambaleaba en su intento de cambiar de rumbo. En su opinión, Yahoo tenía un gran talento que aprovechar, pero intentaba hacer demasiadas cosas medianamente bien en lugar de dedicarse a una o dos cosas y destacar. El problema de dispersarse demasiado aparece también a nivel individual. Todos podemos llegar tarde a los problemas que creamos cuando perseguimos demasiados objetivos a la vez y no conseguimos avanzar mucho en ninguno de ellos.

Al mismo tiempo, no es realista pensar que dentro de una gran búsqueda no tendremos que equilibrar dos objetivos y optimizar entre ellos. Cuando tu jefe te pide que crees un nuevo producto o servicio en el trabajo, probablemente también querrá que lo hagas limitando los recursos que utilizas. En Joyus, hacer que cualquier vídeo tuviera un gran éxito era un acto de equilibrio entre el precio de un artículo y el número de visualizaciones del vídeo que probablemente requeriría (con un coste creciente para nosotros) para generar una sola compra.

Si queremos obtener resultados significativos, debemos frenar la complejidad y limitar nuestra atención en un momento dado a uno o dos objetivos clave, teniendo en cuenta las posibles compensaciones entre ellos.

Fallo de impacto n.º 2: Confundir el movimiento con el impacto

Cuando estamos en movimiento y siempre ocupados, puede parecer que estamos haciendo un progreso tangible.

Pero, si nos centramos en lo urgente por encima de lo importante y tratamos nuestras actividades como logros por derecho propio, podemos no canalizar nuestros esfuerzos hacia resultados significativos.

Cuando reviso los currículos y hago entrevistas de trabajo, a menudo veo a personas excesivamente centradas en mantenerse en movimiento. Los candidatos que se centran en el impacto pueden describir sus puestos anteriores en sus currículos con frases como «Ayudé a crear...», «Desarrollé un nuevo producto o proceso» o «Aumenté las ventas en un 25 %». La mayoría de los currículos que veo no utilizan este tipo de lenguaje. Los solicitantes pueden enumerar impresionantes empleadores anteriores solo para divulgar que «trabajaron en» un producto concreto en un trabajo anterior o que eran «responsables» de hacer X o Y o que estaban «en el equipo» que se encargaba de un producto concreto. Estas descripciones pueden ser precisas, pero no identifican los resultados tangibles que las personas han creado con sus actividades. ¿Cómo mejoró el equipo o la organización gracias a sus propios esfuerzos? Si su currículum está cargado de lenguaje que describe actividades en lugar de resultados, es posible que no esté tan orientado como cree a lograr un impacto.

En las entrevistas de trabajo, también me resulta revelador cómo responden las personas cuando se les pregunta por sus fracasos pasados. ¿Hablan de ellos con ligereza, dando un fallo «no-fracaso»? («Mi jefe dijo que trabajaba demasiado y que me apasionaba demasiado el éxito de nuestro equipo»). ¿Hablan solo de los factores externos que hicieron que un plan se desviara, eximiéndose de responsabilidad? ¿O dan una respuesta sincera y reflexiva, explicando con precisión lo que hicieron y no produjo el resultado que imaginaban, y lo que probablemente ajustarían en el futuro? Las personas que se centran en el movimiento y no en el impacto tienen dificultades para hablar de sus fracasos de manera significativa. Tampoco pueden hablar de lo que han aprendido en términos concretos y tienden a confundir el éxito con la mera ocupación. Suponen que los empleadores quieren que sean perfectos y, por tanto, tienen miedo de reconocer cualquier defecto que puedan tener. Creen que reconocer sus defectos reduce sus posibilidades de ser contratados, cuando en realidad las aumenta.

Fallo de impacto n.º 3: Mantener las uñas limpias

¿No sería maravilloso entrar en nuevos entornos que están esperando a que les pongamos nuestra huella para empezar a crear resultados positivos? ¿No sería también divertido trabajar solo en las cosas que nos gustan y evitar el resto? Lamentablemente, la realidad no funciona así. Si deseamos tener un impacto en un área determinada, normalmente nos encontraremos con situaciones existentes y tendremos que lidiar con la dinámica de las personas, los intentos fallidos anteriores y otros desafíos. Nos encontraremos trabajando en las cosas emocionantes, pero también tendremos que lidiar con las corrientes subterráneas ocultas. Muchos de nosotros evitaremos las situaciones menos ideales que encontramos en la ejecución, por miedo a la incomodidad o a que se empañe nuestra reputación. Sería mucho mejor que nos inclináramos hacia esas situaciones, descubriéramos lo que hay que resolver y lo abordáramos.

He descrito mi papel al frente de las operaciones internacionales de Google en Asia-Pacífico y América Latina como increíblemente positivo, y ciertamente lo fue. Pero, al asumir esta tarea, también heredé algunos de los mercados más difíciles de Google. Muchos países eran mercados emergentes, con una renta per cápita mucho más baja, una menor penetración en Internet y unos presupuestos de publicidad en línea más reducidos que los de los mercados desarrollados gestionados por mis compañeros. Además, teníamos entornos normativos complicados en China, Brasil, India y la mayor parte del sudeste asiático. También teníamos tres mercados en los que Google perdía (China, Japón y Corea), una situación muy diferente a la que existía en Estados Unidos o Europa Occidental. Cada país de nuestra unidad de negocio tenía su propio «desorden» y mi equipo se ocupaba de todos ellos a la vez en una geografía enorme. Al mismo tiempo, la empresa tenía que conseguir los recursos adecuados, a menudo compitiendo con mercados más grandes, más fáciles y que ya generaban dinero para la empresa. Si bien la agilidad, la prisa y el manejo de los diferentes problemas era el estado «normal» de nuestro equipo, también tuvimos nuestra cuota de frustraciones en la gestión de estas situaciones.

Por aquel entonces, el legendario *coach* de ejecutivos Bill Campbell pasaba mucho tiempo internamente en Google, ayudando a líderes de alto nivel, incluida yo. Puede que hayas oído hablar de Bill: antiguo entrenador de fútbol americano, se hizo un nombre como «el *coach* del billón de dólares» que asesoraba a líderes emblemáticos como Steve Jobs, Eric Schmidt y otros. Un día, mientras le describía a Bill mis frustraciones actuales, me miró con brusquedad y me dijo que me sintiera orgullosa de tener el equipo de Google con «suciedad debajo de las uñas». Nos enfrentamos a problemas difíciles y los resolvemos, una tarea nada fácil, pero de vital importancia. Las uñas sucias son la señal de que estás teniendo impacto, y es difícil imaginar cómo puedes producir resultados sin ellas.

Fallo de impacto n.º 4: FTF (Failing to Take Feedback), no aceptar el feedback

Antes hemos hablado de incorporar los comentarios de los demás para poder conocer tanto nuestros superpoderes como nuestra kriptonita y unirnos a los equipos adecuados. Una vez que nos ponemos en marcha, necesitamos las perspectivas de los demás para que nos ayuden a reducir los riesgos relacionados con la ejecución, ya sean asociados a nuestros propios comportamientos poco productivos o a otros factores. La mayoría de nosotros teme recibir comentarios personales, y a menudo nos sentimos a la defensiva al escuchar cualquier tipo de comentario. La arrogancia también nos impide escuchar a los demás. Cuando presumimos de que sabemos más que los demás, indicamos a nuestros colegas y socios que nos importa más mantener nuestro propio ego que generar resultados. Esta postura tiende a repeler a los trabajadores de alto rendimiento que, de otro modo, desearían colaborar con nosotros. Nuestras posibilidades de éxito mejoran drásticamente si dejamos de lado la arrogancia y la inseguridad e invitamos a los demás a que nos den su opinión sobre nuestra eficacia o nuestro enfoque del trabajo.

Figura 15

Podemos y debemos diagnosticar y abordar nuestros propios fallos de impacto, pero el análisis de nuestros retos no está completo si no tenemos en cuenta las fuerzas externas que dificultan la obtención de los resultados deseados. Los vientos en contra y los vientos a favor, así como la falta de adaptación de las personas, no son solo cuestiones que evaluamos cuando tomamos una gran decisión. Son señales que debemos leer continuamente y a las que debemos responder continuamente cuando ejecutamos algo. Algunas de estas fuerzas solo pueden obstaculizar nuestro rendimiento a corto plazo, pero otras pueden amenazar nuestros objetivos finales. Además, algunas fuerzas pueden ser tan poderosas que cualquier ajuste que hagamos para tratar de evitarlas resultará inútil. ¿Cómo sabemos cuándo debemos seguir peleando una buena pelea frente a las condiciones externas, y cuándo hay que levantar las manos y dirigirse a otro lugar?

Como hemos visto, tanto los vientos a favor como los vientos en contra de un sector o una empresa pueden ofrecernos excelentes oportunidades de crecimiento profesional. La perspectiva de vientos fuertes y perjudiciales puede tentarnos a irnos a otro sitio, pero quedarnos para obtener resultados puede darnos la oportunidad de asumir nuevas responsabilidades y retos y de sentir un sentido de propósito y significado en nuestro trabajo. Cuando los vientos en contra nos imponen tantas dificultades que dificultan gravemente nuestra productividad diaria durante un periodo prolongado, es mejor que busquemos en otro lugar mejores condiciones para operar, o incluso que nos planteemos cambiar nuestras mayores ambiciones.

Del mismo modo, cuando nos encontramos trabajando en equipos improductivos, es probable que también nos cueste ejecutar bien. En estas situaciones, debemos determinar dónde está exactamente la brecha y si podemos solucionarla. Cuando trabajamos con personas cuyos puntos fuertes son complementarios a los nuestros y que comparten nuestros valores, podemos sentirnos bien al asumir un pequeño riesgo y compartir abiertamente nuestras preocupaciones; la franqueza y el debate constructivo pueden ayudarnos a encontrar una solución. Pero si los miembros del equipo (incluidos nosotros mismos) carecen de conciencia de sí mismos o de un compromiso para mejorar, o peor aún, si los miembros de nuestro equipo no comparten nuestros valores más profundos, es difícil que confiemos en que resolverán las disputas de forma justa. Esto es doblemente cierto si los miembros del equipo de los que desconfiamos tienen poder sobre nosotros. Si uno de nosotros está más "en peligro" en una situación, y no estamos todos igual de motivados para encontrar un terreno común, compartir nuestras preocupaciones podría no conducir al cambio positivo que buscamos.

Mis dolorosas decisiones de abandonar OpenTV y Polyvore reflejaban mi profunda desconfianza y la percepción de un desajuste de valores. En cada caso, me sentí más expuesta a compartir mis preocupaciones porque sentía un desequilibrio de poder (con mi jefe directo en una situación, y con un fundador que poseía gran parte de la empresa y estaba en el consejo de administración en la otra). En ambos casos, dejé la organización y opté por perseguir el mismo objetivo pero en un entorno totalmente nuevo. En ambas situaciones, estoy segura de haber tomado la decisión correcta.

EL ENEMIGO MÁS DAÑINO DE TODOS

Todos nos formamos nociones preconcebidas sobre las personas o los grupos como resultado de nuestras experiencias o del entorno. En los últimos años, las organizaciones y los *coaches* ejecutivos se han centrado en ayudar a las personas a superar estos prejuicios para que no influyan en nuestras decisiones y acciones. A veces estos sesgos solo tienen efectos sutiles, lo que ya es bastante malo. Pero cuando los prejuicios se elevan al nivel de la discriminación y el acoso, amenazan fundamentalmente la capacidad de una persona o grupo para sentirse productivo e impulsar el impacto, al tiempo que dan a otros un acceso privilegiado a las posibilidades. En estas situaciones, identificar el sesgo, la discriminación o el acoso es fundamental, aunque también conlleva importantes riesgos propios.

Al igual que muchas personas de diversos orígenes, me he encontrado con algunos prejuicios personalmente, pero mi sensibilidad ha crecido al ver actos aún más perturbadores dirigidos a otros. Crecí como una de las pocas personas de origen sij en una pequeña ciudad de Ontario, y nuestra familia era visiblemente diferente; mi padre llevó un turbante durante toda su vida, al igual que muchos de nuestros parientes. Recuerdo frecuentes gritos en los centros comerciales locales, hostilidad cuando atravesábamos ciertos estados en un viaje familiar a Disney World, y ocasionales insultos étnicos dirigidos a mis hermanas y a mí en el autobús escolar. Sin embargo, la mayor parte de las veces no he sido testigo de la discriminación abierta y he tenido acceso a más posibilidades a lo largo del tiempo en las escuelas, las empresas y las culturas de las que he formado parte. A medida que avanzaba en mi carrera como mujer profesional, varias personas acogieron mi estilo naturalmente intenso, y pude tener éxito. Al menos una vez, durante los primeros años de mi carrera, en OpenTV, me encontré con un *casting* por mi agresividad percibida. A medida que me convertía en emprendedora y CEO, disfrutaba de más posibilidades, pero también llegué a notar más microprejuicios. Al ser la única mujer en una sala de juntas masculina, oía a otros explicar mis opiniones, y al menos en una ocasión, mientras ejercía de directora general, me sentí razonablemente segura de que un inversor masculino se abstenía de enfrentarse a un asunto urgente y difícil conmigo porque temía mi «emotividad femenina». A pesar de lo frustrante que resulta este tipo de experiencias, palidecen en comparación con las historias que he escuchado de otros.

En una valiente publicación de junio de 2020 en su blog, Ade, el exitoso fundador y director general de Formstack, con quien trabajé hace muchos años, compartió sus propias experiencias con la discriminación, así como las muchas formas en que ha tenido que modificar sus acciones y movimientos:

> No te cuento todas las formas en que vivo mi vida de manera diferente a la tuya. Cómo pienso en ello casi todos los días, y es sofocante. Cómo aparece en cosas que no te esperas, como cuando entrené para una media maratón. Cómo nunca salí a correr después de que oscureciera. Cómo elegía la ropa para intentar dejar claro a todo el mundo que solo era un *runner*, no un negro que huía de algo. Cómo a veces cruzaba la calle si me acercaba a alguien demasiado rápido. No te cuento cómo no son solo los que tienen odio en sus corazones a los que he llegado a temer. Que temo más al sistema que podría no protegerme.

Otra mujer que he llegado a conocer en los últimos años, Susan Fowler, compartió públicamente las impactantes experiencias que la llevaron a renunciar al mismo tiempo que llamaba la atención sobre el acoso, la discriminación y la resistencia corporativa a la que se enfrentó en Uber en 2017. Después de llegar a la empresa y unirse a su nuevo grupo, su nuevo gerente le envió un mensaje sobre su búsqueda de nuevas parejas sexuales. Cuando Susan denunció la situación a Recursos Humanos, sus perspectivas profesionales se vieron afectadas, mientras que el directivo en cuestión se libró de consecuencias mayores, a pesar de que aparentemente había perpetrado ofensas contra otras mujeres. Después de un año caótico en el que se produjeron continuos problemas con RR. HH. y posibles represalias por haber denunciado la situación, Susan renunció, pero, al mismo tiempo, escribió con valentía un poderoso artículo en su blog. Leerlo es doloroso y absurdo, y el comportamiento subyacente y la respuesta corporativa original son difíciles de entender. Pero estos episodios ocurren mucho más a menudo de lo que creemos. De hecho, al menos otra mujer, una ingeniera latina llamada Ingrid Avendaño, se atrevió a demandar a Uber con acusaciones similares de un entorno de trabajo intolerable, incluyendo acoso y discriminación.

Enfrentarse a cualquier forma de prejuicio en el lugar de trabajo y especialmente a la discriminación, la violencia y el acoso pueden dificultar enormemente nuestro funcionamiento, por no hablar de la repercusión. Cuando estas situaciones implican a nuestros jefes o a personas que ejercen un poder directo sobre nosotros, es aún más difícil. Algunas de las decisiones profesionales más difíciles a las que nos enfrentamos son cómo reaccionar cuando sufrimos estos daños: si debemos hablar, quedarnos sin decir nada o irnos.

Si formamos parte de empresas, culturas y grupos que se alinean bien con nuestros valores y que han demostrado la voluntad de aceptar y actuar en función de la retroalimentación a todos los niveles (incluido el nivel de liderazgo), podríamos ser capaces de hablar por nosotros mismos, cambiar nuestra situación y seguir creciendo en nuestras carreras. El éxito de la gestión de los prejuicios requiere que tanto el individuo que los exhibe como la organización en general estén abiertos a confrontar la retroalimentación desde el principio. Cuando hayamos pasado por varios ciclos en los que hayamos experimentado prejuicios, hayamos hablado y hayamos encontrado resistencia, es probable que no queramos quedarnos donde estamos y busquemos un cambio de carrera para alcanzar nuestros objetivos.

Cuando presenciamos o experimentamos directamente prejuicios que perjudican no solo a un individuo, sino a un grupo más amplio de personas, impidiéndoles lograr un impacto en el trabajo, la decisión sobre cómo proceder sigue siendo igualmente difícil. Denunciar estos actos perjudiciales puede tener un impacto cada vez mayor, pero a veces no de la forma que habíamos previsto. Tener éxito con este tipo de riesgo personal y de reputación requiere un verdadero valor por nuestra parte, así como por parte de nuestra empresa y sus líderes. Con demasiada frecuencia, los empleados dudan de que los dirigentes sean realmente receptivos a la denuncia y a la revelación de la verdad, por lo que se niegan a hablar. Un estudio británico sobre 1.400 empleados descubrió que más de la mitad había sido testigo de actos de racismo, pero menos del 20 % informó de lo que había visto. De los que se quedaron callados, el 40 % citó como causa el miedo a las consecuencias.

Estos temores llevan a muchos de nosotros a percibir la denuncia de irregularidades como un riesgo de puerta única. Consideramos que es poco probable que podamos permanecer en el trabajo y prosperar después de hablar, ya que experimentaremos represalias. Sin embargo, el posible impacto es inmenso. La publicación del blog de Susan Fowler creó un cambio sistémico no solo en Uber, sino también en toda la industria tecnológica. Otra denunciante, Nicole Birden, del hospital de la UCLA en Santa Mónica, fue despedida y luego demandó con éxito por daños y perjuicios debido a un ambiente de trabajo hostil, lo que hizo que la opinión pública tomara conciencia del problema en la sanidad.

Hoy en día existen más opciones para hablar y ayudar a erradicar los prejuicios. La elección entre hablar y callar no tiene por qué ser una u otra cosa. Por ejemplo, podemos dejar reseñas de los empleados en los fórums *online* o comentar anónimamente sobre nuestras empresas en los sitios web de noticias. Dentro de las empresas, también podemos organizar a otros en un intento de lograr un cambio positivo. Si te gusta el lugar en el que trabajas, pero quieres que mejore tu trayectoria, puedes encontrar una forma de crear un impacto organizándote con tus colegas, utilizando el poder del colectivo para mitigar tu propio riesgo personal. Empresas como Amazon, Facebook y Microsoft han generado grandes cohortes de empleados activistas, personas que aman los ideales y el entorno de sus empresas, pero que también se atreven a señalar las oportunidades de mejora.

LA ELECCIÓN DE NUESTRO PRÓXIMO ACTO

Si nuestros esfuerzos no dan fruto, ¿cómo sabemos cuándo es el momento de dejarlo? Es posible que deseemos conclusiones limpias, ordenadas y exitosas para todos nuestros grandes capítulos de esfuerzo y ejecución, y a menudo esto sucede: logramos un gran objetivo y, naturalmente, empezamos a contemplar nuestra próxima ambición. Yo misma me encontré en esta situación en Google, donde había ascendido a los niveles más altos de liderazgo y soñaba con convertirme en CEO. Otras veces fracasamos, pero incluso en este caso podemos aceptar una conclusión y seguir adelante cuando hemos perseguido al máximo los impactos, los resultados y los aprendizajes, como hice en Joyus. Más difíciles son los momentos intermedios, cuando estamos ejecutando y teniendo cierto éxito, pero no estamos seguros de si debemos hacer un cambio mayor.

Recuerda el proceso de elegir la oportunidad: asumimos un riesgo pequeño o grande con la esperanza de obtener más descubrimientos, aprendizajes o logros. Ejecutamos de forma iterativa para producir resultados, tomando decisiones para obtener más ventajas. Cuando sentimos que nuestro aprendizaje o impacto se ha estancado mientras estábamos trabajando y no podemos identificar cómo aumentarlo de nuevo en nuestro papel actual o empresa, puede ser el momento de buscar nuevos objetivos profesionales. Por ejemplo, yo dejé Yodlee al quinto año porque había desempeñado prácticamente todas las funciones de la empresa. Dudaba que el puesto de CEO estuviera disponible y sabía que la empresa no crecía lo suficientemente rápido como para generar nuevas y mayores oportunidades para mí en los próximos doce o veinticuatro meses. Como estaba ansiosa por ampliar mis conocimientos y alcanzar nuevos niveles de éxito profesional, había llegado el momento de seguir adelante.

En otros casos, puede que nos demos cuenta de que estamos consiguiendo resultados y aprendiendo, pero no tenemos una sensación de satisfacción durante largos periodos. Esto suele ser una señal reveladora de que también ha llegado el momento de tomar una nueva decisión. Todos queremos que nuestros esfuerzos diarios no solo tengan éxito, sino que nos aporten alegría y un sentido de propósito. Mientras nuestro trabajo, nuestras ambiciones originales y quiénes somos se mantengan en gran medida alineados, la creación de impacto, perseverancia y agilidad con nuestras acciones puede sentirse bien, incluso cuando los tiempos son difíciles. Pero cuando el impacto y el aprendizaje a corto plazo se sienten insatisfechos o nuestro objetivo mayor ya no parece relevante, podemos sentir que nuestras carreras van a la deriva.

Entonces es el momento de reexaminar nuestros objetivos, nuestros puntos fuertes, intereses y valores, analizando cómo nuestra elección actual satisface ambas necesidades. También deberíamos volver a tomar pequeños riesgos nuevos para descubrir qué otras posibilidades existen que puedan ayudarnos a estar más satisfechos con nuestras carreras.

Al concluir mi estancia en Joyus, tuve la oportunidad de reflexionar sobre lo que había aprendido y sobre el rumbo que podría tomar mi carrera a partir de ahí. Aunque me sentía satisfecha con el riesgo que había asumido al convertirme en fundadora de una *startup* seis años antes, me encontré con que deseaba tener la oportunidad de combinar mi afán emprendedor con mis habilidades de liderazgo ejecutivo en empresas más grandes en el siguiente capítulo de mi carrera. Por eso, a finales de 2017 me propuse ser la CEO de una gran empresa de comercio electrónico.

CLAVAR LA TRANSICIÓN

Una vez que se ha decidido dar un paso en la carrera, también hay que ejecutar bien la transición. Podemos maximizar el impacto en nuestra salida de cualquier situación permaneciendo en el juego mentalmente, calculando bien nuestras salidas y marchándonos de forma que los que se queden puedan maximizar también su impacto.

1. No te vayas antes de irte

Mientras trabajaba en Google, mi amiga y excolega Sheryl Sandberg ofreció un gran consejo a sus colegas mujeres, advirtiéndoles que tuvieran cuidado de no irse antes de irse. Se refería a la tendencia de las mujeres a mitad de carrera a empezar a planificar la maternidad e incluso a decidir marcharse mucho antes de que sus embarazos se materializaran. Yo extendería su consejo a todo el mundo, instándonos a todos a dar lo mejor de nosotros mismos y a esforzarnos al máximo en nuestras actividades actuales hasta que nos vayamos de verdad. Es tentador reducir nuestros esfuerzos una vez que hemos decidido cambiar, soñando con lo que vendrá después y dejando de lado nuestros objetivos actuales. Pero finalizar bien significa completar lo que se ha empezado y cumplir las promesas hechas al equipo o a la empresa. No solo es lo correcto, sino que favorece tu carrera. La forma en que te vayas contribuirá a determinar cómo te recordará la gente. Esforzarse al máximo hasta el día en que te vayas protege tu reputación y el impacto que tanto te ha costado conseguir. Cosecharás los frutos la próxima vez que necesites una referencia de un jefe o colega en tu trabajo actual.

2. Cuidado con el coste de la demora

Aunque debes mantener tu mente en el juego, no alargues demasiado tu salida. Lo último que quieres es irte con un gemido, quedándote sin mucho trabajo que hacer. Te arriesgas a parecer marginal a los esfuerzos de tu equipo y a dejar esa impresión poco útil en la mente de tus colegas. Si has tenido un buen rendimiento y estás tratando de alcanzar un hito a corto plazo (quedarse hasta el final del mes siguiente u otros sesenta días hasta que se consoliden tus opciones sobre acciones, por ejemplo), tus colegas probablemente entenderán por qué decidiste quedarte. Pero, si no sabes qué hacer a continuación y te has desconectado mentalmente durante un periodo indefinido mientras sigues cobrando un sueldo, la gente se dará cuenta. Si es posible, mantente ocupado, concentrado y productivo hasta el final.

3. Deja más oportunidades a tu paso

Cuando nos vamos, podemos ayudar a los compañeros que dejamos atrás a tener más impacto. En primer lugar, podemos desarrollar las habilidades y competencias de los miembros de nuestro equipo creando nuevas oportunidades para que obtengan resultados mientras nosotros seguimos en la empresa y podemos proporcionarles apoyo. En particular, podemos identificar a los candidatos con mayor potencial, que podrían carecer de las habilidades necesarias para hacer nuestro trabajo, pero que podrían florecer si se les da la oportunidad. Podemos ayudar a estos colegas a adquirir nuevas habilidades, preparándolos para que asuman nuestras funciones cuando nos vayamos. Esto es tan fácil como hacer que nuestros colegas ayuden en nuestros proyectos, dándoles tiempo y espacio para probar cosas nuevas, cometer errores y aprender. Ayudar a formar a nuestros sucesores no solo les beneficia a ellos, sino que nos ayuda a construir nuestro propio legado de impacto.

También podemos abogar desde el principio en nuestras organizaciones por los altos cargos, creando planes de transición formales que nos permitan poner en marcha a nuestros triunfadores antes de que nos vayamos. Aunque los llamados ascensos en el campo de batalla (en los que una empresa da a alguien un gran salto en la responsabilidad después de que otro renuncie inesperadamente) son estupendos, podemos aumentar las probabilidades de que otros tengan éxito en nuestro papel si podemos ayudar a orquestar nuestras propias transiciones y proporcionar apoyo.

Por último, podemos maximizar el impacto de los demás dejando un equipo y una situación que funcionen bien. Esto significa hacer el trabajo mundano e ingrato de atar los cabos sueltos más difíciles en nuestros trabajos, en lugar de descargarlos egoístamente en el regazo de otra persona. Al salir de cualquier organización, he intentado ocuparme de los peores asuntos pendientes —una disputa persistente con un socio, una negociación no resuelta con un proveedor importante o un miembro del equipo que se comporta de forma tóxica— para que la persona que entra pueda tener el mejor comienzo posible en su nuevo puesto. En todos los casos, el momento en que nos marchamos, a quién dejamos atrás y el grado de limpieza que dejamos influyen mucho en nuestro impacto acumulado.

4. Da pasos intermedios antes de grandes pasos

Maximizar nuestro impacto hasta el final puede cansarnos durante un periodo de transición. Al mismo tiempo, podemos sentirnos presionados para tomar nuestra próxima decisión, una posición incómoda si no tenemos claridad. He visto a muchas personas que se apresuran a salir de una mala situación y toman su siguiente decisión con demasiada precipitación, solo para tener algo en la mano.

Si puedes permitirte el lujo de tomarte un tiempo libre antes de empezar un nuevo trabajo o empresa —lo que yo llamo un paso intermedio—, considera la posibilidad de hacerlo. Es raro pasar semanas, meses o incluso más tiempo sin tener que rendir cuentas a nadie más que a uno mismo, pudiendo explorar opciones libremente. Si tienes esta oportunidad, aprovéchala al máximo. Como ya he contado, he optado por no hacer nada durante breves periodos de tiempo en la mayoría de mis transiciones profesionales, confiando en que siempre encontraría un trabajo y queriendo tener la oportunidad de explorar nuevas opciones a tiempo completo. Un paso intermedio puede parecer desalentador,

dependiendo de tus experiencias, o puedes temer dejar semanas o meses sin contabilizar en tu currículum. Si te sientes
reacio a parar y hacer una pausa, tomarte incluso unas breves vacaciones entre grandes objetivos —solo una o dos semanas— puede ayudarte a recargarte y empezar con fuerza
en tu nuevo puesto.

Cuando no sabemos qué hacer a continuación, puede
que no tengamos más remedio que dar un paso intermedio.
Si dedicamos este tiempo a contemplar nuestros éxitos y
fracasos pasados y a aprender de ellos, es posible que obtengamos la visión que necesitamos para alcanzar nuestro
próximo gran éxito. Mi amigo Adam Zbar dio un paso
intermedio en 2013 cuando se enfrentó a un gran punto de
inflexión en su carrera. Anteriormente, había triunfado
como consultor de gestión, había puesto en marcha y ven-
dido dos empresas de capital riesgo a los fundadores de
YouTube, y se había labrado una reputación por crear productos innovadores y premiados.

Cuando conocí a Adam en 2011, acababa de poner en
marcha una empresa de búsqueda de productos locales a
través del móvil, que ofrecía el inventario de las tiendas
locales. Sonaba muy bien sobre el papel, pero su ejecución
resultó más difícil de lo esperado. Al cambiar el nombre de
la aplicación móvil, Adam decidió ofrecer un conjunto divertido de productos iniciales —vino, licores y aperitivos—
que diferenciara su oferta de las aplicaciones de comida a
la carta que se mueven rápidamente. Aunque Lasso funcionó mejor que su anterior iteración, la economía de las unidades no funcionó, lo que puso a Adam en una encrucijada.

En lugar de renunciar, decidió hacer un inventario
empresarial de lo que había hecho bien y mal tanto en

Lasso como en sus anteriores empresas de nueva creación. Adam se dio cuenta de que siempre había tenido visiones fuertes, identificando mercados tempranos con grandes necesidades sin explotar y creando soluciones innovadoras para satisfacerlas. Había adquirido muchas de las habilidades necesarias para ser un exitoso director general de Silicon Valley, incluida la capacidad de reunir capital de riesgo, crear equipos y desarrollar productos galardonados. Lo que le faltaba, sin embargo, era un gran modelo de negocio. Adam nunca se había tomado la molestia de pensar lo suficiente en sus proyectos emprendedores.

A pesar de la presión de los inversores para que pasara rápidamente a otra idea, Adam se obligó a pensar más profundamente en su próximo producto. Se quedó despierto hasta tarde tratando de dar con una nueva idea de producto que cumpliera tres grandes criterios: tenía que sentir pasión por la idea; la idea tenía que cubrir una necesidad importante no satisfecha; y tenía que conducir a un gran modelo de negocio. Durante el difícil período en el que Adam se sintió profundamente decepcionado por el escaso éxito de Lasso, se sorprendió a sí mismo con la idea de vender en línea kits de comida personalizados y saludables. Según cuenta, la idea le vino a la cabeza justo después de sentarse en medio de una ruta de senderismo y, presa de la frustración, proclamar a su entonces amiga (ahora esposa) que había terminado con su vida como emprendedor.

La idea de un servicio *online* de kits de comida saludable personalizados cumplió enseguida los primeros criterios de Adam. Como hijo de un científico y psicólogo, se preocupaba mucho por la salud. Sabía mucho acerca de los kits de comida saludable, ya que recientemente había transformado sus hábitos alimenticios y su vida elaborando comidas más saludables para sí mismo. Pero antes de precipitarse con la idea, Adam decidió resolver los aspectos básicos del negocio, como el tamaño del mercado, la comprensión del cliente, la economía de las unidades y un plan de ampliación. Al igual que muchos emprendedores, ya había diseñado su modelo de negocio con el objetivo de alcanzar el primer millón de dólares de facturación. Aunque eso seguía siendo importante, esta vez elaboró un modelo de negocio que le permitiera alcanzar los 100 millones de dólares en menos de tres años.

Adam bautizó el nuevo producto con el nombre de *Sun Basket* (cesta del sol) después de hacer una «carrera del sol» (él y su amigo Tyler intentaron correr hasta la cima de la montaña antes de que saliera el sol). Adam y Tyler se dieron cuenta de que era el nombre perfecto para el nuevo producto, ya que todos los alimentos deliciosos y saludables crecían bajo el sol. Adam quería poner el sol (figuradamente hablando), ingredientes orgánicos reales y tarjetas de recetas en una caja y enviarla a los clientes para que pudieran hacer comidas saludables y deliciosas en casa. Antes de empezar, necesitaba contratar a un nuevo equipo, ya que el anterior se había marchado. Siguiendo su enfoque en la creación de grandes productos, Adam incorporó como cofundadores a un importante empresario de la restauración de San Francisco, a un galardonado chef y a un antiguo colaborador creativo.

Sun Basket dio en el clavo. A los clientes les encantó el producto y lo compraron en masa. El modelo de negocio funcionó mejor de lo que Adam había previsto, y los ingresos crecieron de forma explosiva desde el momento en que se lanzó el producto en 2015. En 2019, Sun Basket tenía un negocio anual de 300 millones de dólares y empleaba a más de mil personas. A medida que la empresa pasaba de ser una empresa de tecnología alimentaria a ser más una empresa de alimentación, Adam pasó de CEO a presidente ejecutivo. En 2020, cuando llegó la pandemia del COVID, la empresa experimentó su propio viento de cola masivo, ya que prácticamente todo el país recurrió a la entrega de alimentos en línea para llevar las comidas familiares a la mesa.

Adam estaba orgulloso de todo lo que había conseguido en Sun Basket. Sin embargo, aún no había terminado como emprendedor. A mediados de 2020, creó una nueva empresa, HamsaPay. Ahora sabía que lo que más le gustaba de los negocios era el propio proceso de creación de nuevas empresas. Era el momento de volver a hacerlo todo.

IDEAS CLAVE

- Diagnosticar continuamente nuestros fallos para poder seguir ajustando nuestras próximas elecciones y acciones es esencial para la práctica de elegir la oportunidad.
- Hay que tener cuidado con los fallos de impacto más comunes en nuestro propio control: demasiada mantequilla de cacahuete, confundir el movimiento con el impacto, tratar de mantener las uñas limpias y no aceptar la retroalimentación.

- Más allá de los vientos externos y de los factores de falta de adecuación de las personas, los sesgos y los prejuicios son los mayores enemigos externos del impacto, ya que impiden que las personas o los grupos accedan a la posibilidad de forma equitativa.

13

La sinuosidad del crecimiento

Después de dejar Joyus, me tomé varios meses de descanso para evaluar distintas oportunidades de dirigir una empresa más grande, con suerte en el ámbito del comercio electrónico. Aunque me decepcionó no poder convertir Joyus en un gran éxito, me sentí optimista sobre mis perspectivas, gracias a mi historial general como ejecutiva, emprendedora, inversora y miembro de consejo de administración eficaz y resistente. Por ello, me entusiasmó el puesto de presidente de StubHub, un *marketplace* de ventas de entradas que me ofrecieron. StubHub era una marca que conocía y amaba. Y después de mis años de riesgo en Joyus, estaba lista para saltar a liderar un mercado exitoso y bien establecido y ayudar a que creciera aún más.

Cuanto más aprendía sobre StubHub, más me entusiasmaba. Los Stubbers (nuestro nombre para los empleados de StubHub) que conocí compartían mis valores, y todos compartían la pasión por la música en directo y los deportes. Tendría un mandato completo para dirigir la empresa desde el punto de vista operativo, dar forma a su cultura y enmarcar sus estrategias en el contexto de su empresa matriz, eBay, que había sido propietaria de StubHub durante casi una década. El negocio de StubHub era considerable, con unos ingresos anuales de más de 1.000 millones de dólares y cerca de 5.000 millones de dólares de volumen anual de venta de entradas. Como presidente, se me pediría que ayudara a StubHub a crecer en nuevas áreas, a la vez que mejoraba la experiencia de sus clientes y proporcionaba beneficios constantes a eBay. Evaluando todos estos factores, acepté unirme a la empresa. Esperaba que el trabajo fuera un reto. En mi opinión, los riesgos para mi éxito profesional estaban relacionados con la ejecución de mi liderazgo, la competencia y el cambio de prioridades de nuestra empresa matriz. En este sentido, estaba en lo cierto, pero en mi camino también se presentaron importantes riesgos imprevistos.

Durante mis primeros meses en el puesto, mi equipo y yo trabajamos duro, reestructurando partes del negocio para mejorar su eficiencia y empezando a invertir en nuevos productos y servicios. Contraté a una serie de nuevos líderes cuyas capacidades y principios coincidían plenamente y que estaban igualmente entusiasmados con lo que podíamos construir juntos. Antes de aceptar mi cargo, había llegado a creer que el sector de la venta de entradas tendría que consolidarse mediante fusiones y adquisiciones, y que StubHub podría desempeñar un papel clave en esta evolución. Ahora estaba aún más convencida de esta estrategia, y presioné al director general de eBay para que nos permitiera adquirir otras empresas de venta de entradas y así poder competir más eficazmente contra nuestro principal rival, Ticketmaster/LiveNation.

StubHub acabó consiguiendo la consolidación del sector durante mi mandato, pero no de la forma que yo había previsto. Dos grandes acontecimientos cambiaron nuestra jornada, uno de ellos un «metro» (un suceso que podíamos anticipar potencialmente), el otro un «coco» (un suceso extraño, realmente inesperado). En 2018 y 2019, eBay se enfrentó a la creciente presión de los accionistas. Su crecimiento era inferior al de su rival Amazon, mientras que sus márgenes de beneficio también se habían erosionado, gracias al aumento de los costes de marketing. Cuando acepté el trabajo, había considerado detenidamente estos desafíos (el metro), pero concluí que aún podía prosperar y tener impacto como líder de StubHub. En mi opinión, la presión de los accionistas podría incluso abrir nuevas posibilidades estratégicas, como convertir la empresa en su propia entidad cotizada independiente. Estaba preparada para asumir este tipo de riesgo corporativo, que repercutiría directamente en mi propia capacidad para tener éxito en el puesto, aunque tuve cuidado de incluir protecciones en caso de fusión o adquisición de la empresa al negociar mi contrato de trabajo.

Algunos expertos del mercado predijeron que, si eBay no podía impulsar el crecimiento y la rentabilidad, los accionistas activistas montarían un desafío a la empresa, como Carl Icahn había hecho años antes (lo que dio lugar a la escisión de Paypal como empresa separada). A los nueve meses de mi llegada a StubHub, eso es exactamente lo que ocurrió. En enero de 2019, unos activistas, adquirieron una participación en eBay, se unieron al consejo de administración y le pidieron que vendiera StubHub para crear más valor para los accionistas. En lugar de que StubHub adquiriera otra empresa de entretenimiento en vivo, como yo había defendido, el consejo de administración consideró que era el momento de que eBay vendiera sus activos no esenciales, incluido nuestro negocio, a otra empresa. Nosotros seríamos la empresa adquirida, no los que hicieran la adquisición. Las implicaciones para mi propio papel en StubHub eran inciertas. Dependiendo de quién nos adquiriera, podría tener la oportunidad de dirigir la empresa después de la venta, o no.

Al cumplir un año, mi equipo y yo nos preparábamos para el proceso de venta de StubHub, que duró meses. Los meses que siguieron fueron de mucho trabajo: tuvimos que presentar la empresa a fondos de capital riesgo y a otras empresas de venta de entradas que querían adquirirla, a la vez que intentábamos mantener alta la moral de los empleados en medio de la incertidumbre y ejecutábamos nuestro plan operativo. Al final, el fundador y director general de Viagogo, una empresa internacional de venta de entradas muy rentable, con un tamaño similar al de StubHub, aceptó pagar más de 4.000 millones de dólares por StubHub. El fundador de Viagogo era también uno de los fundadores originales de StubHub, un emprendedor en serie que había dejado la empresa en condiciones poco favorables en 2006. Estaba encantado de volver a comprar su antigua empresa catorce años después de haberla dejado.

El precio de venta fue una suma récord para eBay, lo que convirtió la operación en un enorme éxito profesional para mí y mi equipo. Sin embargo, personalmente me pareció decepcionante. El director general de Viagogo querría dirigir la empresa combinada, lo que me dejaría sin el puesto más alto y sin poder realizar las grandes ambiciones que había tenido para la empresa. Como no tenía ningún interés en ser el número dos de StubHub después de la fusión, él y yo acordamos amistosamente que me iría poco después de que se cerrara la transacción. En febrero de 2020 concluyó el proceso de venta y empecé a prepararme mentalmente para mi próxima salida.

Entonces llegó el coco, un acontecimiento que ninguno de nosotros podría haber predicho. El 13 de marzo, precisamente un mes después de la venta de nuestra empresa, el COVID-19 asestó un golpe mortal a la industria del entretenimiento estadounidense. De la noche a la mañana, todas las ligas deportivas del país aplazaron su temporada, y los promotores y locales cancelaron miles de eventos musicales previstos. En un lapso de siete días, StubHub pasó de manejar más de mil millones de dólares en ventas de entradas en cualquier trimestre a casi nada. Esto fue algo sin precedentes. Lo que inicialmente había sido un movimiento profesional de bajo riesgo para mí, con muchas ventajas, se transformó en una situación de alto riesgo, con la empresa en un peligro inesperado. De alguna manera, tendría que salir adelante.

Si una crisis como esta nos hubiera golpeado antes, habríamos estado en mejores condiciones para capearla. Habríamos tenido una gran empresa cotizada como eBay detrás de nosotros, con enormes cantidades de reservas de efectivo a las que recurrir. Ahora, como empresa privada de reciente creación, propiedad de otra empresa privada también muy afectada por la pandemia, teníamos un balance mucho más pequeño y nos enfrentábamos a un cierre del sector que arruinaba todo nuestro negocio. En lugar de una salida feliz y sin contratiempos, tuve que esforzarme por mantener la empresa en funcionamiento durante un periodo de tiempo indeterminado hasta que el sector del entretenimiento en vivo consiguiera recuperarse.

Durante marzo y abril de 2020, nuestro equipo directivo y yo reestructuramos rápidamente varias partes de StubHub y sus operaciones. En primer lugar, adaptamos todas nuestras políticas anteriores a nuestra nueva realidad de COVID, tratando con miles de clientes enfadados que querían que se les devolviera el dinero en efectivo de forma inmediata por las compras de entradas que habían realizado en eventos ahora suspendidos. Nosotros mismos perseguimos a miles de vendedores que ya tenían esos mismos fondos en sus propias cuentas bancarias (ya que remitimos el efectivo a los vendedores muy rápidamente después de cualquier venta de entradas en el curso de las operaciones normales). Hicimos lo mejor que pudimos, ofreciendo una combinación de créditos del 120 % en el sitio para futuras compras y reembolsos en efectivo en ciertos estados, y tratando de comunicarnos con transparencia. Como es lógico, la situación se volvió difícil y desafiante, y muchos siguieron frustrados mientras gestionábamos la maraña de vendedores, compradores, ligas, sedes y demás.

Mientras todo esto ocurría, también nos vimos obligados a reestructurar rápidamente cada parte de nuestra base de costes interna. Entre nuestras decisiones más difíciles fue la necesidad de despedir a unos dos tercios de los empleados en EE. UU., dada la fuerte caída del volumen de negocio. Aunque hicimos todo lo posible por ofrecer indemnizaciones razonables y otros recursos, no se puede negar el trastorno y el dolor que sufrieron las personas.

También retrasamos todas las iniciativas no esenciales, creando básicamente un modelo operativo completamente nuevo para la empresa, diseñado para durar el tiempo necesario.

A pesar de lo difícil que fueron estos cambios, conseguimos establecer una base de operaciones estable, pero mucho más pequeña, que nos permitiera soportar el paro indefinido de la industria de los eventos en vivo. Fue un trabajo muy estresante para todos, llevado a cabo con rapidez y con poco tiempo, pero toda la empresa se unió para ayudar a conseguirlo, mostrando una gran flexibilidad, comprensión y resistencia, así como un sentido de la urgencia. En junio, habíamos completado la mayor parte de la reestructuración, incluida la reducción de la mayor parte de nuestro equipo directivo. Había llegado el momento de marcharme y comenzar mi propio capítulo, con la certeza de haber cumplido con la labor fundamental de ayudar a la empresa a sobrevivir a la crisis inmediata de COVID y a estabilizarse a largo plazo.

Aunque no podía predecir la pandemia y sus implicaciones para StubHub, y las decisiones al final fueron insoportables, considero que mi tiempo como presidenta de StubHub fue un éxito en términos de mi capacidad para obtener resultados y tener impacto. No esperaba presidir una venta récord de la empresa, quedarme sin trabajo en dos años escasos, ni gestionar el riesgo y la volatilidad extremos que se produjeron durante mi mandato, pero ahí estaba. Era el momento de encontrar la oportunidad una vez más.

EL CRECIMIENTO REAL SE PRODUCE EN CICLOS

Si mi trayectoria profesional posterior se asemeja en cierto modo a mis primeras experiencias, así fue. Como hemos visto, el proceso de asunción de riesgos no se desarrolla en línea recta de A a B. Cada uno de nuestros capítulos personales sigue su camino tortuoso, ya que nos anticipamos a las oportunidades, tomamos decisiones, obtenemos resultados, aprendemos, nos enfrentamos a fuerzas esperadas e inesperadas y tomamos nuevas decisiones. A pesar de lo caótico que pueda parecer elegir las posibilidades de forma iterativa mientras nos movemos por las distintas partes del viaje, a lo largo de la carrera vemos que surge un patrón: en repetidas ocasiones subimos, bajamos o pasamos por capítulos más amplios de la asunción de riesgos. La mayoría de las veces esperamos elegir activamente los riesgos que asumimos para perseguir nuestras ambiciones, pero inevitablemente también se nos imponen nuevos riesgos e incertidumbres en el camino.

Si nos mantenemos centrados en conseguir un impacto a través de cada capítulo, iterando para desbloquear los resultados, al final conseguiremos resultados mayores en nuestras carreras (éxitos o fracasos). A veces, las recompensas que obtenemos en nuestra carrera son exactamente las que esperábamos en un principio, y otras veces son diferentes. En cualquier caso, cuando llegamos a la conclusión natural de cualquier capítulo de la ambición, tenemos la oportunidad de elegir una vez más si nos sentimos en la cima, en el fondo o en algún lugar en el medio en términos de nuestra situación profesional actual. Resulta que el crecimiento profesional se asemeja a una onda sinuosa a medida que nos arriesgamos, creamos impactos sucesivos, respondemos a las condiciones, llegamos a conclusiones más amplias y volvemos a arriesgarnos.

Consideremos mi propia trayectoria profesional (figura 16). Salí de la universidad con dificultad para conseguir un buen trabajo (fracaso). Al final aterricé en Merrill Lynch y luego en la cadena británica Sky, donde me hice una gran reputación y avancé (éxito). Deseosa de convertirme en emprendedora, dejé mi trabajo en Sky y me trasladé a California. Tras una primera etapa en OpenTV (fracaso), tuve éxito en una *startup* de Silicon Valley, Junglee, y aterricé en Amazon antes de fundar otra *startup*, Yodlee. Esta acabó saliendo a bolsa (un éxito profesional, aunque no financiero). A continuación, asumiendo un pequeño riesgo, me fui a Google, donde ayudé a crear empresas multimillonarias y obtuve enormes recompensas financieras (éxito). Después, experimenté mi dolorosa salida de Polyvore (fracaso). Durante la siguiente década, me sumergí en el comercio electrónico, convirtiéndome en emprendedora de Joyus (fracaso), así como en inversora de comercio electrónico y miembro de consejos de administración (éxito). Como directora general de StubHub, logré mi objetivo más importante de liderar una gran empresa de comercio electrónico hasta conseguir una venta que transformara el sector (éxito), al tiempo que superaba una de las mayores crisis de mi carrera profesional. Hoy, como resultado de haber impulsado una onda sinuosa ascendente a lo largo del tiempo, tengo más oportunidades para dirigir, invertir y asesorar de lo que jamás soñé, y me siento profundamente agradecida.

MIS RIESGOS Y RESULTADOS
1997-2020

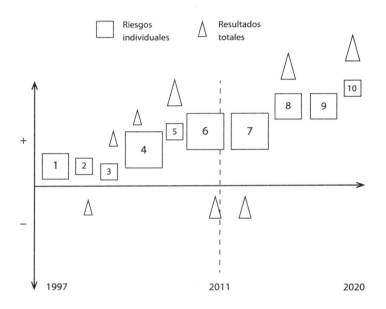

1. Desocupada en California
2. Directora en Open TV
3. Directora en Junglee/Amazon
4. Fundadora de Yodlee
5. Directora y vicepresidenta en Google

6. CEO de Polyvore
7. Fundadora y CEO de Joyus
8. Inversora en *startups*
9. Fundadora de theBoardlist
10. Presidenta de Stubhub

Figura 16

Mirando hacia atrás, disfruté de más recompensas acumulativas porque asumí más riesgos, pero el camino hacia esas recompensas, así como su naturaleza y tamaño, casi siempre se desviaron de lo que había imaginado originalmente, a veces por poco y a veces por mucho. Una serie de riesgos y elecciones desbloquearon los beneficios compuestos a medida que construía una valiosa capacidad profesional y creaba nuevos puntos de inflexión en mi carrera. Con el tiempo, y con más práctica, mi intuición creció y anticipé mejor los riesgos conocidos que estaba asumiendo. Aunque no los mitigaba todos a la perfección, me esforzaba más en protegerme de las desventajas que en soñar con las ventajas, y eso daba sus frutos cuando surgían los problemas. También aprendí a contrarrestar el riesgo de mi propio ego, no tanto por tener éxito como por superar múltiples fracasos. Me sentí cómodo sabiendo que no siempre ganaría por puro deseo, aunque sabía que, como mínimo, podía contar con un impacto valioso si asumía riesgos inteligentes. Me encontré con al menos un gigantesco coco por el que no desearía volver a pasar, pero incluso ahí salí con más agilidad, resistencia y confianza como líder; en otras palabras, mejor preparado para volver a elegir la posibilidad.

Nunca se puede predecir del todo el resultado de una sola elección.

Aun así, si estamos dispuestos a seguir eligiendo sucesivamente, actuando de manera que logremos un impacto, aprendiendo de nuestros errores y de las condiciones que nos rodean, y permitiendo que nuestra sabiduría, adquirida con tanto esfuerzo, informe nuestras próximas elecciones, experimentaremos más y más altos picos en nuestras carreras. También experimentaremos más bajones, decisiones que "no darán el resultado" que esperamos como consecuencia de nuestras propias acciones y de las condiciones que nos rodean. Incluso en estas situaciones, produciremos un impacto y obtendremos un increíble beneficio profesional. Así es como se produce realmente el crecimiento profesional.

LAS SINUOSIDADES DEL CRECIMIENTO

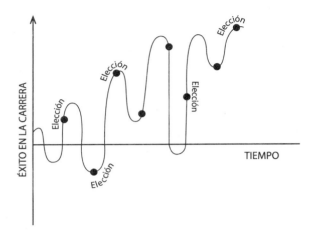

Figura 17

¿Qué puedes perder realmente? El gurú de la gestión, Peter Drucker, afirmaba: «Las personas que no asumen riesgos suelen cometer unos dos grandes errores al año. Y la gente que sí se arriesga suele cometer unos dos grandes errores al año». No sé tú, pero yo prefiero arriesgarme, cometer mis dos errores y cosechar todas las recompensas.

ONDAS SINUOSAS POR TODAS PARTES

Una vez que reconocemos las ondas en nuestras trayectorias profesionales, empezamos a notarlas en todas partes. Si estudiamos la carrera de cualquier persona de éxito, probablemente veremos que ha experimentado sus propios ciclos de subida, bajada y dificultades, aunque el resto del mundo solo registre sus experiencias máximas. Para ilustrar mi punto de vista, permítanme volver a la historia de Stacy Brown-Philpot y las ondas de su carrera.

Brown-Philpot es una de las mujeres líderes y ejecutivas negras más destacadas del mundo de la tecnología. Recientemente, fue CEO de TaskRabbit. Según cuenta Brown-Philpot, creció en circunstancias muy modestas en Detroit, criada por una madre soltera y otros familiares. Su primer gran riesgo fue presentarse a la Universidad de Pensilvania, a pesar de que ya tenía una beca completa en una escuela local y no sabía cómo iba a pagar Wharton. Consiguió entrar en Wharton y pudo pagarlo gracias a una combinación de subvenciones, becas y trabajos a tiempo parcial (éxito).

Al graduarse, Brown-Philpot se convirtió en contable en Pricewater-Coopers, con el objetivo de convertirse en socia de una auditora. Trabajó durante un año como analista sénior en Goldman Sachs como parte de un programa de becas y luego se matriculó en la Stanford Business School para obtener un MBA. Al graduarse en 2002, le costó encontrar trabajo. En lugar de tomar la decisión segura de volver a Goldman Sachs, se arriesgó y entró en Google. Puede que hoy no parezca un gran riesgo, pero en aquella época la empresa solo tenía unos mil empleados y era un motor de búsqueda entre muchos otros. Además, el título de Brown-Philpot era el de «analista financiera sénior», por debajo de lo que aceptaban sus compañeros de Stanford.

Pero Brown-Philpot prosperó en la empresa durante los años siguientes. Asumió un riesgo moderado al pasar en 2007 de Finanzas a Operaciones (éxito), un cambio que la apartó del camino para convertirse en una futura directora financiera. A continuación, asumió un riesgo profesional y personal mayor al aceptar la oportunidad de trasladarse a la India y dirigir las ventas y las operaciones de Google. No solo dirigiría a 1.000 personas en lugar de solo 200, sino que tendría que gestionar una relación a larga distancia con su marido, que se quedaría en California. «Había tenido que asumir algunos riesgos personales por el camino, pero nada como esto. Así que me aseguré de negociar con Google para que mi marido y yo pudiéramos vernos y mitigar el riesgo para nuestra relación». Vivir y trabajar en India resultó ser una experiencia maravillosa (de éxito), tanto por el éxito empresarial que alcanzó Brown-Philpot como por su crecimiento como líder. Como recuerda, «aprendí que tenía que ser más inspiradora como líder, en lugar de simplemente metódica. La experiencia en la India me obligó a ser mucho más vulnerable como líder y desarrollar la empatía, y compartir más lo que era como persona».

Tras volver a casa y elegir dirigir otro gran equipo, Brown-Philpot se sintió inquieta. «No me estaba exigiendo lo suficiente», dice. «No estaba aprendiendo. Mi curva de aprendizaje se estaba aplanando». Decidida a mantener su trayectoria profesional ascendente, en 2013 asumió dos riesgos con el objetivo de ocupar un puesto ejecutivo de nivel C. En primer lugar, dejó su puesto de alta ejecutiva en Google, que ya se había convertido en la empresa de moda para trabajar. Y en segundo lugar, optó por unirse a TaskRabbit como directora de operaciones. Aunque aceptaba un puesto ejecutivo, TaskRabbit era entonces una empresa nueva, lo que la hacía intrínsecamente arriesgada.

Además, la gente del Valle no la consideraba una empresa de alto nivel como las demás. Brown-Philpot decidió ir allí de todos modos, ya que le gustaba la misión de la empresa. Lo bueno es que, tras tres años en su puesto, se convirtió en la CEO de la empresa (éxito). Y en 2017 Brown-Philpot, dirigió con éxito la empresa hasta su adquisición por parte del minorista mundial del hogar IKEA, ayudando a esta marca icónica a transformarse digitalmente y a adaptarse a la nueva economía del trabajo. Al año siguiente, fue nombrada miembro fundador de SB Opportunity Fund, un fondo de 100 millones de dólares creado por el conglomerado japonés Softbank para invertir en empresas emprendidas por personas de color.

Ya sea Stacy Brown-Philpot, Adam Zbar en Sun Basket, Alyssa Nakken en los Gigantes de San Francisco, Reshma Saujani en Girls Who Code, Corey Thomas en Rapid7, Nick Grudin en Facebook, o cualquiera de las otras docenas de líderes que he tenido el privilegio de conocer, encontrarás el mismo patrón. Visto desde fuera, sus carreras parecen ir ordenadamente de cima en cima. Pero, si se mira más de cerca, se encuentra una imagen más desordenada. Entre los picos, estos líderes experimentan bajadas de diferente tamaño y duración. Aunque a menudo son dolorosos, estos descensos desempeñan un papel fundamental en el ascenso general de su carrera, y los líderes implicados se acostumbran a experimentar tanto los fracasos como las victorias. Mira a tu alrededor a las personas de éxito que admiras. Si examinas detenidamente sus carreras, descubrirás también sus macro y microciclos de éxito y fracaso.

PIENSA EN LA FRECUENCIA

Si las carreras se reducen a una serie de ciclos, ¿cómo podemos asegurarnos de que no experimentamos una serie de fracasos sucesivos que nos dejan en un punto muerto a largo plazo, o incluso peor, en una trayectoria descendente? Gran parte del problema es la práctica. Tenemos que estar dispuestos a seguir eligiendo, a seguir dando resultados y a aprender de cada uno de ellos. A medida que asumimos más riesgos, mayores o menores, nos volvemos más inteligentes, aprendiendo a reconocer patrones en nosotros mismos y en nuestro entorno y a anticiparnos a las oportunidades y los retos. En la asunción de riesgos, al igual que en cualquier otra actividad significativa, la práctica produce competencia, aumentando las probabilidades de éxito general. La figura 18 ilustra el poder de la asunción frecuente de riesgos, teniendo en cuenta también el tamaño de los mismos. Si tomamos muchas decisiones de distinto tamaño (el cuadro superior derecho), podemos soportar muchos más fracasos, pequeños sin duda, pero también al menos uno o dos grandes, y seguir saliendo airosos. Incluso si casi todos nuestros riesgos son pequeños, pero asumimos muchos de ellos (el recuadro superior izquierdo), seguiremos viendo cómo se disparan nuestras perspectivas profesionales. Por el contrario, muchas personas se estancan en la casilla inferior izquierda: tienen miedo a moverse y asumen pocos, infrecuentes y minúsculos riesgos. Si nos fijamos en la casilla inferior derecha, asumiendo solo uno o dos riesgos muy grandes de «puerta única» con pocas o ninguna opción de recuperación en caso de fracaso, veremos un gigantesco cohete de éxito para impulsarnos hacia arriba.

No conozco a ningún operador de élite en ningún campo que cuente con este tipo de suerte. La gran mayoría de las personas con éxito asumen muchos riesgos, beneficiándose de la acumulación de pequeñas y grandes recompensas. El mundo les acredita solo para los más grandes, pero ellos y sus allegados saben la verdad.

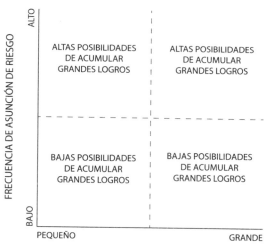

Figura 18

TU PORCENTAJE DE VICTORIAS TAMBIÉN ES IMPORTANTE

La frecuencia con la que asumimos riesgos es una cosa, pero, si además podemos anotar una fuerte «tasa de ganancia» (por tomar un término del comercio financiero), probablemente pondremos nuestras carreras en una trayectoria positiva. Queremos que la magnitud total de las victorias en nuestra carrera (teniendo en cuenta tanto el número de resultados positivos que logramos como su tamaño) supere la magnitud total de nuestros fracasos en la carrera (teniendo en cuenta también la cantidad y el tamaño de las pérdidas). Hay que tener en cuenta que las victorias no solo incluyen los objetivos más importantes que hemos alcanzado conscientemente, sino también todos los impactos positivos tangibles que hemos logrado en nuestro camino. Nuestras pérdidas son los resultados negativos tangibles que hemos manifestado, incluidas las inversiones de nuestro propio dinero, tiempo o energía (o de los demás) que no han dado fruto durante un periodo prolongado.

Quizá se pregunte qué porcentaje de victorias hay que reunir para construir un sólido historial de éxitos y, en última instancia, una carrera profesional de éxito. No hay una respuesta estándar: varía según la profesión. Un vendedor de coches podría dar saltos de alegría con una tasa de éxito del 20 % (ya que la media del sector es del 12,5 %), mientras que un médico que realiza una operación de fusión espinal necesitaría al menos el 80-90 % de sus pacientes para pensar que tiene éxito. En la NBA, los mejores jugadores encestan más de cinco de cada diez tiros que realizan. Durante la temporada de 2020, por ejemplo, los mejores jugadores de la liga en cuanto a porcentaje de tiros reales (una medida que tiene en cuenta los diferentes tipos de tiros que realizan los jugadores) registraron tasas de victorias de entre el porcentaje 56 y el 72 %. Sin embargo, en el béisbol, los jugadores que van a entrar en el Salón de la Fama suelen tener un promedio de bateo de entre 300 y 400 durante varias temporadas, lo que significa solo tres o cuatro *hits* por cada diez veces que se paran en el plato.

Para ponerte en una trayectoria hacia una gran carrera, elige repetidamente y ofrece un impacto consistente, preocupándote menos de si logras el éxito en cualquier movimiento individual. Con el tiempo, a medida que nos volvemos más inteligentes a la hora de elegir y lograr un impacto, queremos asegurarnos de que, incluso si no logramos todas nuestras grandes ambiciones, podemos generar más resultados y contribuciones positivas que negativas a lo largo de un gran número de elecciones. Este es el capital de carrera tangible que seguimos acumulando y que los demás pueden ver, junto con los superpoderes intangibles de los que hemos hablado antes. Si seguimos eligiendo, pero no generamos impactos positivos de forma constante junto con nuestros errores, probablemente nos quedaremos estancados en nuestras carreras. Permaneceremos en nuestras funciones actuales, sin que nos gusten demasiado, o pasaremos a funciones comparables o más pequeñas, sin alcanzar todo nuestro potencial.

Si acabas de empezar tu carrera, toma nota: es difícil medir tu tasa de ganancias cuando solo has tomado unas pocas decisiones. El hecho de salir mal parado de tu primer riesgo o dos no significa que estés haciendo algo terriblemente mal o que te estés quedando atrás. Debes seguir asumiendo riesgos, confiando en que con el tiempo acumularás un índice de victorias lo suficientemente alto, en parte porque aprendes de forma desproporcionada de los riesgos negativos. Como hemos visto antes, ni siquiera tenemos que conocer nuestros objetivos a largo plazo al principio: podemos utilizar la asunción de riesgos y la creación de resultados como medio para descubrirlos y aclararlos. Darren Gold, veterano *coach* ejecutivo, socio director de la empresa de consultoría de gestión Trium Group y autor de *Master Your Code*, señala que la asunción de riesgos es un «proceso recursivo, en el que se descubre el propósito y la visión a través de la experiencia». Sin experimentar más éxitos y fracasos, es difícil siquiera hacerse una idea de nuestros objetivos, y mucho menos situarnos en una trayectoria ascendente más larga.

DIVERSIFICA TUS RIESGOS

Como hemos señalado, la relación entre riesgo y recompensa no es lineal. A veces, las pequeñas decisiones dan resultados grandes e inesperados, y los grandes riesgos no nos garantizan grandes victorias. A menudo se necesitan muchas decisiones diferentes para conseguir un éxito mayor, o, por adoptar una metáfora de boxeo, una combinación de golpes de peso o fuerza desigual. Cuando nos encontramos probando el mismo enfoque una y otra vez y no conseguimos un impacto o un éxito mayor, puede ser el momento de cambiar nuestra propia combinación. La diversificación del riesgo es una estrategia inteligente que todos debemos considerar en nuestras múltiples opciones profesionales.

He diversificado mi propia asunción de riesgos de varias maneras. A lo largo de mi carrera, he optado por aprender y hacer crecer mi experiencia en múltiples etapas de crecimiento de la empresa (*startup*, privada, cotizada) y en tres sectores diferentes (comercio electrónico, medios de comunicación y tecnología). Cuando asumía grandes riesgos empresariales, también me incorporaba a consejos de administración de empresas más grandes para mantener al día mis «habilidades ejecutivas». Después de dos experiencias sucesivas en *startups*, Polyvore y Joyus, decidí llevar mi experiencia de CEO a una empresa de mayor tamaño y escala, pero que necesitaba mi impulso empresarial en el puesto más alto. Si buscamos una variedad de riesgos en lugar de asumir el mismo una y otra vez, podemos maximizar nuestras tasas de éxito, agilidad y perspectivas de futuro.

ELIGE ACTUAR

En realidad, solo hay un obstáculo para una carrera que florezca a largo plazo, y no es el fracaso. Es la inacción: permanecer en el recuadro inferior izquierdo de la figura 18, donde optamos por no elegir como práctica rutinaria. El proceso de asumir riesgos inteligentes para lograr nuestras ambiciones, troceando nuestros mayores objetivos en otros más pequeños, impulsando los resultados, respondiendo de forma ágil a lo que sucede, y dando un siguiente paso es lo que nos permite realizar cualquier oportunidad que buscamos y otras nuevas que no. A medida que nuestro impacto, agilidad, resiliencia y confianza aumentan, incluso a través de los fracasos, cosechamos más recompensas, aunque no como las habíamos imaginado perfectamente. Lo único que tenemos que hacer es seguir eligiendo y repetir el ciclo. No elegir nos deja mucho más vulnerables que cualquier elección incorrecta que podamos hacer. Como enseñaba el filósofo Séneca, «No es porque las cosas sean difíciles por lo que no nos atrevemos a aventurarnos. Es porque no nos atrevemos a aventurarnos que son difíciles».

También debemos tener en cuenta que el precio de la inacción aumenta con el tiempo. Cada mes o año que nos demoramos, limitamos la distancia que podemos llegar a recorrer. Y la inacción no nos permite quedarnos más o menos donde estamos. En nuestro mundo volátil, en el que proliferan los sucesos tipo *metro* y *coco*, seguiremos encontrando riesgos, los busquemos o no. Nuestras carreras probablemente decaerán con el tiempo si no sabemos anticiparnos, elegir y movernos. Si dominamos el proceso de asunción de riesgos de forma proactiva, ganamos más autonomía y control sobre nuestros destinos incluso en entornos inciertos. Si no lo hacemos, nos convertimos en dependientes de las decisiones de otras personas y de los efectos de las cambiantes condiciones macroeconómicas.

Al principio de nuestras carreras, puede que nos resistamos a asumir riesgos por miedo al fracaso. Podríamos pensar que este miedo disminuye con el tiempo, pero en muchos casos se intensifica o cambia. A medida que logramos más éxito mediante la asunción de riesgos, podemos llegar a temer perder el cómodo estilo de vida que hemos construido gracias a una sola decisión importante, o incluso más que eso, podemos llegar a temer un golpe a la noción que hemos construido de nosotros mismos como exitosos o establecidos. Nos paralizamos de nuevo, aunque nuestras posibilidades se hayan ampliado.

Si sientes que te estás volviendo demasiado cómodo o reacio al riesgo, vuelve a tus principios fundamentales.

Recuérdate a ti mismo que solemos arriesgarnos para crecer y que, si fracasamos, es probable que tengamos muchas opciones posibles para recuperarnos. Nuestra capacidad para recuperarnos si fracasamos es cada vez mayor a medida que avanzamos, y construimos un capital profesional cada vez más sólido al causar un impacto a través de todas nuestras elecciones.

«RECONSTRUIR A LA BESTIA»

Elegir continuamente una oportunidad a largo plazo nos da la oportunidad de evolucionar y reinventarnos varias veces. Podemos tomar las piezas del rompecabezas de nuestra carrera que hemos adquirido en el pasado y volver a ensamblarlas para generar nuevas oportunidades profesionales ampliadas. En el proceso, no solo reinventamos nuestra carrera, sino a nosotros mismos. El diseñador de páginas web de hoy puede convertirse en el *influencer*, el emprendedor o el autor de mañana. El vendedor de hoy puede convertirse mañana en agente de deportes electrónicos, ejecutivo de medios de comunicación o director general. Ya sea que estemos saliendo de un alto o de un bajo, elegir la posibilidad es el proceso por el cual continuamos no solo reimaginando nuestras carreras en ciclos, sino expandiendo lo que somos y lo que somos capaces de hacer.

Festus Ezeli, jugador profesional de baloncesto que ayudó a los Golden State Warriors a ganar el campeonato de la NBA de 2015, utiliza una metáfora diferente para describir el proceso de gestión de los ciclos mientras nos reinventamos. Cuando vino a hablarnos a StubHub, describió su propio camino sinuoso a través del éxito y el fracaso por igual, señalando que a través de sus propios capítulos se reinventa constantemente. En cada uno de estos ciclos, Festus está, como él dice, «reconstruyendo a la bestia». Cada uno de nosotros tiene esta oportunidad en su propio camino.

IDEAS CLAVE

- El crecimiento real no es lineal, sino cíclico.
- Al lograr un impacto a través de cada ciclo, iterando y asumiendo riesgos más pequeños continuamente para crear resultados más rápidamente, construiremos carreras generales exitosas.
- La frecuencia de la asunción de riesgos y la tasa de ganancias son la clave del éxito a largo plazo, mientras que nuestra mayor amenaza sigue siendo la inacción. Cada uno de nosotros puede decidir convertirse en una persona que elige.

14

Posibilidad y flujo de energía

Cuando doy charlas a profesionales que inician su carrera, a menudo me preguntan: «Sabiendo lo que sabes ahora, ¿cuál es el consejo más importante que le darías a tu yo más joven?». Les hablo, por supuesto, de la importancia de elegir la posibilidad con coherencia. También les transmito otro punto: la posibilidad y el poder no son un juego de suma cero. Hay más que suficiente para todos.

Cuando empezamos, tendemos a pensar en nuestras carreras como una competición gigantesca por las oportunidades y el éxito. Si conseguimos las mejores oportunidades, suponemos que conseguiremos más. Cuanto más consigamos, más recompensas financieras y poder obtendremos. A medida que nos volvemos más poderosos, controlamos nuestro propio destino y ejercemos una mayor influencia en los acontecimientos, el entorno y las personas que nos rodean. Pero el poder, al igual que las oportunidades, parece escaso, y el camino para adquirir ambos parece estrecho, largo, arduo y no apto para los débiles de corazón.

Nuestro contexto cultural solo sirve para reforzar nuestra noción de escasez de poder. Miramos de lejos a los empresarios, políticos y artistas más exitosos del mundo y los consideramos poderosos en virtud de su celebridad. A medida que estos individuos acumulan más seguidores, su influencia y riqueza crecen y parecen aún más distantes del resto de nosotros. Como resultado, solemos colocar el poder en un pedestal cada vez más alto, intentando adquirirlo nosotros mismos.

Cuando comencé mi propio viaje creía que solo había una cantidad limitada de posibilidades y que tenía que aprovechar las mejores antes de que lo hicieran los demás. Durante los deprimentes meses que siguieron a mi graduación, pasé innumerables horas comparándome con mis compañeros que tenían trabajos glamurosos. No fue del todo malo: aproveché la energía competitiva para buscar oportunidades. Pero mi mentalidad de escasez alimentó dudas innecesarias y me llevó a cuestionar mi autoestima. Asumí que, si alguien era más digno de tener posibilidades, yo seguramente debía ser menos.

Estos temores desaparecieron cuando empecé a asumir riesgos y a hacer crecer mi carrera, pero surgieron otros nuevos. Seguía comparándome con mis compañeros que habían alcanzado un éxito similar y me preocupaba seguir el ritmo de sus logros e influencia. Lo que finalmente me dio más confianza fue experimentar y sobrevivir a una serie de pequeños y grandes fracasos junto con el éxito. Al seguir eligiendo la posibilidad, llegué a sentir una mayor sensación de poder. Me he dado cuenta de que lo que nos hace poderosos no es lo que conseguimos. Es nuestra capacidad de seguir asumiendo riesgos, creando impacto y adaptándonos a medida que avanzamos. Podemos sentirnos y ser realmente poderosos en cualquier situación, incluso en las pérdidas, simplemente eligiendo buscar una oportunidad.

Como sugiere el maestro espiritual Gary Zukav, el poder llega cuando te ves a ti mismo no «como una víctima que reacciona a sus circunstancias», sino «como un creador que elige su respuesta» a ellas. Si pensamos en el empoderamiento de esta manera, como si asumiéramos riesgos y produjéramos resultados para ayudar a dar forma a nuestros destinos, entonces el mundo no necesita otorgarnos poder, y tampoco puede quitárnoslo. Poseemos un poder innato, y lo tenemos a raudales. También generamos más poder para nosotros mismos a medida que seguimos iterando. Mi sensación de confianza ha crecido con cada riesgo que he asumido, con cada resultado que he experimentado y con cada lección que he aprendido. Al igual que la posibilidad, el poder no es una suma cero. Es abundante.

Nuestra libertad para seguir eligiendo y causando impacto nos libera de las obsesiones y celos malsanos que surgen si pensamos que la posibilidad y el poder son escasos. Hoy en día, me preocupa mucho menos que antes el hecho de que los demás me consideren poderosa, porque me veo capaz de elegir, de responder de forma ágil y de adquirir conocimientos cada vez que me muevo, y eso es lo que cuenta. Me obsesiona mucho más cómo lograr un impacto durante el día, semana, mes, trimestre o año siguiente, comparando mis nuevos intentos de impacto con los anteriores.

Mientras que antes asociaba egoístamente el poder con los logros, ahora lo asocio también con el fracaso, que al fin y al cabo forma parte de la asunción de riesgos. Por otra parte, no considero la humildad como lo opuesto al poder, sino como su valiosa compañera. Estoy razonablemente segura de que fracasaré muchas veces y tendré éxito muchas veces. Por muy hábil que sea a la hora de asumir riesgos, mis predicciones sobre lo que ocurrirá y mi propia ejecución nunca serán perfectas, así que tengo que estar realmente abierta a aprender sobre la marcha. Cuando veo a los demás alcanzar sus objetivos, estoy razonablemente seguro de que están montados en sus propias ondas sinusoidales de crecimiento, y me alegra ver que obtienen resultados exitosos después de haberse esforzado, sin duda, con numerosos desafíos.

No conozco ningún viaje perfecto ni personas perfectas. Solo conozco un proceso que nos permite seguir eligiendo nuestro camino de forma imperfecta y desprendiendo impacto. Con el tiempo, nuestros logros se acumulan lo suficiente como para que otras personas empiecen a darse cuenta. Tienden a minimizar o ignorar nuestros fracasos, a calificar nuestros logros de éxito y a etiquetarnos como poderosos, observando que ejercemos influencia sobre los demás. La verdad es que éramos poderosos mucho antes de nuestro mayor éxito, y seguiremos siendo poderosos mucho después de nuestro mayor fracaso. Seguiremos trabajando para crear posibilidades para nosotros mismos, generando más poder con cada elección que hagamos. ¿Qué le diría a mi yo más joven? Elige un objetivo, haz una elección, por pequeña que sea, y empieza a ejecutarla, buscando siempre el impacto. Luego, sigue eligiendo, porque, cuanto más lo hagas, mejor te sentirás y más posibilidades tendrás de tener éxito a lo largo del tiempo. No necesitas a nadie ni a nada más para sentirte verdaderamente poderoso. Más pronto o más tarde, tu poder se hará evidente para el mundo que te rodea.

¿Quién, se pregunta también la gente, es mi héroe? Esa es una pregunta fácil. Mi héroe no es un empresario multimillonario o un visionario creativo que cambió el mundo. Es un hombre que cambió mi mundo y el de todos los que se encontró. Me refiero a mi padre, sin duda la persona más poderosa que he conocido, un hombre que encarnó y modeló el proceso de encontrar oportunidades.

Mi padre no era ruidoso, ni bullicioso, ni opinaba abiertamente. Sí era increíblemente carismático y un gran contador de historias, con un brillo constante en los ojos, pero lo recuerdo sobre todo como un gigante amable, un hombre con una paciencia infinita, mucho más para escuchar que para hablar. Le importaba mucho más aprender y crecer que lo que los demás pensaran de él. Era ambicioso y estaba abierto a todas las posibilidades, pero tomaba sus decisiones de una manera tranquila y discreta. Con el tiempo, a medida que asumía riesgos más pequeños y más grandes, su impacto crecía. Se construyó una vida de éxito en África, y luego volvió a construir esa vida en Canadá, abriendo una consulta médica y un pequeño negocio junto a mi madre. Creó riqueza, se labró una gran reputación y consiguió otros muchos logros durante una carrera que abarcó cinco décadas. Sobre todo, consideraba que el mundo que le rodeaba era abundante en oportunidades, y que todo merecía la pena ser aprendido e intentado.

Mi padre también hizo algo más. Mientras se esforzaba por construir una vida para sí mismo y para su familia, también empleaba gran parte de su energía en ayudar a los demás a revalorizar sus propias posibilidades. Mi padre dedicó generosamente su tiempo, sus elogios, su optimismo y su calidez a la gente que le rodeaba: sus pacientes, sus amigos, los miembros de su comunidad religiosa, casi cualquier persona con la que se encontrara. Como resultado, la gente le buscaba, esperando pasar un minuto o una hora con él. Salían de allí sintiéndose llenos de energía, llenos de vida y con su propio potencial. Este era el mayor don de mi padre: dar a los demás la sensación de que pueden llegar a serlo. Mi padre no solo era poderoso en su forma de ser. Era una fuente de poder para los demás.

En el funeral de mi padre, en el año 2000, tuve la suerte de escuchar muchas historias de cómo él había transmitido la idea de encontrar oportunidades, tanto de forma grande como pequeña. Un viejo amigo de la familia llamado Bobby vino a verme y a compartir su historia. El padre de Bobby había sido uno de los amigos más queridos de mi padre en África y lamentablemente había fallecido cuando Bobby era más joven. Un año, Bobby vino a Canadá desde Inglaterra para pasar parte de sus vacaciones de verano, se quedó en nuestra casa y llegó a conocernos bien.

Ahora que es médico, Bobby me contó un breve episodio que tuvo con mi padre cuando consideraba la medicina como profesión. No estaba seguro de si debía perseguir esta ambición, y le pidió a mi padre un consejo paterno. Como siempre, la respuesta de mi padre fue sencilla. Tomó las manos de Bobby entre las suyas, las giró hacia arriba y hacia abajo, y luego miró a Bobby directamente a los ojos, sonriendo y le dijo «estas son sin duda las manos de un cirujano». En ese momento de amabilidad y generosidad, Bobby recibió el estímulo que necesitaba para elegir esa posibilidad.

¿Has conocido alguna vez a alguien que parece abundante o lleno de posibilidades y que te da energía siempre que estás cerca de él? Personas así hay en todas partes. Las hay de todas las formas y tamaños y de todos los ámbitos de la vida. Pueden ser un jefe, un vecino, una tía, un sobrino, un camarero o más. Cuando conocemos o nos encontramos con estas personas, queremos acercarnos un poco más. Todos reconocemos y nos beneficiamos de tener a nuestro alrededor a otras personas que insuflan posibilidad y vida a su entorno y al nuestro.

Me gusta pensar que la energía de cualquier individuo es una energía renovable, algo así como la energía solar o eólica. Muchos de nosotros crecimos creyendo que el petróleo y el gas eran los recursos más preciados del mundo porque eran escasos. Hoy valoramos la energía solar y la eólica precisamente porque son abundantes y regenerativas. La energía personal también es infinitamente renovable. Podemos producir constantemente energía para nosotros mismos si elegimos activamente la posibilidad. Y cuanta más energía generemos, más fácil nos resultará distribuirla y compartirla. Los paneles solares de nuestras casas no solo nos devuelven la energía a nosotros, sino a la red eléctrica de toda una ciudad. Del mismo modo, los que acumulan el mayor impacto no acaparan la energía para sí mismos. Dejan que la energía fluya hacia otros para crear mayores beneficios, mientras siguen generando más ellos mismos. Este tipo de poder fue el secreto del éxito de mi padre durante toda su vida, mucho antes de que yo lo reconociera como tal (figura 19).

El concepto de poder como flujo puede parecer desalentador o demasiado ideológico. Pero, mientras elegimos posibilidades para nosotros mismos, podemos tomar fácilmente pequeñas decisiones para ayudar a los demás a realizar sus propias posibilidades y generar poder. Podemos compartir ideas que beneficien a todos en una reunión, conocer públicamente la magnífica idea de otra persona, decir que sí a un café cuando alguien nos pida consejo, ofrecernos como voluntarios para escribir una reseña para la revista de alguien, o, si podemos, firmar un cheque para fomentar el sueño de otra persona. Cuando aceleramos las posibilidades de los demás junto a las nuestras, el impacto que podemos generar se multiplica muchas veces.

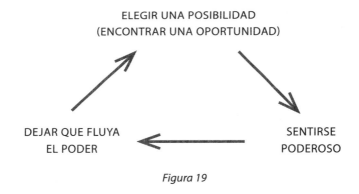

Figura 19

DESBLOQUEA EL FLUJO DE PODER CAMBIANDO EL SISTEMA

Si la abundancia de poder está dentro de cada uno de nosotros esperando a ser liberada, ¿por qué hay tanta gente que tiene dificultades para pagar el alquiler a fin de mes, y mucho menos para alcanzar sus sueños? ¿Por qué vemos tanta desigualdad y falta de oportunidades?

Como ya hemos dicho, el primer paso en nuestro camino es empezar a tomar decisiones y asumir riesgos para poder tener un impacto real y producir recompensas significativas y positivas. Pero también hemos visto que existen fuerzas mayores que pueden frustrar nuestros esfuerzos, por muy diligentes, inteligentes o bien intencionados que seamos. Tanto si se trata de una pandemia como de una interrupción tecnológica, los cambios nos llegan desde el mundo exterior y hacen que algunos grupos de personas se beneficien y otros soporten los costes de forma desproporcionada. Junto a estos macrocambios, los cambios sistémicos han creado una distribución desigual de las posibilidades, incluso cuando cada uno de nosotros trata de elegir y dar forma a su destino en la medida de lo posible. A medida que generamos posibilidades para nosotros mismos y compartimos el poder con los demás, debemos ir más allá, buscando oportunidades en nuestros equipos, empresas o industrias para solucionar las causas sistémicas subyacentes de la desigualdad.

Cuando trabajaba en Joyus, estaba cada vez más atenta a las desigualdades de género, concretamente en la industria tecnológica de la que formaba parte. Me sentía inmensamente agradecida por las oportunidades que había encontrado en Silicon Valley, pero sabía que las historias de discriminación, desigualdad salarial, acoso, etc. de las mujeres empresarias y directoras generales eran muy reales. También me acordé de mi primer trabajo en el sector tecnológico y de los comentarios negativos que recibí sobre mi agresividad. Me di cuenta de que la situación de las mujeres en la tecnología se estaba convirtiendo en un tema más importante en los medios de comunicación, y muchos observadores criticaban la idea generalizada de que nuestra industria fuera un lugar con posibilidades para todos.

Por aquel entonces, recibí un correo electrónico de Keval Desai, mi principal inversor en Joyus. Dirigiéndose a mí y a otras fundadoras y directoras ejecutivas de éxito en las que había invertido, Keval preguntó en voz alta si alguna de nosotras podría utilizar su propia voz para compartir sus experiencias únicas. Al sentir que las voces de las mujeres líderes estaban ausentes de la conversación, me ofrecí para hablar. En un artículo de opinión del mes siguiente titulado «Las mujeres tecnológicas eligen la posibilidad», firmado por docenas de otras fundadoras y directoras ejecutivas y publicado en la revista de la industria tecnológica *Recode* y en Medium, compartí los resultados de una encuesta que había realizado a casi cien mujeres líderes en tecnología.

Un asombroso 84 % dijo que recomendaría a sus hijas que se hicieran emprendedoras. Al mismo tiempo, un porcentaje casi igual, 86 %, vio un sesgo inconsciente en el trabajo dentro de la tecnología, evidenciado por la tendencia a criticar a las mujeres por ser agresivas o a esperar o exigir que sean simpáticas. Alrededor de dos tercios de las mujeres confesaron lo que percibían como prejuicios, y un tercio había sido acosada sexualmente.

Basándome en estos datos, observé que las mujeres de la industria tecnológica prosperaban como empresarias porque elegían la posibilidad cada día. Sin embargo, las mujeres no son capaces de contribuir plenamente a la industria tecnológica porque tienen que enfrentarse a importantes prejuicios. Las mujeres pueden y seguirán construyendo empresas increíbles, pero la industria tecnológica debe tomarse en serio los prejuicios y adoptar medidas decisivas para resolverlos, para que todas las mujeres puedan prosperar.

La respuesta a este artículo de opinión fue inmediata y abrumadoramente positiva y me impulsó a pensar más seriamente en algunas de mis propias ideas para aprovechar la tecnología para provocar el cambio en Silicon Valley. En particular, me convencí de que podíamos tener un impacto grande, no aprovechado e inmediato centrándonos en las salas de juntas. Aunque Silicon Valley contaba con muchas ejecutivas de talento (algunas ingenieras, otras no), muy pocas mujeres se sentaban en los consejos de administración de las nuevas empresas y de las compañías tecnológicas establecidas. Si pudiéramos aprovechar el poder del gran y diverso talento femenino del Valle, consiguiendo que estas personas entraran en la sala de juntas más rápidamente y con más frecuencia, creía que veríamos un mejor rendimiento de las empresas y mejores culturas empresariales, empezando por la cima. Cuando se les preguntaba por qué no había más mujeres en los consejos de administración, demasiados directores ejecutivos masculinos comentaban que no existía una cantera de talento femenino. Afirmaban que no había suficientes mujeres líderes y que los directores generales no sabían cómo encontrarlas. Estaba seguro de que la tecnología podría ayudar a corregir esta percepción errónea en poco tiempo.

A los sesenta días del artículo de opinión mencionado, lancé mi tercera empresa, llamada theBoardlist. Basada en la amplia evidencia de que las empresas obtienen mejores resultados cuando tienen un liderazgo diverso, theBoardlist era un simple «mercado de talento» que permitía a los líderes experimentados recomendar y descubrir talento diverso para el consejo de administración de cualquier empresa, y permitía a las grandes mujeres líderes acceder a más oportunidades de consejo. Para empezar, abrí mi agenda y pregunté a treinta directores generales y empresarios experimentados que conocía si me enviarían nombres de grandes mujeres líderes que conocieran para formar parte de los consejos de administración. Todas dijeron que sí, y así conseguimos más de seiscientas mujeres para theBoardlist. Al mismo tiempo, promovimos theBoardlist entre las empresas como una fuente única y fiable de líderes diversas y altamente recomendadas para las vacantes de sus consejos de administración.

Durante los años siguientes, theBoardlist (mi negocio paralelo, del que hoy sigo siendo fundadora y presidenta) creó un pequeño y poderoso equipo a tiempo completo y una comunidad de líderes que se preocupaban profundamente por resolver la diversidad en los consejos de administración. En 2020, theBoardlist había crecido hasta alcanzar unos 16.000 miembros, entre los que se encontraban directores ejecutivos que recomendaban y buscaban talentos para los consejos de administración, y mujeres que se postulaban y recibían oportunidades para formar parte de ellos.

La empresa también había facilitado casi dos mil búsquedas en consejos de administración de empresas y se había convertido en una voz autorizada en la creación de consejos de administración diversos y en la resolución de la desigualdad en las filas del liderazgo. En el año 2020, también ampliamos la plataforma para ayudar a los grandes líderes de color a acceder a más oportunidades en los consejos de administración y conseguimos nuestra primera ronda de capital riesgo. Cada vez que veo a los líderes recomendar a otros y compartir nuevas búsquedas de consejos de administración en la plataforma, veo el flujo de poder en acción y me animo a seguir adelante.

Pero cuando escribí por primera vez ese artículo de opinión, ¿me pareció arriesgado? Sin duda. Me había forjado una reputación de líder empresarial en primer lugar y de mujer en segundo lugar; ¿qué pasaría con la percepción que la gente tenía de mí si empezaba a ser estereotipada bajo una lente de género? Hoy en día, a veces me tildan de esa manera, pero la confianza que he adquirido a través de la asunción repetida de riesgos me ha enseñado que mi trayectoria también me acompaña allá donde vaya. Y lo que es más importante, haber utilizado mi voz para tratar de igualar las posibilidades ha sido mucho más gratificante a nivel personal que a nivel profesional. No puedo predecir en qué se convertirá finalmente theBoardlist, como tampoco podría haber predicho el futuro de otras empresas que he creado. Eso está bien: me conformo con centrarme en el impacto de forma iterativa y he dejado de intentar proyectar lo que sucederá a largo plazo. Pero más que cualquier otra empresa que haya creado, theBoardlist tiene el potencial de cambiar realmente la distribución de las oportunidades y el poder de forma sistémica, y en beneficio de todos. Es, sin duda, la más significativa y ambiciosa de mi carrera hasta ahora.

UNA HISTORIA FINAL SOBRE ENCONTRAR TU OPORTUNIDAD

Si quieres aprender a liberar tu propio poder y ayudar a otros a hacer lo mismo en paralelo, harás bien en visitar

Big House Beans Cafe en Brentwood, California, y preguntar por el propietario, John Krause. Conocí a John a principios de 2020 cuando una organización local sin ánimo de lucro en la que participo le concedió un premio al espíritu empresarial. Aunque la mayoría de los empresarios de éxito tienen una historia convincente que contar, la de John es excepcional.

Cuando John tenía cuatro años, su padre murió delante de él, los dos iban en una moto que se estrelló. Su madre era una severa alcohólica y drogadicta que vivía en las calles de Richmond, California. John tuvo la suerte de tener una abuela cariñosa que lo crio, pero de niño luchó por lidiar con el trauma que experimentó. Cada diez años encontraba a su madre borracha y golpeada en un edificio abandonado o acurrucada con otros transeúntes en la puerta de una licorería. Ella estaba tan fuera de sí que ni siquiera le reconocía. John no sabía cómo manejar la rabia que sentía, no tenía a quién recurrir y tenía problemas para encajar en la escuela. «Fue duro para mí», dijo, «porque de niño sientes que la gente habla de tu madre en el patio del colegio o de tu padre, y eso nunca sienta bien».

A los doce años, John empezó a emborracharse con otros chicos del barrio que procedían de hogares desestructurados. A partir de ahí, pasó a fumar hierba y a liarse con una banda. «Mi principal misión y enfoque no era lo académico, era qué vamos a fumar entre períodos en la escuela». A los catorce años, se hizo adicto a la metanfetamina, y ahí empezaron sus encuentros con la ley. Durante los siguientes dieciséis años, hasta que cumplió los treinta, entró y salió del reformatorio, la cárcel o la prisión por posesión de drogas, robo y otros delitos. Cuando no estaba encarcelado, se mantenía sobrio y trabajaba durante breves periodos, pero luego retomaba su adicción, cometía delitos y acababa de nuevo en la cárcel. En total, pasó una docena de estos dieciséis años entre rejas, incluido casi un año completo en régimen de aislamiento.

El punto de inflexión llegó en 2009, durante el último año de prisión de John. Su abuela, que hasta entonces siempre había sido el ancla de su vida, falleció. Por primera vez en su vida, no tenía a nadie en quien apoyarse. Poco antes se había vuelto religioso, y durante días lloró en su celda y rezó a Dios. Cuando fue puesto en libertad, supo que tenía que tomar una decisión: entregarse a las drogas y el alcohol, o mantenerse sobrio y construirse una vida. Seguir atrapado en los viejos patrones, o intentar algo nuevo. Estancarse, o elegir la posibilidad de encontrar una oportunidad.

Eligió la posibilidad.

En 2011, con la ayuda de unos amigos que había conocido en una iglesia local, consiguió un trabajo reciclando aceite de cocina usado de los restaurantes. Era un trabajo sucio y no estaba bien pagado, pero al menos era algo. Un año después, él y un socio se arriesgaron y crearon su propia empresa de recogida de aceite. John y su socio tuvieron que elaborar un plan de negocio, presentarlo a los inversores y convencerles de que podían hacer funcionar el negocio. «Una cosa que tenía es el don de la desesperación, y estaba dispuesto a hacer lo que fuera necesario para tener éxito…». Uno de mis maestros me enseñó a ser persistente. Me enseñó muchas cosas, pero una de ellas fue que está bien recibir un no, porque eso solo significa que estás un paso más cerca de un sí, y «¿qué aprendiste de esa experiencia?». Esta lección era especialmente importante, señaló

John, porque, si no te tomas el tiempo para reflexionar y aprender de tus errores, «¿cómo puedes volver a salir y estar dispuesto a correr otro riesgo?».

La asunción de riesgos de John dio sus frutos. En un año y medio, su negocio era un éxito, con más de medio millón de dólares en ventas. Esto, a su vez, le proporcionó una estabilidad que le había sido esquiva durante toda su vida. Ganaba seis millones de dólares, tenía cobertura sanitaria completa, se había casado e incluso había conseguido la custodia de los tres hijos que había abandonado durante sus años en prisión y fuera de ella. Pero su riesgo no había terminado, sino que acababa de empezar.

A pesar de su éxito, John y su socio no se llevaban bien. Al darse cuenta de que su asociación no iba a funcionar a largo plazo, John decidió que tenía que hacer un cambio. Le encantaba el café recién tostado y tenía la vaga idea de montar su propia tostadora, pero no tenía planes concretos y no sabía nada del negocio del café. Sin embargo, a pesar del riesgo, se decidió: vendería a su socio, se marcharía y se iría por su cuenta.

De la noche a la mañana, sus ingresos se redujeron a cero. Su mujer estaba completamente asustada. El propio John se sentía estresado, pero no abatido. Había aprendido mucho al poner en marcha su primer negocio —desde cómo hacer una proyección del flujo de caja hasta cómo vender— y había logrado algo impresionante, construirlo desde cero. Esto le dio la confianza de que podría tener éxito por sí mismo. Se apresuró a elaborar un plan de negocio y reunir capital. John tenía la visión de una empresa de tostado de café que no se limitara a crecer y le permitiera mantener a su familia, sino que ayudara a otros como él a comenzar su vida. «Mi sueño era utilizar la empresa como plataforma para compartir mi historia, reunir a la gente y construir una comunidad, crear puestos de trabajo para personas con barreras de acceso al empleo y, por supuesto, ganar tanto dinero como pudiera. Ese era mi sueño».

John compró una tostadora de 40.000 dólares y aprendió a usarla él mismo. En 2014 nació Big House Beans, que vende café bajo el lema «Café con propósito». John lo hacía todo él mismo: tostar el café, embolsarlo, entregarlo y venderlo. El negocio tuvo dificultades al principio, pero finalmente John tuvo una gran oportunidad, consiguiendo una cuenta en la cafetería corporativa de Airbnb. En 2019, el negocio había crecido hasta alcanzar un millón de dólares en ventas, había abierto una cafetería y tenía planes de abrir otras tres.

John decidió muy pronto dotar de personal a los cafés Big House Beans con hombres y mujeres que habían estado encarcelados. Al mismo tiempo que se esforzaba por realizar sus propias posibilidades, John estaba igualmente decidido a ayudar a otros a hacer lo mismo. Como se explica en el sitio web de Big House Beans, la empresa contrata a «los hombres y mujeres "menos deseables", pero muy trabajadores», y les enseña habilidades laborales que pueden utilizar para mejorar sus vidas. La empresa es a la vez una segunda oportunidad para John y se dedica a dar segundas oportunidades a los demás, «haciendo nacer el potencial a través de la diversidad». Su objetivo principal es capacitar a las personas a través del amor incondicional y las oportunidades.

La historia de John es extrema, pero instructiva. John empezó de la nada. De hecho, empezó mucho peor: en una celda. Cuando eligió la posibilidad, liberó un poder dentro de él que no sabía que tenía. Una elección engendró una segunda que engendró muchas, algunas con éxito y otras con fracaso. A través de un ciclo virtuoso de elección, impacto, aprendizaje y más elección, John avanzó en la dirección de sus sueños, que era disfrutar de una vida estable, exitosa y feliz. Como es natural, a medida que aumentaba su capacidad de elegir e influir en su propio destino, se sintió movido a ayudar a otros a hacer lo mismo. No, las posibilidades no son escasas, como tampoco lo es el poder. Si empezamos a buscar la oportunidad seguro que terminamos encontrando el poder. Todo lo que tenemos que hacer es aprovechar esa primera oportunidad y elegir la posibilidad.

IDEAS CLAVE

- La posibilidad y el poder son abundantes, no escasos. Cuando elegimos la posibilidad de forma coherente, no necesitamos que otros nos hagan poderosos. Generamos poder por nosotros mismos.
- Las personas más poderosas son las que ayudan a que el poder fluya hacia los demás.
- Todos tenemos la oportunidad de generar posibilidades para otros en el proceso de generarlas para nosotros mismos. También podemos elegir multiplicar nuestro impacto.

Agradecimientos

Tan abrumador como escribir un libro es asegurarse de haber dado las gracias a todos los que lo han hecho posible. Lo intentaré con todas mis fuerzas.

A mi marido, Simon, y a mis hijos, Ryan, Kenya y Kieran: gracias por apoyarme siempre de forma increíble en lo que soy, incluidos mis sueños profesionales. Sé que mi ambición y mi pasión por el trabajo a menudo ejercen presión sobre nuestra vida familiar. No podría haber pedido un compañero de vida mejor y unos hijos más maravillosos. Cada vez que siento que la intensidad del trabajo se apodera de mí, el mero hecho de teneros cerca me ayuda a volver a poner la vida en perspectiva. Os quiero inmensamente y me siento increíblemente agradecida por nuestra familia.

A mi difunto padre, a mi increíble madre y a mis dos hermanas, Nicky y Neeta: gracias por animarme cada día de mi vida. Desde el fallecimiento de mi padre, el querido amigo de mis padres y líder de nuestra iglesia, Bhai Mohinder Singh, ha sido una importante figura paterna para mí. Es difícil transmitir la sensación fundamental de seguridad y apoyo que he sentido desde que nací, y que ha hecho que elegir la posibilidad sea tan posible en mi vida. Mientras que mi padre me transmitió una serie de lecciones especiales, mi madre demostró silenciosamente a todas sus hijas que no necesitamos ser lo que el mundo espera que seamos. Desde cualquier punto de vista, mi madre fue pionera en su propio camino profesional, desafiando la tradición en la India de los años 50 para retrasar el matrimonio y la maternidad hasta sus treinta años y convertirse en médico.

Mis padres también me enseñaron que nuestro trabajo, nuestra pasión y nuestro propósito en la vida no tienen por qué ser distintos unos de otros. Es posible que lo que hacemos, lo que somos auténticamente y nuestro deseo de impacto se unan en formas que realmente generen satisfacción cada día.

A todos los educadores, líderes y mentores profesionales que a lo largo de mi vida me permitieron «volar» no puedo decirles cuánto los aprecio. Tantas personas me dieron espacio para hacer más y ser más, y eso era exactamente lo que necesitaba para prosperar. Aunque en el libro solo he podido compartir las historias de algunos de vosotros, me siento agradecida a todos.

A todos mis compañeros de profesión, colegas y equipos: gracias por aguantar mi intensidad y mis tremendas imperfecciones cuando nos unimos para hacer que las cosas sucedan, en empresas grandes y pequeñas. A lo largo de mi carrera, he tenido el privilegio de trabajar con tribus de personas increíblemente talentosas que también son buenos seres humanos. ¿Quién puede pedir más que eso cuando va a trabajar cada día?

He tenido la suerte de contar con un increíble conjunto de amigos, tanto de toda la vida como más recientes, que siempre me han hecho sentir apoyada tanto en mi vida personal como profesional. Gracias a todos por su amistad y cariño. Quiero dar las gracias especialmente a algunas personas cuyo apoyo y amistad de larga duración han ayudado a guiar muchas de mis elecciones profesionales, incluida la decisión de escribir este libro. A Anh Lu, mi mejor amiga desde hace más de treinta y tres años (¡cómo es posible!): aprecio que, siempre siempre, estés ahí para escuchar todo lo que tengo que decir, a través de una zona horaria, o de todas ellas. A David Lesser, mi entrenador ejecutivo durante los últimos diez años: gracias por estar siempre ahí para ayudarme a navegar hacia la siguiente posibilidad, en los grandes momentos y en los más difíciles. A Shea Kelly, una jefa de recursos humanos increíblemente talentosa y una amiga perspicaz y empática: gracias por arriesgarse conmigo hace más de veinte años y por prestarme siempre un oído cuando lo he necesitado desde entonces. Y a mi compañera y amiga más reciente, Orit: me encanta que me digas la verdad y que me animes. Siempre recordaré el viaje en avión en el que compartí mi ambición secreta de escribir este libro después de vender StubHub; tu consejo de ir a por ello dio el pistoletazo de salida a este nuevo viaje.

Son muchas las personas que han participado en la creación, publicación y promoción de este libro. Muchas gracias a Kim Scott, Scott Galloway y Magdalena Yesil por sus críticas introducciones en el mundo de la publicación. Al increíble Jim Levine, uno de los mejores agentes del mundo, le agradezco mucho que atendiera mi primera llamada y se tomara el tiempo de escuchar mi historia. Nunca olvidaré la rapidez con la que captaste la singularidad de mi padre y su influencia en mí durante nuestro primer encuentro. En ese momento supe que había encontrado al socio adecuado para este libro.

A Seth Schulman, el increíble escritor que aceptó escribir todo este libro conmigo en menos de seis meses, a pesar de los muchos otros increíbles autores potenciales que podría haber elegido para trabajar: ha sido una absoluta delicia. Podrías haber escrito todo este libro tú mismo y probablemente habría sido más elocuente y un proceso más eficiente. Sin embargo, me ayudaste a estructurar un proceso que me permitió escribir auténticamente este libro con mi propia voz, a la vez que inyectaste tu experiencia para darle forma, estructurar y editarlo, haciéndolo mucho mejor. Tu naturaleza paciente y generosa brilló durante todo el proceso, y si alguna vez vuelvo a escribir un libro, te rogaría que lo escribieras conmigo.

A Christie Young y Monika Verma: gracias por ayudarme a contar mi historia en imágenes. Vuestra capacidad para captar lo que tenía en la cabeza y plasmarlo eficazmente en ilustraciones en ciclos rápidos ha hecho que este libro sea mucho más útil para los lectores.

A Rick Wolff, Olivia Bartz y Deb Brody: gracias por creer en la idea de este libro desde el primer día que os la propuse. Rick, tu participación en cada capítulo mientras lo escribíamos es algo que ahora sé que es raro y excepcional. Olivia, has sido muy cuidadosa y diligente a la hora de guiar este libro paso a paso desde el borrador del manuscrito hasta su lanzamiento final. Heather y Alison, gracias por la meticulosa edición de este libro y su puesta en producción. A Lisa McAuliffe, Taryn Roeder y Andrea DeWerd, me encanta la energía que habéis puesto en la comercialización de este libro y en hacer que sus mensajes sean lo más relevantes y atractivos posible para los lectores. Y a Mark Fortier y a todo el equipo de relaciones públicas que ha trabajado para lanzar con éxito el libro y ayudar a que tenga su momento entre una miríada de mensajes, gracias.

A Robin Harvie y a todo el equipo de Pan McMillan, gracias por creer en el potencial de este libro a nivel mundial. Estoy especialmente orgullosa de que hayamos sido capaces de llevar sus mensajes a los rincones del mundo con los que me siento personalmente conectada, y también donde puede tener un gran impacto. Y a Kalyan Krisnamurthy, de Flipkart, gracias por prestar su influyente voz al lanzamiento de este libro en la India, el país de mis raíces.

A todos los líderes a los que me dirigí individualmente y les pedí que compartieran sus historias en el libro, gracias por aceptar formar parte de él. Aunque he tenido el privilegio de conocer a muchos de ustedes, en otros casos simplemente tomaron con calma nuestro frío acercamiento y accedieron amablemente a participar. Nicky, Alyssa, Reshma, Stacy, Ade, Adam, Corey, Nick, Simon, Orit, David, Shea, Alan, Simon, Darren, Daniel, Mathai, Ashvin, Festus, John, John y Deb: aprecio enormemente vuestra generosidad de tiempo y espíritu. A Shea Kelly, Kim Scott y Stoyan Stoyanov: gracias por los valiosos comentarios que me han proporcionado como lectores de este libro. Aunque me hubiera gustado poder examinar todo el mundo en tiempo real mientras lo escribía, fue reconfortante saber que contaba con vuestras valiosas y diversas perspectivas. A Jonathan Rosenberg, mi antiguo colega de Google y un autor increíble por derecho propio: gracias por compartir toda su sabiduría sobre cómo lanzar y comercializar un libro con éxito. Y a Alex Dacks y Jean-Christophe Pope: gracias por ser mis socios creativos y por ayudarme a crear y ejecutar una estrategia de contenidos integral en torno a este libro

Por último, sería negligente si no mirara hacia arriba con gratitud, como me enseñaron mis padres. Me educaron para creer que todos formamos parte de algo más grande, y que tengo que agradecer a alguien más grande todo lo que se nos ha dado. Mis padres rezaban todos los días en señal de agradecimiento, y hasta el día de hoy mi madre me recuerda que debo sentirme agradecida a Dios por todas las posibilidades que he experimentado.

No te preocupes, mamá, lo recuerdo.

Atentamente, Sukhinder